心理学論文

解体新書

論文の読み方・まとめ方
活用ガイド

近藤龍彰
浅川淳司
編著

ミネルヴァ書房

はじめに

（１）なぜこの本を作ったのか

　長かった一般教養や専門科目の講義の履修を経た学生が，新たにゼミに配属されます。いよいよ自分の興味・関心のあるテーマを選び，卒業研究を始めていきます。教員はゼミに入った学生に，「自分の興味・関心のあるテーマを扱っている論文を読んでおくように」と指導します。学生も「わかりました」といって論文を読んでくるのですが，いざゼミで発表してもらうと，「ん？　本当に読んできた？」と思われる場面が多々あります。「これ，どういうこと？」と尋ねると，「ちょっと待ってください。確かここらへんに書いてあったので」と元の論文を確認します。このことから，確かに「読んで」きているのは間違いありません。しかし，これはゼミで求める「読んでくる」のとは少し違う気がします。

　これは私自身の（短い）教員経験のなかで経験したことですが，同じようなことは大なり小なり他のゼミでもみられることではないかと思います。このような事態になったときに，ともすれば教員は学生の意欲や能力の不足としてとらえがちです。私も「わかってないな〜」と思ってしまうことがあります。しかし，いったい何が「わかっていない」のでしょうか。それはおそらく大学のゼミにおいて求められている<u>「論文を読む」ということがどういうことかわかっていない</u>，ということだと思います。そしてそれは，多くの場合，これまで受けてきた一般教養や専門科目では学んでこなかった内容なのだと思われます。だとすると上記のような事態は，「教えてこなかった」教員側の責任だといえます。

　私自身，教員側が十分教えてこれなかったということはなんとなく感じていたことですので，新たにゼミに参加してくれる学生には，「これこれこういう感じで読んできてね」と一応の指導はしてきました。しかしそれにもかかわらず，上記のような事態は避けられません。何度かそのような経験を経るなかで，私の教え方がよくないのだ，もう少し言えば，「なんとなく感覚的にこうじゃないかな」と伝える伝え方がよくないのだ，という結論に達しました。学生に「こうしてください」と伝えるときに，口頭で伝えるのではなく，学生の手元に「どうするか」が明記されている資料を手渡すことが必要であるとわかりました。<u>「先生，論文読むって，どうすればいいんですか？」と学生に聞かれたときに，「はい，これ読んどいて」と渡せる教科書が欲しい。</u>これが，本書の執筆動機です。

（2）この本の特徴

　本書の特徴は大きく2つあります。1つは論文の「読み方」に焦点を当てているということです。論文の「書き方」については良書が数多く出版されていますが，「読み方」についてはあまり多くありません。また，あったとしても，論文の中で使われている用語の解説といった基礎知識の習得で終わってしまい，どうすれば論文を「読んだ」ことになるのかについては必ずしも明確ではありませんでした。しかし後で述べるように，ゼミでやってきてほしいのは「自分で情報をどうやってまとめるか」の参考書です。<u>「こうすれば論文を読んだことになる」という一通りの目安を提示する，</u>これが本書の最大のチャレンジです。

　本書の特徴の2つ目は，実際の心理学論文を紹介しているというところです。心理学を紹介する本は多数ありますが，その多くは理論書（本）を紹介しており，論文を紹介したものはあまりみられません。もちろん，学生さんには理論書（本）を読むことにもチャレンジしてもらいたいのですが，これらは，卒業論文で扱うテーマを見つけていくには，あまりに「大きい話」になります。一方，論文は基本的には一つのテーマに絞って研究されており，その面白さと限界を見つけやすいものとなっています。つまり，卒業論文で扱う具体的なテーマを見つけていくには，論文という媒体はかなり有効だといえます。論文の数は膨大にありますが，本書の執筆陣には，「この論文が面白い」と思う論文を取り上げてもらいました。したがって，心理学の知識を広げる教養本としても使用してもらえることかと思います。この中から実際に，「これ面白そう」というテーマを見つけてもらい，卒論につなげてもらえれば執筆陣としてはうれしい限りです。

（3）この本の構成

　本書は，大きくⅢ部構成となっています。第Ⅰ部は「理論編」です。第1章から第3章まであり，論文を読むとはどういうことか，について，大きな枠組みを提示します。第1章では，ゼミで「論文を読んでくるように」言われたときには何を求められているのかについて解説します。第2章では，論文がどのような構造になっており，論文を読むときに意識すべきポイントは何かについてまとめます。第3章では，心理学研究を大きく「実験」「調査」「観察」「面接」の4つの領域に分け，それぞれの論文を読むときの注意点などを解説します。

　第Ⅱ部は「統計編」です。第4章と第5章で構成されており，第4章では統計の基本的な考え方，第5章では心理学論文で実際に使われることが多い統計手法とその読み取り方のポイントを解説します。

　第Ⅲ部は「実践編」です。第6章から第10章まであり，「理論編」で解説した論文の読み方を使って，実際の論文を読むことをしています。第6章では実際にレジュメ資料にまとめる際の考え方とルールについて解説しています。第7章では「実験研究」について，第8章では「調査研究」について，第9章では「観察研究」について，第10章では「面接研究」について，それぞれ実際の論文を読んでみます。自分が実際にゼミ発表の担当になった際には，それぞれの章を「見本」にして参考にしてもらえればと思います。

　もちろん，論文の読み方は「これが正解」というものはありません。どのように読んでも大丈夫だし，どのように読むかにもその人の思考や知性が試されます。ですので，本書の内容は，あくまで私たち（のゼミ）がやってもらいたい論文の読み方です。そのため，扱っている論文も私たちの専門である「心理学」に限定したものとなっています。他のゼミでも使用できるものなのかどうか，またご意見・ご批判をいただければと思います。

　2021年8月

編者を代表して　　近藤龍彰

はじめに

第Ⅰ部　理　論　編

第Ⅰ部
理論編

第1章 「論文を読む」とは

1. 「論文を読んでくる」ということの7つの勘違い

「論文を読んできて」という指導がなされた場合，ゼミの先生は何を求めているのでしょうか。ここでは，学生のみなさんが陥りがちな7つの勘違いを指摘して，「論文を読むとは何か」をざっくりとまとめてみたいと思います。

勘違い①：「論文を読む」とは「論文を読む」こと

学生さんの陥りがちな勘違いの一つに，「論文を読んできて」と指導したときに，本当に「論文を読む」ことを求められているのだ，と考えていることです。もちろん，先生は論文を読んでほしいのです。しかし，本当に求めているのはそうではなく，「その論文の情報をまとめてきて」ということです。

本書のテーマは「論文の読み方」ですが，後の章で述べている内容としてはゼミ発表の資料の「まとめ方」のノウハウです。タイトルと内容が不一致ではないか，と叱られそうです。しかし，本書のスタンスとしては，「まとめ方」を学ぶことがすなわち「読み方」を学ぶということだと思っています。ゼミで「論文を読む」とは，一人で読書をして終わりではありません。そこには，「読んだ内容を発表するように」という意味合いが込められています。つまり，「論文を読む」とは「論文を読む」ことではなく「読んだ論文をまとめる」ことなのです。

したがって「どうやって読むのか」は「どうやってまとめるのか」ということとほぼイコールの関係で結べます。「論文のまとめ方」を知ることで，どのポイントに注目すればいいのか，どの情報が大事なものなのか，を意識することができ，結果として「論文を読む」ことになります。

勘違い②：「論文を読む」とは「自分が理解する」こと

論文を読んでまとめるのは，自分の理解を示すためではありません（それも重要ですが）。そうではなく，他の人にその論文の内容をわかってもらうという作業です。何度も論文を読んだ本人なら，たとえ記述が不十分な発表資料でも，記憶を頼りにどのようなことが書

かれていたかを思い出せます。しかし，その論文を読んでいない人にとっては「○○ってどういう意味？」「この数値は何を表しているの？」とチンプンカンプンなことがあります。もちろん発表者本人の頭の中に入っていればまだ議論ができますが，疑問点について質問すると「え～っと，なんだっけ？」と元の論文を読むという時間が発生します。これでは，とても「人にわかってもらう」状態にはなりません。繰り返しますが，ゼミで論文を読むとは，<u>「自分だけが理解する」</u>のではなく，<u>「（その論文を読んだことのない）他の人に理解してもらう」</u>ということです。

勘違い③：「論文を読む」とは「読める文章を読む」こと

　先ほどと少し矛盾することを言うようですが，論文で書かれている文章が「読める」ものであるということもまた，多くの学生さんが勘違いしがちなポイントです。

　論文を読み始める学生さんは，多くの場合，日本語で書かれた論文を読むと思います。これは，海外の言語（特に英語）でなくても，高度な知識にアクセスできるという，日本語使用者にとっては非常にありがたい状況です。しかし，日本語で書かれている論文だからといって，日本語使用者が「すっと読んですっと理解できるもの」と思ってもらっては困ります。**たとえ日本語で書かれていたとしても，論文はすっと理解できるものではありません**。この点について，「言語の三層構造」という視点から説明したいと思います（図1-1をご覧ください）。

　まず，第一層（表層）は，<u>「日常言語」の層</u>です。これは，普段私たちが日常場面で使用している言葉です。あいさつから始まり，昨日見た出来事，最近あった面白い話，イライラしたこと，などを相手に伝え，自分が聞くような言葉です。この「日常言語」の特徴は，「特に意識しなくてもその意味内容が理解できる」ことにあります。

　次に第二層（中層）は，<u>「教科書言語」の層</u>です。文字通り，教科書に出てくる言葉のことです。主語・述語，二次関数，光合成，三権分立……，などなど，ですね。この特徴は，(1)日常場面ではあまり使用しない，(2)意識的にその意味を理解する必要がある，(3)その意味は多くの人にとって共通理解されている，ことにあります。まず(1)と(2)の特徴ですが，通常「主語・述語」という言葉は日常会話では用いません。ですので，それがどのような意味かは意識的に学び，覚える必要があります。それは逆に言えば，普段意識せずに使用している「日常言語」を改めて別の角度から分析する視点をもたらします（そのため，日常言語よりも深い場所に位置づけています）。また，(3)の特徴によって，誰かから誰かに（たとえば，先生から生徒に），意味内容について大きなばらつきなく教えることができます。その言葉の意味が解説できるという点において，この「教科書用語」は，その用語を使う人がどのような意味かわかっていることを特徴とします。これまでみなさんが学んできた内容も，程度の差はあれ，この「教科書言語」の層に位置します。

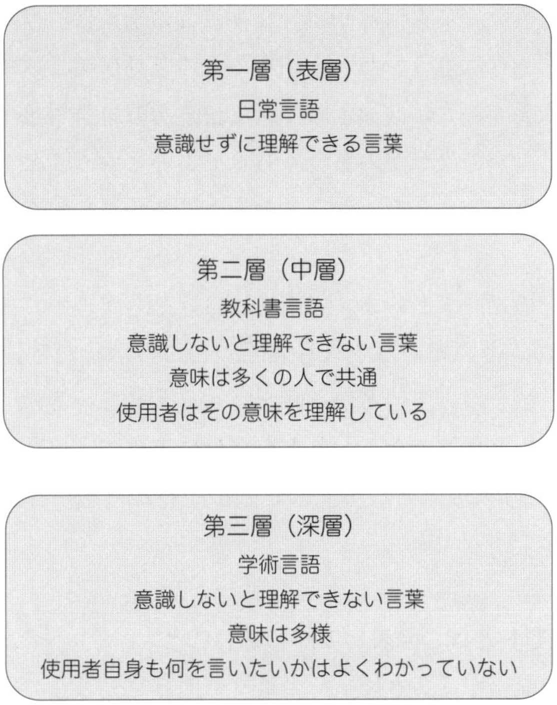

第一層（表層）
日常言語
意識せずに理解できる言葉

第二層（中層）
教科書言語
意識しないと理解できない言葉
意味は多くの人で共通
使用者はその意味を理解している

第三層（深層）
学術言語
意識しないと理解できない言葉
意味は多様
使用者自身も何を言いたいかはよくわかっていない

図1-1　言語の三層構造

　最後の第三層（深層）は「学術言語」の層です。この層の特徴は，教科書言語は(1)と(2)と共通ですが，「その意味はまだ共通理解されていない（多様な意味がある）」点に特徴があります。もう少し言えば，「その言葉を使っている本人も，まだ自分が何を言いたいのかよくわかっていない」状態で使用する言語を「学術言語」と言いたいと思います。学問の世界で取り組む問題は，多くの場合「未知」の問題です。未知の問題について，すでに知られている「教科書」の言葉を使用するわけにはいきません。そこには，まだ定義は確定していないが，なんとかそれを言い表せる言葉をもってくる必要があります。ここが，論文初読者が，「論文が読みにくい」と思っている一番のポイントです。<u>論文初読者は，論文は「日常言語」や「教科書言語」，言い換えると「自分たちが理解できる言葉」で書かれていると思っている</u>。だからこそ，難解な語句や言い回しがあると，「わかりにくい文章＝ダメな論文」と思ってしまいます。確かに，論文には難解な語句や言い回しが使われています。しかしそれは文章の書き手が「わかって」やっているのではありません。逆です。<u>論文の書き手は（究極的には）自分が何を言いたいのかよくわかっていません</u>。しかしその状態でも何とか説明しなければならない現象が目の前にあるとき，「学術言語」を用いて，必死でそれを言い表そうとするのです。

　「じゃあ他の人が理解できるようになるまで待ってから論文書いてよ」と思われるかもしれません。この点について語るにはスペースが足りないのですが，一点だけ述べると「誰かがスタートラインをつくらないと他の人はスタートできない」ことを指摘しておき

ます。うまく言葉にできなくても何とか自分なりにこの現象はこうであると述べたその先に，「それはそうだ」「それは違う」という多くの人の意見が集まってきます。そのような作業を経て，ようやく多くの人が共通理解できる言葉＝教科書言語へとつながっていくのです。ただし，これは論文の文章がめちゃくちゃでよいということではありません。**自分でも何を言いたいのかよくわからないからこそ，人にわかりやすく伝えようという努力**が求められます。

　少し長くなりましたので，まとめます。論文は自分たちが理解できる言葉で書かれているわけではありません。書いている本人も実際のところはまだ自分の言いたいことがわかっておらず，学術言語を用いて何とかそれを言おうとしているのです。だからこそ，**論文を読むときには「すっと理解できる」ことを自分に求めず，何度も読み返すことが大事**です。そして，「わからなかったところ」は素直に「わからなかった」と資料にまとめれば大丈夫です。

勘違い④：「論文を読む」とは「発表して終わる」こと

　学生さんは，論文を発表するときに，その論文の内容を発表して終わりにします。極端な言い方をすると，「こんな論文がありました。以上。」というゼミ発表になってしまいがちです。しかし，これは「論文を読む」ということにはなりません。

　これはちょっと難しい話ですが，大事なことなのでしっかり意識してください。自分の研究テーマを見つけるとは，これまでの研究では扱われていない，でも重要な問題を見つける，ということになります。そのためには，単に先行研究の論文を理解するだけではだめで，「その論文がもっている価値（学術的な重要性）とは何か」「その論文がもっている限界（問題点）とは何か」を見つけていくことが求められます。これはプロの研究者でもなかなか難しいのです。だからこそ，いろいろな人が話し合う「ゼミ」という活動が設定されています。逆に言えば，**論文を読む＝まとめる，とは，「この論文はどこが優れており，どこに限界があるのか」をみんなに議論してもらう出発点を作る作業**ということです。これまで学生さんはレポートや感想文など，「提出して終わり」の作業を多くしてきたと思います。しかしゼミではその逆です。提出することで「始まる」資料を作成することが求められます。ここが一番，「論文を読んでくるように」という指示で誤解を受ける点かと思われます。

勘違い⑤：「論文を読む」とは「直前にできる」こと

　ゼミ発表を任された時，発表1日前にまとめの資料を作り出す，ということをしていませんか？　もしそうなら，論文を読むということは，論文に書かれていることをコピペすれば何とかなる，というように考えていませんか？

　しかし，論文を読む＝まとめるとは，その論文をコピペすることではありません。その論文を読んでいない人にわかってもらうためには，時には論文の流れを変えて，時には論文に書かれていない情報を付け足して，時には不必要と思われる情報は削除して，まとめていく作業が求められます。したがって，「論文を読む」＝「論文をまとめる」作業は，一度作れば終わりではなく，さらにそれを何度も作り直す作業となります。この本で各章を担当してもらった執筆者でさえ，論文をまとめる作業においては何度も書き直しています（たぶん）。論文を読むことが初心者の人であれば，なおさら，自分のまとめたものが人に伝わりやすいものになっているか，何より自分が自分のまとめたものを見て理解できるのか，を確認してください。それができていないなら，何度もまとめなおす，これがゼミで求められる「論文を読む」ための態度となります。

勘違い⑥：「論文を読む」とは「先生が指示してくれる」こと

　論文初読者にとって，「どの論文を読めばよいか」は非常に難しいテーマです。読むべき論文を見つけ出せることそのものが，実は高い論文読解力を備えていることを意味します。ですので，ゼミ開始の最初の頃は，どの論文を読めばよいかは先生に聞くということでよいと思います。

　しかし，いつまでも指定された論文だけ読んでいては不十分です。しばらくすると，ゼミの先生は，もう自分の指示がなくても「先生，今度はこの論文を読もうと思います！」と学生さんが言ってくれるのを（心の底から）待っています。とはいえ，読むべき論文をどうやって探すのかという問題は依然として残っています。ポイントは，論文を読むなかで，「あれ？　これ気になるな？」と思えるものを，自分の中に作っていく意識です。

　具体的なコツが2つあります。第一に，自分の興味あるテーマをキーワード2つで言い表してみる，ということです。たとえば，自分は「恋愛」に興味をもっていたとしましょう。しかし，それだけでネットで論文検索をかけてみても，膨大な論文が出てくるだけです。そこでもう一歩踏み込んで，2つ目のキーワードを見つけてみましょう。たとえば自分は「中学生」の恋愛に興味があるのか，「大学生」の恋愛なのか，あるいは「幼稚園」でも恋愛はみられるのか，などです。この作業を行えば，ひとまず「自分が知りたいテーマの領域」をある程度しぼることができます。それでもヒットする論文数は多いと思いますが，タイトルを見て「読んでみたい」と思えるものが見つけやすくなると思います。

　第二のコツは，自分が読んでいる論文の中に引用されている論文です。ある論文を読んでいると，その論文より前に書かれた論文で「○○ということを言っている」という情報があると思います。この「自分が読んでいる論文で引用されている論文」にはチェックを入れておいてください。「この論文で引用されている別の論文にはどんなことが書かれているのだろう」「この論文ではこう書かれているけど，本当にそうか確かめてみよう」と

いうセンサーを働かせておくことが重要です。

　「論文に書かれている論文」を読んでいると，今度は「論文に書かれている論文に書かれている論文」を読むことになり，さらに「論文に書かれている論文に書かれている論文に書かれている……」とどんどんと深みにはまっていくことになるかと思います。でもこれは大事な作業です。自分が今見ている学術用語が，実は広い領域や長い歴史のもとで作られてきたということを知るきっかけになるからです。情報は「ここまで調べれば十分」ということはありません。情報が手軽にまとめられている現代社会だからこそ，あるテーマについてとことんまで深めてみるというのも，大学生だからこそできる「学び」の一つです。

勘違い⑦：「論文を読む」とは「１つ１つ読んでいく」こと

　これは少しステップアップした話ですが，今後のために述べておきます。実は，真面目な学生であればあるほど，卒業論文を作るプロセスのなかで，論文を読むという作業が進まないということがあります。これは，論文に書かれている情報を１つ１つバラバラに理解しようとするから出てくる現象です。どういうことでしょうか。

　たとえばあるテーマに関心をもち，それに関連する論文を読んで＝まとめてきたとしましょう。１回目の発表ではＡという論文を読み，２回目の発表ではＢという論文を読み，３回目の発表ではＣという論文を読み，ということをしていきます。しかし，いざ卒論のテーマを決めようとなったときには，なぜかうまく進みません。論文はいくつか読んでいるのに，なぜ卒論のテーマが決まっていかないのでしょうか。それは，それぞれの論文の情報をバラバラなものとして理解しているからです。

　確かに，論文は１つ１つ伝えている情報は違います。したがって，１つ１つの論文を丁寧に読んでいくことは重要です。しかし，ゼミで（最終的に）求められるのは「さて，今までいくつか論文を読んできたけど，それらをまとめると現在どんなことがわかっているのかな？」という質問に答えることです。<u>「一見バラバラなようにみえる情報」をあるテーマでつなげてみたときに，いったい何がわかっているのだろう，ということを考えてもらいたい</u>のです（これを，「研究のレビュー」といいます）。これは，１つ１つの論文をいくら読んでも書かれていません。論文に書かれている情報をもとにして，「自分の頭の中」に，これまで読んだ論文の「つながり」を作る必要があります。

　書かれている情報をまとめるということに関しては，真面目な学生であれば特に問題なくこなせます。問題は，<u>書かれている（目に見える）情報から，書かれていない（目に見えない）情報を作っていく作業が求められている</u>ということです。この「目に見えない情報」を作っていくことはどの学生も苦手だと思われます。でも安心してください。誰でも最初はできません。ゼミの先生の指導のもと，今後そういったことができるようになりま

す。それができるようになるのが「大学生としての学び」なのです。

　少しステップアップした話なので，この「研究のレビュー」までは，本書では扱っていません。今は少なくとも「目に見える情報」をしっかりまとめることを意識してください。そして今後，論文をいくつか（できればたくさん）読んだその後に，「目に見えない情報」を作っていかなければならないことを頭の片隅に入れておいてください。

2. 　第1章のまとめ

　以上をまとめます。**ゼミでなされる「論文を読むように」という指導は，(1) 人にわかってもらえる，(2) 議論の出発点となる資料を，(3) 何度も読み返し，何度も作り変えながら，「まとめてくる」という意味です。**

　もちろん，これだけ言われても「じゃあどうするの？」となるかと思います。次の章では，心理学論文の大きな枠組み・骨組みを解説し，「ゼミで資料をまとめるときには何に注目すべきか」のポイントを押さえたいと思います。

　なお，この本では「資料をまとめる」と言った場合，基本的にはレジュメ資料を作成することを念頭においています。なかにはパワーポイントなどで発表するというゼミもあるかと思いますが，その点は今回扱えていません。ただし，どのような発表形態であれ，論文を読む際に意識するポイントは同じですので，資料作成の際の参考にしてもらえればと思います。

第2章 論文の読み方・まとめ方

1. 論文の構成（骨格）

　第1章の話を確認します。<u>ゼミにおける論文を読むとは，(1) 人にわかってもらえる，(2) 議論の出発点となる資料を，(3) 何度も読み返して作成すること</u>です。そのためには，どうすればいいか。この章では，その点についてまとめたいと思います。

　まずはじめに押さえておきたいポイントは，<u>「論文には構成がある」</u>ということです。論文は，人に自分の主張を理解してもらうために書かれた文章です。ですので，「こうすれば人に伝わりやすい」マナーのようなものがいくつか決められています。そのなかで特に大事なものは，論文の構成です。つまり，<u>「論文はこういったパーツから成り立っている」という決め事</u>です。このパーツではこういうことが書かれていますよ，ということをあらかじめ理解していれば，「よし，ではこの部分はこういうことが書かれているはずだ」という理解をもって読むことができます。これはいわば論文の「骨格」といえる部分です。論文は内容は様々ですが，大体の形＝骨格は共通しています。むしろ，読み手に理解しやすいように「共通させている」といったほうがいいかもしれません。そのような骨格の形を理解していれば，論文を読むときの補助線となります。

　では論文の構成＝骨格とはどのようなものでしょうか。論文では多くの場合，以下の4つのパートから成り立っています。

▷ 問題と目的（導入・イントロダクション：Introduction）
▷ 方法（Method）
▷ 結果（Results）
▷ 考察（Discussion）

　なぜこのようなパーツ構成になっているのでしょうか。それは論文が小説やエッセイとは異なる性質をもつ文章だからです。

　論文とは何か。いろいろ定義があると思いますが，ここでは簡単に<u>「自問自答の文章」</u>と特徴づけておきます。論文は「これってどうなっているのかな？」と自分で問いを立てて，「これってこうなっていました」と自分で答えている文章です。これからいろいろ難

しい論文を読んでいくと思いますが，基本的には「自分で問題を作って，自分で答えている」文章であるというエッセンスを押さえてください。「自問自答ならわざわざ文章にして人の目にさらさなくてもいいのでは？」という疑問はあるかと思いますが，それはまた後で述べたいと思います。

　先ほどの「自問自答」のエッセンスを押さえたうえで，もう少し論文の流れにそってその中身を分解したいと思います。論文とは，

(1)　解明すべき問い・問題を設定し，

(2)　解明すべき問い・問題を解決する方法を明確にし，

(3)　その方法によって得たデータがどのようなものであったのかを報告し，

(4)　そのデータによって最初の問い・問題が解明されたのかどうかを考える

　　文章，として定義しておきたいと思います。

　もうおわかりかと思いますが，この(1)〜(4)が，先ほどの４つのパーツに対応しています。この流れをルール化しておくことで，「自問自答の流れ」がわかりやすくなるということです。

　そして，これも予想がつく（かな？）と思いますが，「論文を読む＝まとめる」とは，この「問題と目的」「方法」「結果」「考察」の４つのパートをそれぞれ読む＝まとめる作業ということになります。

　以下，それぞれの構成（パーツ）で何が書かれているのか，そして，そのパーツで何を読む＝まとめることが求められているのか，を述べていきます。

2.　問題と目的

（1）問題と目的には何が書かれているか？

　この部分では，第一に，「その論文が解決したい問い（問題)＝目的」が書かれています。先ほどの「自問自答」の「自問」にあたる部分です。

　ただし，「問い・問題」といった場合，以下の２つの条件を備えていることが，論文にとって重要です。

(1)　まだ誰も発見していない問いであること

(2)　解決することが重要である問いであること

　まず，(1)について，**これは論文の使命が「新たな知を生み出すこと」**に関わる部分です。誰かがすでに発見している問い（例：なぜ木からリンゴが落ちるのか）なら，それはす

でに誰かが答えている問いだともいえます（例：ニュートン）。すなわち「他問他答」になってしまいます。もしそうなら，それは「自分」がやらなくてもよい作業になります。そうではなく，まだ自分だけしか見つけていない問いを見つけることが「自分の」論文にとって重要なのです。

　(2)について述べます。実は，まだ誰も見つけていない問い（その結果として誰も見つけていない答え）を見つけることだけなら，今すぐにでも思いつくかもしれません。**問題は，それが「労力をかけてまで解決すべき課題であるのか」ということ**です。これは論文の「重要性」（難しい言葉で言えば「学術的価値」）に関わる部分です。論文の著者は，「なぜこの問いが解決されなければならないのか」について，理由を説明しなくてはなりません。

　注意しなければならないのは，この重要性（理由）について，「まだこの問いが解決されていないからだ」という説明もできることです。しかしこの説明では不十分です。この点に関して酒井聡樹さん（酒井，2015, p. 58）がわかりやすい例を出してくれていますので，引用します。

　　Aを明らかにする。なぜならば，Aが明らかになっていないからだ。（中略）これは，以下のように人に頼むのと同じである。

　　ここに穴を掘ってください。なぜなら，ここに穴がないからです。（中略）

　　世の中には，穴がないところが無数にある。その中で穴を掘る価値があるのは，徳川幕府の埋蔵金が埋まっているなどの特定の場所だけである。穴を掘って欲しかったら，そこを掘ることの価値を説明しないといけないのだ。

　　同様に，世の中には，わかっていないことが無数にある。その中で価値があるのは，やはり特定のものだけである。

　このように，**論文で出される問いは，「それを解決することが重要なだけの理由がある」問いである必要があります**。時々，卒論発表会などで，先生が「それって研究する意味あるの？」という（背筋の凍る）質問をすることがありますが，それはこの部分をちゃんと考えているかを確認しているのです。

　もう少しだけ続けます。「解決するのが重要」な問いと繰り返していますが，**誰にとって重要なのでしょうか。それは「社会」にとってです**。これが先ほど触れた「自問自答の文章をわざわざ人の目に触れるようにする」理由です。論文の筆者は，自分だけが「これは解決しなければ社会にとってよくない」と思える問いを見つけてしまったのです。それを自分の中だけで解決して誰にも言わなければ，それもまた社会にとってよくないことになります。なので論文を書き，広く人に知ってもらおうと作業するわけです。つまり論文に書かれていることは，「こういう重要な課題を見つけました。そしてそれを私なりに解決してみました。みなさん，どうでしょう？」というメッセージになります。

（2）問題と目的の部分をどうまとめるか？

　問題と目的で何が書かれているかはなんとなくわかってもらえたかと思いますので，次に「ゼミ資料」としてそれをどうまとめればよいか，言い換えると，<u>「どのような点をチェックしてこの部分を読めばよいか」</u>について述べたいと思います。大きくは以下の4つのポイントについてまとめてきてください。また4つのポイントのなかには，それぞれ細かな「まとめておくべきこと」もありますので，あわせて記載しておきます。

> ▶ ポイント1：「問い」の背景
> 　　　　──その論文が扱う一般的現象
> 　　　　──その現象を示すキーワード（専門用語）
> ▶ ポイント2：論文が解決したい問い＝目的
> ▶ ポイント3：なぜその問いを解決しなければならないのかの理由
> ▶ ポイント4：論文が予想する答え＝仮説

ポイント1：「問い」の背景

　まず「ポイント1」についてです。先ほど，論文の問いは「まだ誰も見つけていない問い」である必要があると述べました。それは逆に言えば<u>「これまで見つかっていた問い＝答え」が何であるのかを述べる必要がある</u>ことを意味します。なぜなら，いきなり「新しい問いを見つけました」と言われても，「本当に？」と疑ってしまいたくなるからです。

　そこで求められることが「先行研究のレビュー」です。多くの論文は「これれこういったことが言われていますが……」といったかたちで話を始めていきます。これは「この論文の問いが，どのような学問的背景のうえに成り立っているか」を示す作業となります。ざっくり言ってしまえば<u>「この論文のテーマと，そのテーマに関して現在明らかになっていること」</u>を述べている箇所になります。

　少し難しい話になってしまいましたが，ゼミ資料では何をまとめればいいのでしょうか？　具体例は第3章以降で示すとして，大きな枠組みは以下の2点です。

　(A)　その論文が扱う一般的な現象
　(B)　その現象を示すキーワード（専門用語）

　それぞれ説明します。(A)について，いきなり「パーソナルスペースとは」と言われても，「え？　何それ？」となってしまいます。そうではなく「満員のエレベーターに乗っていると，普段感じないような気まずさを感じることがある」と言ってもらえると，<u>その論文が着目しているテーマ（現象）</u>がみえてきます。いわゆる「あるあるネタ」の入り方です。しかしこの話（現象）はそれそのものでは話が大きすぎて，扱うことができません。

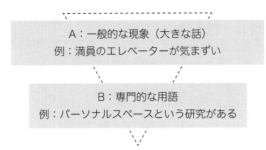

図2-1　問題と目的の流れ（大きな話から入り，徐々に専門的な話になっていく）

そこで(B)の登場です。**大きくて扱いづらい話を，専門的な観点から切り取り，扱いやすくします**。たとえば，「人と人との物理的な距離が人の心理に与える影響を考えるうえで，心理学ではよく「パーソナルスペース」という観点から研究がされている」といった文章です。これ以降，この論文では「パーソナルスペース」という専門用語を用いた研究を紹介し，そこで明らかになっていることを報告していきます。

　この点について，逆三角形をイメージしてもらうと論文も読みやすいかもしれません（図2-1）。まずは多くの人が「それってあるよね」と思える大きな話題から入り，徐々に専門的な話題へと話をせまくしていく，というイメージです。

　ここで注意です。まず(A)に関して，この部分がなくいきなり専門用語の話から入る論文もあります。その際は，論文をまとめるにあたって(A)の部分は省略せざるを得ませんが，その専門用語がどのような現象を説明するために使われているものなのかはしっかり理解しておきましょう。次に(B)に関して，大きくて扱いづらい現象をその専門用語で切り取っているということは，別の専門用語ならまた別の切り取り方があるということです。この点は今は気にしなくてよいですが，「ある現象に対して多様なアプローチがある」ということは頭の片隅に入れておいてください。

ポイント2：論文が解決したい問い＝目的

　この論文では「まだ誰も見つけていない問い」をどう述べているか，についてまとめてください。よく論文では「そこで本研究では……を明らかにする」や「本研究では……を検討する」などと書かれている箇所があるかと思いますが，それがここでまとめるポイントです。

ポイント3：なぜその問いを解決しなければならないのかの理由

　先ほどの「まだ誰も見つけていない問い」をなぜ解決する必要があるのか，その理由について書いている場所を見つけ，まとめてください。ただし，実は論文のなかには，先ほど述べた「Aが解決されていない。だからAを解決します。」方式でこの部分をクリアし

ようとする論文が（けっこう）あります。その場合はここは省略せざるを得ません。しか
しそれは本来の論文の目的からするとマナー違反です。「この論文には，なぜこの問題を
解決しなければならないのかの理由が明確に書いていなかった」ということを資料にまと
めておきましょう（その後で先生に「ここに書いてるでしょ」という注意を受ける覚悟をもって
……）。

ポイント4：論文が予想する答え＝仮説

　論文執筆者は，問題を解決すること＝答えを見つけること，を目的に研究をしているわ
けですが，そこでの答えについて，研究前に全く何も思いつかないというわけではありま
せん。先行研究をみてみると，「たぶんこうなるのではないか？」といった法則性を見つ
けることができます。その場合，**論文には「たぶんこうなります」という仮説が書かれて
います**。仮説が書かれていれば，それをまとめましょう。

　ただし論文によっては，仮説は立てられる状況ではないので，まずは実態をみてみる，
そしてそこから仮説を生み出していくというタイプの研究もあります（仮説生成型や仮説探
索型と呼ばれます）。そのような論文の場合，もちろん仮説は書かれていません。この例に
限らず，仮説が書かれていないことも多いので，書かれていない場合は，「仮説は書かれ
ていなかった」など，なかったことをレジュメで報告しましょう。

（3）改めて「問題と目的」をどうまとめるか

　今までの話をまとめます。ゼミ発表の資料で「問題と目的」をまとめる場合，

(1)　どういった現象を扱い，それが先行研究でどのようなキーワードで研究され，そこ
　　　でどのようなことが明らかになっているのか
(2)　その論文で設定している，今まで明らかになっていない問いとは何か
(3)　その論文が述べている，なぜその問いを明らかにしなければならないかの理由は何
　　　か
(4)　その論文は，どのような答え（仮説）を予想しているか

の4つについて，まとめてきてください。
　なお，論文によっては，この順番通りに書かれていない場合があります。たとえば(4)
仮説を述べた後に，(3)なぜその仮説を確かめる必要があるのかを述べる，といったこと
もあります。その場合は，その順番通りに書いていくこともあれば，自分の判断で順番を
入れ替えてまとめることもあるでしょう。
　重要なことは，この4つのポイントについて，それぞれ「この論文ではどこに書かれて

いるんだろう」と意識して読んでいくこと＝発表資料にまとめていくこと，です。

3.　方　法

　「方法」では，先ほど「問題と目的」で述べた問いを解決するために必要なデータを収集するための方法が述べられています。心理学研究では，大きく「実験」「調査」「観察」「面接」の 4 つの手法が用いられます。もちろんこれらは厳密な区別ではなく，「実験的観察」や「観察と調査を同時に行う」など，いろいろなものがミックスされた手法が存在します。本書ではこれらの手法の内容については詳しく述べませんが，論文を読む際の注意点を第 3 章で，具体的な論文のまとめ方は第 7 章以降の実際の論文のまとめ方で紹介していますので，それぞれ確認しておいてください。

（1）「方法」でまとめること

　データを収集する心理学論文では，基本的に「参加者（対象者）」「材料」「手続き」の 3 つが書かれているかと思います（ただし面接研究などはこの限りではない）。なので，ゼミ発表資料でも，この 3 点についてまとめてください。

ポイント 1：参加者（対象者）

　参加者は，その研究で対象となった人のことです。人数，属性（年齢，性別，職業など）をまとめてください。この 2 点は，「ランダムサンプリング」（ある集団からランダムにサンプルを抽出している）がなされているかどうかの指標として重要です。その他，必要だと思われる情報があれば，追加してください。

ポイント 2：材　料

　材料は，実験だと実験用具（例：パソコン，パソコンで提示する刺激，ビデオカメラなど），調査だと質問紙とその種類（例：自尊心尺度，Big 5 尺度など）をまとめてください。特に質問紙調査の研究では，質問紙の種類だけでなく，(1) その質問紙の具体的な質問項目（例：自尊心尺度の「私は自分を価値ある人間だと思う」），(2) 回答方法（例：1：まったく当てはまらない～5：非常に当てはまるまでの 5 件法）の 2 点をまとめてください。ただしこれも，論文によっては書かれていないことがあるので，その場合は「具体的な項目や回答方法についての記載はなかった」と資料にまとめてください。

ポイント３：手続き

　ここがまとめるのがなかなか難しいところです。質問紙調査の場合，どんな質問紙を使用したとしても，基本的に「質問紙を配って，回答してもらい，回収する」という手続きになります。したがって，(1) いつ，どうやって，質問紙を配布し，(2) いつ，どうやって回答してもらい，(3) いつ，どうやって質問紙を回収したのか，の３点をまとめてください。たとえば，「大学生に大学の授業時間に配布して，その時間内で回答してもらい，授業時間後に回収した」のか「大学生に大学の授業時間に配布し，家に持って帰ってもらい，次の授業時間に回収した」のか，といった感じです。

　実験研究は，研究の数だけ実験のやり方がありますので，基本的な枠組みがありません。ただし実験というくらいですので「何かを，何らかの順番で，ある一定時間」行うことが求められます。ですので，ポイントとしては，(1) どの材料（刺激）を，(2) どの順番で，(3) どのくらいの時間与えたのか，の３点を意識してもらうと論文が読みやすくなるかと思います。この３点は書かれていたりいなかったりします。ワンポイントは，「自分で実験のフローチャート（流れ）を図にしてみる」ことです。具体例はこの後の「実験」の章で確認してみましょう。

（2）改めて「方法」をどうまとめるか

　方法のところでは，(1) 研究参加者の人数と属性，(2) その研究で用いた材料，(3) その材料をどのように用いたのか，の３点について，報告してください。なお，論文ではこれらはそれぞれ文章で書かれているかと思いますが，資料ではわかりやすさを優先して箇条書きでまとめてみることをお勧めします（第6章参照）。

4. 結　果

　今までの話を振りかえります。まず論文では「解決したい課題」がありました。そしてそれを解決するために適切な「方法」を述べました。次に来るのは「その方法によってどんなデータ（事実）が得られたか」になります。

　そして，この「結果」の部分が，学生にとって一番苦しいところです。まず用語がわからない。分散分析，t 検定，相関，共分散構造分析，決定係数，因子負荷量……。論文ではさらっと書かれているその用語がまず意味不明です。次に，用語が意味不明なうえに，その後に数字が来るので余計に意味がわからなくなります。分散分析の後に $F(1, 55)$ ＝56.26，$p < .001$，などの数値が来ると，もはや暗号解読です（ただし，これも「心理統計」などの授業でやっているはずなのですが……）。

（1）大きな枠組み①：記述統計と推測統計

　細かな「意味不明文字・数値」の話はおいておき，まずは大きな枠組みだけ示しておきます。まず数値が示されている論文では，その数値（数字）には大きく分けて2つの意味があります。第一に「記述統計」，第二に「推測統計」です（図2-2参照）。

記述統計	推測統計
今回の研究サンプルのデータ （平均や標準偏差）	今回のデータに基づいた一般化 （統計量）

図2-2　記述統計と推測統計

　「記述統計」とは，実験や調査を行った「その人達」についてのデータです。もしあなたの周りの友達5人の身長を測定した場合，5人それぞれの身長の高さや平均値，バラツキなどが「記述統計」になります。記述統計は，数値を扱う論文ではほぼ確実に出てきますし，基本的には「平均値」と「標準偏差」で示されます。逆に言えば，この2つの数値が報告されていれば，それは記述統計だと思ってチェックする必要があります。

　「推測統計」とは，実際に測定した「記述統計」の数値が，実際には測定していない人にも当てはまるのかどうか，を示すものです。これも話し出すと長いのですが，チェック項目としては「有意」というキーワードです。この用語は第4章で簡単に解説したいと思います。

　以上をまとめると，今自分が読んでいる箇所が「実際に測定した値」＝記述統計の話をしているところなのか，「実際に測定した値に基づいて一般化した値」＝推測統計の話をしているところなのかを意識してください。

（2）大きな枠組み②：「差の比較」と「関係の有無」

　もう1つ，結果をみるうえで参考となる枠組みとして，その論文が「差の比較」を行っているものなのか，「関係の有無」をみているものなのか，をチェックしてみてください。「差の比較」とは，Aという条件とBという条件を比べた場合，それぞれの平均値に「差があるかどうか」を調べるものです（実験などに多い）。「関係の有無」とはAという尺度の得点とBという尺度の得点の間に関係があるのかないのかを調べるものです（調査などに多い）。それぞれに主に対応している分析を以下に示します。

　差の比較：t検定，分散分析
　関係の有無：相関分析，因子分析，回帰分析，重回帰分析，パス解析，共分散構造分析

　推測統計については，自分が読んでいる部分が「差の比較」を行っているのか「関係の有無」を調べているところなのかを意識してください（浦上・脇田，2008，p. 57 も参照）。

（3）改めて「結果」をどうまとめるか

　以上，大きな枠組みを述べてきましたが，ゼミ資料をまとめる際には，まずは「細かい話はいったん忘れる」ことにしましょう。意味不明でもいいですので，とにかく「結果」で示されているものは丸写しする，という意識でいましょう（具体例は第6章参照）。

　ただし，本当に丸写ししてしまうと，資料が膨大になってしまうので，いくつかポイントをあげます。

ポイント1：分析の目的

　もし論文に，「○○を明らかにするために」など，ある分析を行うための目的が書かれていれば，そこをチェックしてください。そして資料にまとめてください。

ポイント2：分析の対象

　どのデータを対象にして分析を行うのかをチェックしてください。通常，研究ではたった1つだけデータをとる，ということはありません。いくつものデータがあると思いますので，「今，分析をかけられようとしているデータ」は何であるのかをしっかり理解してください。

ポイント3：分析の手法

　分析の目的の次に「○○という統計手法を用いて」という言葉があるかと思います。○○には先ほどから出ている t 検定や分散分析，因子分析や共分散構造分析といった言葉が入ります。これもチェックしてください。

ポイント4：分析の結果

　分析の目的と分析の手法が書かれた後，その結果がどうだったのかが書かれているかと思います。これは分析手法によって様々です。様々なので，ここは「書かれている数値をそのまま写す」ということでよいです（最初のうちは）。

＊

　以上のように，(1) 何を目的に，(2) どのデータを対象に，(3) どんな分析方法を用いて，(4) その結果どうだったか，の4点を軸に，結果をまとめてください。具体例は以下のようなものです。なお，データはでたらめです。

(1)　ＡクラスよりＢクラスのほうが数学能力が高いという仮説を検証するため

(2)　Ａクラス30名とＢクラス30名の数学のテストの平均点について

(3)　対応のない t 検定を行ったところ

(4)　有意な差がみられた（$t(58)=12.75$, $p<.05$）

　その際，いくつか注意点です。第一に，「何度も書く」です。(1)～(4)の流れですが，通常の論文だと，1回の分析だけで終わるということはありません。ですので，(1)～(4)の流れでまとめた文章を何度か（何度も）書かなければいけない，ということを意識してください。実際，第7章以降の「レジュメ見本」の結果の書き方をみてもらうと，いくつも結果が書かれていることがわかるかと思います。

　第二に「わけがわからなくても書く」です。最初のほうで述べたように，ゼミ資料は「自分が理解したこと」ではなく「人に理解してもらう」ための資料です。ですので，たとえ自分が理解できない分析手法や数値でも，とにかく報告してください。「わかりません」と素直に言ってくれれば，ゼミの先生が（たぶん優しく）教えてくれます。逆に「ここはよくわからなかったので飛ばしました」とだけ言われても，何がわからなかったのか資料がないので，教えることができなくなってしまいます。

5.　考　察

　考察は英語論文では「Discussion」（ディスカッション）と書かれています。文字通り，自分で自分と「議論」している部分になります。ですので，この部分の書き方のスタイルは論文の著者によってかなり異なってきます。

　そのうえで，押さえておくべきポイントは(1)論文の問い＝目的，(2)得られた結果＝事実，(3)結果の解釈，(4)今後の課題，の4点です。

（1）「考察」でまとめること

ポイント1：論文の問い＝目的

　多くの論文では，考察の最初に「この論文が解決したい問い＝目的」を述べています。「あれ？「問題と目的」の部分で書いていたんじゃないの？」と思ったかもしれませんが，そのとおりです。「問題と目的」で書かれていた論文の問いをここでは再度繰り返しています。これは「方法と結果を読んだ人は，最初の問題と目的で書かれていたことは忘れている」という理由からです。ずっと論文を読んでいると「あれ？　そもそもこの論文って何を目的にしてたんだっけ？」となってしまいます。その時にもう一度最初に戻って読む

のは面倒なので，**考察の最初に「みなさんお忘れかと思いますが，この論文が解決したい問いはこれでしたよね」という確認を行う**のです。

　論文によっては書かれていないことがありますので，もしその場合は，自分の資料には（論文を見返して）「この論文が解決したい問い」は何だったのかをまとめてください。

ポイント2：得られた結果＝事実

　次に，「結果」の部分について書かれた内容の中で，特に重要であるものをピックアップしてください。「あれ？　これも「結果」のところに書かれていたんじゃないの？」と思うかもしれませんが，そのとおりです。「結果」で書かれていたことを繰り返します。これは先ほどと同様，読者は「結果の内容を忘れている」ことが理由です。

　それともう1つ，**この後の「解釈」を行う結果をピックアップする**，という意味もあります。先ほど述べたように，「結果」の部分には，「研究の結論には直接関係ないけど前提として重要なデータ」が述べられていたりします。これらすべてを報告しているのが「結果」の部分になりますので，読者としては何が注目すべき結果であり，何がそれほど注目しなくてもよい結果なのかがわかりにくくなります。ですので，この部分で**「先ほど述べた結果のうち，これとこれとこれは特に重要で，これについてあとでしっかり考えていく予定なので，思い出しておいてね」という確認**を行います。

　これは多くの論文でほぼ確実にやっていることですが，「先ほどの結果」として大きくまとめてくれているものもあれば「こういう結果があって，これはこう考える。また別の結果があって，これはこう考える」と「結果と考察」のセットを1つ1つ分けて述べる論文もあるので，注意してください。

ポイント3：結果の解釈

　論文の筆者が先ほどの「結果」をどう考えるのか，という点が解釈となります。「問題と目的」で述べていた「解決したい問い」に対してどういう答えがなされているのか，の部分になります。仮説が述べられていれば，その仮説が支持されたのかどうか，が書かれています。

　また，ここで注意すべきは，先ほどの「結果＝事実」と「解釈」を区別しておく，ということです。たとえば，「AクラスとBクラスの数学のテスト（の平均点）を，t検定で分析すると5％水準で有意であった」というのは統計的な結果＝事実です。これを「このことより，AクラスよりBクラスのほうが全体的に数学能力が高い」と記述したり，「この理由として，Bクラスのほうが数学の先生の教え方がよいと思われる」と記述するのは「解釈」です。前者の「数学能力が高い」というのも，一見すると事実のようにみえますが，「数学のテスト＝数学能力を測定している」というのは確実なことではなく，あくま

で論文の筆者がそう推論しているということから，「解釈」に当たります（その数学のテストに漢字の書き取りが含まれていた，ということがわかったときのことを考えてもらうとわかるかと思います）。いろいろ言いましたが，**論文では，何を事実として報告し，何をその論文の筆者の解釈として報告しているのかに注意して読む＝まとめることが重要です。**

ポイント4：今後の課題

　もう1つ，考察ではその論文（研究）がもつ「限界」や「今後の課題」が書かれています。論文はあるテーマに絞って書かれているものであり，当然1つの研究だけですべてが明らかになるわけではありません。それは論文の筆者が一番よくわかっています。そこで，「この論文（研究）ではここが足りなかった」と論文（研究）の不十分なところを自ら指摘することが求められます。なかには書いていない論文もあるのですが，筆者が何を足りないところと思っているかをチェックしてまとめてください。

（2）改めて「考察」をどうまとめるか

　考察では(1)論文の問い＝目的，(2)得られた結果＝事実，(3)その事実の解釈，(4)論文（研究）の今後の課題，の4点について，まとめてください。その際，「最初に述べていた問いを解決する答えになっているかどうか」に注意して読む＝まとめてください。

6.　まとめ・面白かった点・疑問点

　論文では，「問題と目的」「方法」「結果」「考察」の大きく4つが述べられていると言いました。ですので，ゼミ資料にまとめる箇所もこの4つに対応したものになりました。

　しかし，ここではさらに3つのパートをゼミ資料に載せてもらいたいと思います。それは「まとめ」「論文の面白かった点」「論文の疑問点」です。

（1）まとめ

　まず「まとめ」の部分から解説します。この部分は論文に書かれていません。**あなた自身が，「この論文はこのようなものでした」と情報をまとめることが必要**です。なぜこれを行うのかというと，「後から見返してどんな論文だったかを一目でわかるようにしておく」と便利だからです。

　あなたがこれから卒業論文を書く際には，1つ2つの論文を読むだけでは足りません。それこそ10本，20本と論文を読む必要があります（ゼミの先生はそう願っています）。その時，

1つ1つの論文の内容を覚えておくことはできません。そのため，パッと見てこれがどんな内容だったかを思い出せるようなものにしておく必要があります。

　どのようにまとめるか，は実は人それぞれですので，自分なりに使い勝手のよいまとめ方を見つけてもらったらいいのですが，ここでは例として，以下の4つのポイントを押さえた書き方を示しておきたいと思います。

　(1)　研究の目的（筆者とその研究の年代，研究目的）
　(2)　研究の方法（参加者，使った道具，手続き）
　(3)　研究のメインの結果
　(4)　考察

　1つ例を出します。

> 　近藤（2014）は，子どもはいつから「人の感情はわからない」ことがわかるのかを検討した。幼稚園，保育園に通う年少児27名（平均月齢＝49.81カ月），年中児31名（平均月齢＝61.45カ月），年長児34名（平均月齢＝73.74カ月）を対象に，人によって生起する感情が異なる場面（例：カブトムシが腕に止まる）で「自分」「友達」「架空の人物」がどのような感情になるかを推測させた。その際，「わからない」ことを視覚的に示す選択肢（「？」カード）を準備した。その結果，年少児よりも年長児のほうが，自己条件よりも友達条件と架空の人物条件のほうが，「わからない」という選択が多かった。ただし「わからない」反応は全体的には少なかった。この結果より，子どもは6歳頃より，「人の感情はわからない」ことがわかり始めることが示唆された。

　この例を分解すると，以下のようになります。

⑴　「研究の目的」の部分

　近藤（2014）は，子どもはいつから「人の感情はわからない」ことがわかるのかを検討した。

⑵　「研究の方法」の「参加者」の部分

　幼稚園，保育園に通う年少児27名（平均月齢＝49.81カ月），年中児31名（平均月齢＝61.45カ月），年長児34名（平均月齢＝73.74カ月）。

⑶　「研究の方法」の「使った道具」「手続き」の部分

　人によって生起する感情が異なる場面（例：カブトムシが腕に止まる）で「自分」「友達」「架空の人物」がどのような感情になるかを推測させた。その際，「わからない」ことを視覚的に示す選択肢（「？」カード）を準備した。

⑷　「研究のメインの結果」の部分

　その結果，年少児よりも年長児のほうが，自己条件よりも友達条件と架空の人物条件の

ほうが,「わからない」という選択が多かった。ただし「わからない」反応は全体的には少なかった。

⑸ 「考察」の部分

　この結果より, 子どもは 6 歳頃より,「人の感情はわからない」ことがわかり始めることが示唆された。

　ポイントを 2 つ述べます。第一に, ここでは「その研究を行う理由」(第 2 章第 2 節参照) は述べません。すっきりと「その論文が明らかにしたい問い＝目的」だけ述べます。その目的がなぜ大事なのかは, また論文を見れば (あるいは発表資料を見れば) わかりますので, ここではばっさり削除してください。

　第二に, 方法や結果の部分は長くなってもよい, ということです。先ほどの例はかなりコンパクトにしてしまいましたが, 最初のうちは「何がメインの方法か」「何がメインの結果か」を判断することは難しいと思います。ゼミで発表するなかで「ここは書かなくてもよい」や「ここは書かなければだめ」といったコメントをもらい, だんだんと上手くなっていきます。

（2）論文の面白かった点

　次に, 論文の感想を書きます。最初は「論文の面白かった点」です。タイトル通り,「これは勉強になった」「これは自分の研究に使えそうだ」と思えるところを述べてください。

　とはいえ, いきなり「面白いところ」と言われても, なかなか思いつかないかと思います。実はこの「面白いところ」を上手く言葉にできるかどうかが, 大学生の学びにとっては重要なのですが, これはまた別の話……。ここでは, それを上手く言葉にできるようにポイントをあげておきます。

　先ほどの論文をもとに, まずは例を書きたいと思います。

例) 近藤 (2014) の面白かった点
　この論文で面白かった点は 2 点あります。
　第一に,「感情理解の新たな側面」に着目したところです。これまでは「人の気持ちがわかるようになる」というのが感情理解の発達であったのに対して, この論文では「人の気持ちがわからないことがわかるようになる」という新しい感情理解の発達の方向性を提示しています。自分の日常生活をみても, 確かに人の気持ちがわからないという体験はよくあるので, このとらえ方は非常に共感できました。

　第二に，「視覚化の手続き」を設定した点です。子どもに回答させるときに，単に質問するだけでなく「？」カードを選択肢として置くというのは，子どもの回答のしやすさを向上させていると思います。以前に見学した幼稚園でも，折り紙の手順を写真で提示するなど，子どもが見てわかるように工夫されているのを思い出しました。視覚化の手続きが子どもの認知発達にどう影響するかを調べてみるのも面白いなと思いました。

　ポイントを解説します。

　第一に，「最初に面白い点がいくつあったかを述べる」です。この本の文章でも，「ここでは〇つのポイントを述べます」など，**最初にこれから述べる情報の数を示している**かと思います。こうすると，読み手は「次にいくつの情報を読まなければならないか」が意識できます。このテクニックをまとめる際にも応用してください。つまり，最初に「この論文で面白かった点は３つあります」など，適当な数を入れて報告を始めてください。自分で「３つ」といったので，「さて，３つは何かな？」と探し始めるはずです。どうしても２つしか見つからない場合は，「２つあります」と最初の文章を修正すればOKです（実際，先ほどの例も本を書く段階で３つから２つに修正していました）。

　第二のポイントとして，「一言で言いきる」です。先の例をみてもらうと，「第一に」や「第二に」の後では，それほど長い文章を書いていません。面白い点を書こうとすると，どうしても一文が長くなりますが，最初は「一言で言いきる」書き方をしてみてください。「それはどういうことか？」については，後の文章でしっかりと書くことができます（先の例をみてください）。

　第三のポイントとして「自分事に引き付ける」です。実は，何を面白いと思うかはその人の過去の体験に大きく影響されます。だからこそ，何を面白いと思うかに人による違いが出てきます。何かを面白いと思うには，それを面白いと思うだけの体験が自分の中にあるはずです。もちろんそれは実際の体験だけでなく「今までこう考えていたんだけど」や「この前読んだ論文にはこう書いてあったけど」といった情報や知識であることもあると思います。どちらにしろ，その論文を「自分が」面白いと思った「自分なりの」理由があるはずなので，それを述べてください。もしここが何も思いつかないとしたら，いろんなものを体験したり，勉強したりしてください。

（3）論文の疑問点

　このパートでは，その論文を読んで感じた疑問を書いてください。最初に例を示します。

例）近藤（2014）の疑問点

　この論文の疑問点は 3 つあります。

　第一に，「わからない」反応の数が少ないことです。これは筆者自身も述べていますが，「人の気持ちがわからないことがわかる」ことを明らかにしたといえるかどうかは微妙な数値だと思います。年長児と小学生を比べると，小学生のほうが「わからない」といえるような気もしますので，もっと年齢を上げて検討する必要があるのではないかと思います。

　第二に，日常場面との違いです。自分がこの前にみた 3 歳児クラスでは，数はわすれましたが，それなりに「わからない」という言葉が出ていたように思います。実験では測定できないけれど，日常場面の観察をすれば，もう少し早く「わからない」反応がみられるのではないかと思います。

　第三に，条件の順番です。この論文では「自分」「友達」「架空の人物」の気持ちを推測する順番をカウンターバランスをとったといわれています。しかし，いきなり人の気持ちを推測させるのと，まずは自分の気持ちを考えてから人の気持ちを考えるのとでは，何か違った影響があるように思います。「自分の気持ち」を考えてしまうと，逆に「人の気持ち」がわからなくなることもあるのではないでしょうか。推測の順番はカウンターバランスをとるのではなく，1 つの条件として設定する必要があるのではないかと思います。

　ポイントを解説します。

　1 つ目は先ほどと同じ，「**最初に疑問点がいくつあったかを述べる**」です。最初に「3 つ」と自分で設定すれば，「さて，3 つを何にしようかな？」と考える方向性が出てきます。繰り返しますが，多ければ後で減らせばよいのです。

　2 つ目のポイントも先ほどと同じです。「**一言で言いきる**」ことを意識してください。最初に長い文章は書かない。なぜそれが疑問なのかの説明は後で十分できます。

　3 つ目は，少し難しいかもしれませんが，「**今後こうすればどうか**」の提案を書くことです。論文を読むことはそれそのものが目的ではなく，自分の卒業論文につなげていくことが目的です。ですので，その論文を土台にして「自分ならこうする」という点まで書けると，具体的な研究計画がみえやすくなります。疑問点は単にダメなところを指摘するということではなく「こうすればよりよくなる」「この点は新たな問いとしてみえてきた」という案を出すことです。最初からここまで書くことは難しくても，意識はしておいてください。

7.　第 2 章のまとめ

　第 2 章では，論文を読む＝まとめるとはどういうことかについて，大きな枠組みを提示

しました。やや長くなりましたので，以下に一覧表として再度述べたいと思います。自分がゼミ資料を作ったときに，以下の項目が書かれているかのチェックリストにもなっていますので，適宜使用してください。

問題と目的

- □ 背景となる現象
- □ 現象をとらえるキーワード
- □ 先行研究で明らかになっていること
- □ この論文が新たに見つけた解決すべき問い
- □ なぜその問いが解決されなければならないかの理由（書いてなければ批判コメント）
- □ 答え（仮説）の予想（書いてなければ省略）

方法

- □ 対象者の人数と属性
- □ 用いた材料と種類
- □ 材料の使用方法

結果

- □ 記述統計はどのようなものか
- □ 推測統計はどのようなものか（□ 何を目的に，□ どのデータを対象に，□ どの分析を用いて，□ 結果どうだったのか）

考察

- □ 論文の問い＝目的は何か
- □ 論文で得られた結果＝事実は何か
- □ 得られた結果をどう解釈するか
- □ 論文（研究）の限界・今後の課題は何か

まとめ

- □ 何を目的にしたのか
- □ 誰を対象にしたのか
- □ どんな方法を用いたのか
- □ その結果どうだったのか
- □ それはどう考えられるのか

面白かった点

　　□ いくつあるか

　　□ それは何か

疑問点

　　□ いくつあるか

　　□ それは何か

＊

　これで第 2 章を終わります。ただしこれは大きな枠組みであり，個々の研究論文を読むには少し不十分な点があります。そこで次の第 3 章では，心理学研究を大きく 4 つの領域，実験・調査・観察・面接，に分け，それぞれの論文を読むときに注意すべきポイントについて簡単にまとめてみたいと思います。自分が今度読む論文がどの領域に当てはまるのかを意識してみてもらうと，読みやすく＝まとめやすくなると思います。

第3章　実験・調査・観察・面接

　第2章では，論文の読み方＝まとめ方について，大きな枠組みを示しました。第3章では，少し具体的な研究手法に注目したいと思います。ここでの研究手法とは，「実験」「調査」「観察」「面接」です。心理学の論文を読む際に，それぞれの研究手法に特有の（ただし重なっていることもあります）注意すべきポイントを解説し，論文を読みやすく＝まとめやすくしたいと思います。

1.　実験研究

（1）実験とは

　最初に，実験を行った心理学論文のまとめ方を示したいと思います。心理学における実験とは，おおざっぱに言えば，**ある条件を変化させた場合と変化させなかった（あるいは別のかたちで変化させた）場合において，結果に違いが出るかを調べるもの**です（図3-1）。ここである条件（原因）を「独立変数」，変化が起こると予想される結果を「従属変数」，と呼ぶということは，「心理学研究法」などの授業ノートを引っ張り出して思い出してくださいね。簡単に具体例を考えましょう。たとえば，教室の温度を20度にした場合と30度にした場合で，学生の「授業に対する評価」がどのように変化するのか，などがあります。この場合，「教室の温度」が独立変数（＝原因＝操作する条件）であり，「授業に対する評価」が従属変数（＝結果＝条件によって変化するもの）となります。

図3-1　実験研究で調べていること

（2）実験デザイン

　実験研究を読む際には，「実験デザイン」に注意して読むことが求められます。先ほど実験研究とは，ある条件を変化させた場合と変化させなかった（あるいは別のかたちで変化

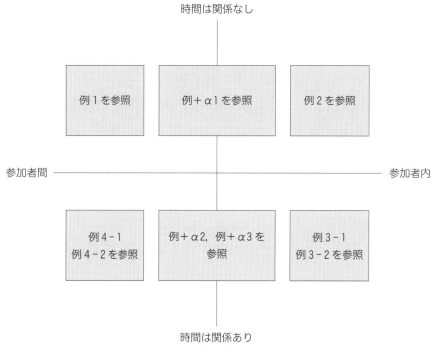

図3-2　実験デザインのマップ

させた）場合において，結果に違いが出るかを調べるもの，といいました。**実験デザインとは，「条件の変化のさせ方」といえます**。条件を変化させると一言で言っても，その変化の方法にはいくつか種類があります。本書では，「参加者間－参加者内」と「時間は関係なし－時間は関係あり」の2軸から，4つの領域を設定してみました（図3-2）。

① 参加者間－参加者内

　まず「参加者間－参加者内」から説明します。**「参加者間」とは，異なる人（グループ）の間で比較する実験デザインです**。先ほどあげた「教室の温度を20度と30度で変化させて，授業の評価がどう変化するか」で考えてみましょう。

〈例1〉
　2年1組の教室を20度，2年2組の教室を30度にして，それぞれの教室の生徒の授業評価がどう変わるかを調べた。

　ここでは，2年1組の生徒と2年2組の生徒は「異なる人（グループ）」です。異なる人＝参加者の「間」で，条件の影響を調べているので，「参加者間」実験と呼びます。ただし，ここには「時間による変化」の視点はありません。あくまでも「教室の温度」のみが「授業評価」に影響する独立変数として想定されています。

　次に「**参加者内**」とは，同じ人（グループ）で比較する実験デザインです。先ほどと同じ例を使って考えたいと思います。

〈例2〉────────────────────────────
　2年1組の教室を20度にして授業したときと，30度にしたときで，生徒の授業評価が変わるかを調べた。
─────────────────────────────────

　ここでは，同じ2年1組の人が20度の条件と30度の条件で比較されています。同じ人＝参加者の「内」で条件の影響を調べているので，「参加者内」実験と呼びます。この実験デザインでは，研究を行う際は異なる時間に行うことになりますが，研究の目的上は「時間は関係なし」となります。なぜなら，20度を先にしても30度を先にしても，研究の目的上は特に問題はないからです。あくまでも20度と30度の温度変化に着目していることに注意してください。

　ただしここで注意です。「参加者間－参加者内」は，どちらかを選べばどちらかを捨てるというものではなく，**両方同時にデザインすることができます。これを「混合計画」と呼んだりします**。以下の例で考えてみましょう。

〈例＋α1〉───────────────────────
　2年1組の教室を20度にして，4時間目の授業（空腹時）と5時間目の授業（満腹時）を行った。
　2年2組の教室を30度にして，4時間目の授業（空腹時）と5時間目の授業（満腹時）を行った。それぞれの授業評価の変化を調べた。
─────────────────────────────────

　ここでは，(1)教室の温度（20度か30度か），(2)身体状態（空腹か満腹か）の2つの独立変数が，授業評価という従属変数に与える影響を調べるものとなっています。この場合，(1)が参加者「間」（2年1組と2年2組の異なるグループ間で温度が変化）のデザインであり，(2)が参加者「内」（同じ人の内で空腹時と満腹時の変化）のデザインとなります。1つの実験でも，参加者間と参加者内が同時にデザインされることがあることに注意してください。

② 時間の関係

　次に，「時間は関係なし－時間は関係あり」の説明をします。先ほど述べたように，**条件の変化に「時間」という観点が入っているかどうか**，がここでのポイントとなります。特に「参加者内」のデザインでは，同じ人に条件の変化を加えているので，時間の視点が入っているかどうかは着目ポイントです。

　「参加者内」で「時間は関係なし」の研究（図3−2の右上）はすでに〈例2〉で述べたので，ここでは図3−2の右下にある「参加者内」で「時間は関係あり」の研究を説明したいと思います。

〈例3−1〉────────────────────────────────

　　2年1組の教室の生徒にある数学のテスト（1回目）をしてもらった。次に，ある数学の教育法を行った。再び，先ほど行ったものと同じ数学のテスト（2回目）を行った。1回目の数学のテストの得点と2回目の数学のテストの得点を比較した。

──

　ここでの独立変数は「ある数学の教育法」です。この独立変数が従属変数である「数学のテストの得点」にどのような影響を与えるのか（もう少し言えば，テストの得点を上げるのか）を調べた，という研究です。これを「介入研究」と言ったりします。

　ここで，1回目のテストを「プレテスト」，2回目のテストを「ポストテスト」といいます。「プレ」は前，「ポスト」は後，という意味です。何の前と後なのでしょうか。それは，ある条件の変化（介入）の前と後です。ある条件の変化をする「前」と「後」で何が変化したのかを調べる，というのがこのデザインです。同じ人の「ある時点」と「ある時点」を比べているという意味で「時間の視点」が組み込まれています。（厳密なことを言えば，これも「時間の視点」があるかと言えば，実は難しいところです。なぜなら，調べたいことの究極の目的は「ある教授法の影響」だからです。しかし，「ある教授法をする前の状態」と「ある教授法をした後の状態」を比較しているという点でみれば，時間の経過が必須となっているため「時間は関係あり」としています）。

　もう少しだけ続けます。先ほどの介入研究は，ある介入を行う「前」の数学テストの得点（これをベースラインと呼んだりします）と「後」の得点を比較しました。これで，「後」のほうが数学のテストの得点が上がれば，「ある数学の教育法」が有効であったと結論づけたいところです。このように，あるベースラインの状態に対してある介入を行った，というデザインをABデザインと呼びます。しかし，「ある数学の教育法」をしていない状態がないので，本当にこの教育法の影響だったのかどうか，わからない部分があります。これを確かめるには，再度「ある数学の教育法を行わない」という介入が必要となります。

　ここでもう一つ別の例をあげます。

〈例3−2〉────────────────────────────────

　　ある人の体重を測定した（ベースライン）。その後，ある運動プログラムを実施した（介入1）。その後，その人の体重を測定した（結果1）。その後，ある運動プログラムをやめた（介入2）。その後，

その人の体重を測定した（結果 2）。

　もし「結果 1」で体重が減少していたが，「結果 2」では体重が元に戻っていた（ベースラインに戻った）となれば，これは「ある運動プログラム」が体重に影響していたことを示すと考えられます。このように，**あるベースラインに対してある介入を行い変化をみて，再び介入を行わないとベースラインに戻るか，を調べるデザインを ABA デザインと**呼びます。もちろん，再度運動プログラムを実施するなど「介入 3」を行うことで，ABAB デザインを取ることができます（倫理的にはこちらのほうがよいとされています。体重が元に戻って「はいさようなら」はちょっとひどいですよね）。

　このように，同じ人にある介入をする「前」と「後」を，時に繰り返し行うこともまた，実験デザインの一つです。（ただしあまり大人数にはできずに，1 人や少数を対象に行うことが多いので，**単一事例実験デザイン**と呼ばれることがあります）。

　最後に図 3 - 2 の左下の部分「参加者間」で「時間は関係あり」の説明をしたいと思います。先ほどは「同じ人」だったので，「異なる時間」を比べることは簡単にイメージがつきました。しかし，「異なる人」の間で「異なる時間」を比較することはできるでしょうか。数学の教授法の効果について例をあげます。

〈例 4 - 1〉
───────────────────────────────────

　学校 A の 2 年 1 組の生徒と学校 B の 2 年 1 組の生徒にある数学のテスト（1 回目）をしてもらった。次に，学校 A の生徒には数学の教育法 X を行い，学校 B の生徒には数学の教授法 Y を実施した。再び，2 つの学校で先ほど行ったのと同じ数学のテスト（2 回目）を行った。1 回目の数学のテストの得点と 2 回目の数学のテストの得点を比較した。

　ここでの独立変数は「数学の教育法の種類」です。この独立変数が従属変数である「数学のテストの得点」にどのような影響を与えるのか，という研究です。学校 A と B ともに同じ人を対象にある介入を行う「前」の数学のテストの得点と「後」の得点を比べているため，「時間は関係あり」となります。また，教授している数学の指導法 X と Y の効果の違いを，異なる学校で調べているため「参加者間」となります。この研究で重要なのは，1 回目の数学のテストの得点（ベースライン）が学校 A と B の間で大きな差がないという点です。もし，学校間ではじめから数学の成績に差があると，教授法の効果の違いを比較できないからです。このように介入研究でも，異なるグループ間で比較することで，介入のどのような要素が重要なのかを見極めることができるようになります（指導法の X では効果があり，Y では効果がないといった場合，X の何らかの要素が重要とわかる）。

　もう１つ，「参加者間」ではあるけれど「時間の視点」を（仮想的に）入れている研究を
あげます。以下の例をみてください。

〈例4-2〉

　　１年１組の生徒の体重と，２年１組の生徒の体重と，３年１組の生徒の体重を比較した。

　ここで，「学年が上がるにつれて体重が増える」という結果が得られたとしましょう。
ここでは，「学年」という時間と関係した独立変数の影響を仮定しています。しかし，１
年１組と２年１組と３年１組は「違う人」ですので，「参加者間」デザインです。した
がって，厳密には「年齢＝時間」の話はできないといえます。しかし，仮想的に「年齢」
という独立変数を想定して，「時間とともに体重が変化する」という結論を導き出してい
ます。もちろん，この結論を確実なものとするのであれば，１年１組の生徒であった人を，
２年生，３年生と追っていき，体重を測定するという「参加者内」のデザインにする必要
はあります。このように，**同じ人を時間の経過とともに追ってデータを取っていく研究を
「縦断研究」といいます**（ちなみに縦断研究は図3-2では「参加者内」で「時間は関係あり」の
右下の領域になります）。しかし，縦断研究は時間や費用がかかってしまいます。そこで，
違う年齢の違う人同士を比較するというやり方で，仮想的に「年齢」の影響を調べるとい
う方法がとられます。**これを「横断研究」といいます**。このように，横断研究では，厳密
には「時間」は測定できていませんが，違う年齢の人たちを比較することで「時間（年
齢）」の影響を（仮に）測定しているということをしています。
　ちなみに，横断研究を仮想的に「時間」を扱った研究だとするのであれば，これも参加
者間と参加者内の「混合計画」として実施することは可能です。

〈例＋α2〉

　　1990年代に生まれた子どもの「自尊心」と2000年代に生まれた子どもの「自尊心」を30年間継続し
　　て測定する。

　この場合，「1990年代生まれ」と「2000年代生まれ」は参加者間ですが，その後の30年
間の追跡調査は同じ人の中でのデータですので参加者内となり，ある種の混合計画となり
ます（発達研究ではこのような研究を**コホート（世代）研究**と呼んだりします）。
　ここまで大規模なものでなくても，たとえば以下のような例でも混合計画と呼ぶことが
できます。

〈例＋α3〉
　　1年1組の生徒，2年2組の生徒，3年3組の生徒の「登校時の体温」と「下校時の体温」を測定
　する。

　　ここでは「年齢によって体温の違いはあるか」という参加者間の要因と，「登校時と下
校時によって体温の違いはあるか」という参加者内の要因の2つが調べられていることが
わかるかと思います（この研究に意味があるかどうかは別にして）。

（3）注意点

　　実験系の論文を読む＝まとめる際には，さらに注意してほしい点があります。それは，
1つの研究で複数の実験を行っていることがある，ということです（もちろん，これは「調
査」「観察」「面接」すべての研究に当てはまります）。ですので，第1章で述べた論文の構造，
(1)問題と目的，(2)方法，(3)結果，(4)考察，という流れが，一見するとバラバラになって
いるように思われます。しかし，実験を複数回行っていたとしても，(1)〜(4)の要素はか
ならずそろっています。何度も実験が出てきたとしても，焦らずに，(1)〜(4)の要素を見
つけていってください。
　　また，もし複数回実験を行っていたとすれば，(4)考察の部分が，「総合考察」（General
Discussion）というものになっていることが多いです。どういうことか説明します（図3−
3をみてください）。
　　たとえば2回実験を行ったとしたら，その2回それぞれに，結果と考察が存在します。
具体例として，実験の1回目で，ある数学教授法AとBをある学校の理系クラスの生徒に
行ったら，教授法AのほうがBよりも数学テストの点数をあげた，という「結果」が得ら
れたとしましょう。この時の「考察」は「教授法AのほうがBよりも適切な教授法だろ
う」となります。次に，実験の2回目で，同じ数学教授法AとBを，同じ学校の文系クラ
スの生徒に行った場合，BのほうがAよりも数学テストの点数をあげた，としましょう。
この時の「考察」は「教授法BのほうがAよりも適切な教授法だろう」となります。
　　では，この2つの実験結果を「総合」すると，どのような「考察」ができるでしょう
か？　おそらく「数学教授法Aは理系クラスに適切な教授法で，教授法Bは文系クラスに
適切な教授法だろう」ということが考えられると思います（もちろん，実験3で実際に理系
クラスと文系クラス両方にAとBを実施して，直接にそれを比較することも可能です）。これが
「総合考察」です。それぞれの実験で得られた「結果」や「考察」をまとめるとどのよう
なことがいえるのか，を書いた部分です。もちろん，「総合考察」のまとめ方も，第1章

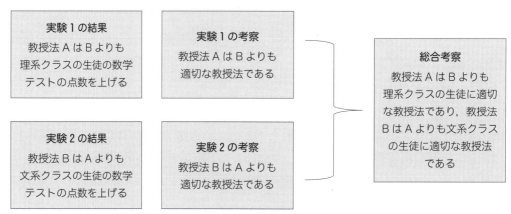

図3-3　2つの実験を行った後の総合考察のイメージ

の「考察」のまとめ方で述べたやり方と同じです。

（4）実験研究のまとめ

　実験研究のポイントをまとめます。実験の論文を読む場合は，(1)独立変数（原因）は何で従属変数（結果）は何であるのか，(2)独立変数の操作の仕方（＝実験デザイン）は参加者間なのか参加者内なのか混合デザインなのか，(3)実験はいくつ行われているのか，の3点に注意して読んでください。以下に改めてチェックリストにしましたので，ゼミ発表前に確認してみてください。

□独立変数は何で，全部でいくつあるか

□従属変数は何で，全部でいくつあるか

□実験デザインは何か（参加者間，参加者内，混合）

□実験が複数回行われている場合，それぞれの方法・結果・考察と総合考察がまとめられているか

2.　調査研究

（1）調査とは

　次に，調査研究についての読み方＝まとめ方のポイントを述べたいと思います。まず，調査研究とは何か，から話していきたいと思います。

　いずれの研究も何らかのことを調べているという意味では調査研究となります。本書では特に「質問紙」を用いた研究を調査研究と位置づけ，議論したいと思います。心理学研究における**質問紙とは，ある心理的な特性・状態を表す「質問」に対して自己報告によっ**

て回答する手法です。たとえば，「あなたはカレーがどのくらい好きか」について調べる
としましょう。その時，「あなたのカレーが好きな程度」をどうやって測定すればいいで
しょうか？　あなたが1週間にカレーを食べる回数をカウントする，あなたが1日にカレー
という言葉を使った回数をカウントする，などなど，いろいろなことが考えられると思い
ます。しかし，一番手っ取り早いのは「あなたはカレーがどのくらい好きですか」という
質問に答えてもらうことです。その際に，「まったく好きではない」「あまり好きではな
い」「どちらでもない」「けっこう好き」「非常に好き」とこちらがあらかじめ回答を作っ
ておき，一番自分に当てはまるものに○をつけてもらう，ということをします。さらに，
先ほどの5つの選択肢を，「好きでない」ほうから「好き」なほうに，1点から5点まで
点数を振り分けると，「あなたのカレーの好きな程度」を，別の人の「カレーが好きな程
度」と比べることができます（ただし，ここには「けっこう好き」「非常に好き」との間，「あ
まり好きではない」「どちらでもない」との間，など『隣り合う選択肢同士が等間隔である』という
前提がありますので，このような数値が本当に比較できるものであるのかという議論はあります）。

　このように，**ある心理特性・状態を表す複数の質問項目に自分で回答し，それを数値化
して分析していく研究手法を質問紙調査**と呼びます。多くの場合，大量のデータが扱え，
比較的安価で簡単に実施できることから，心理学研究で多く用いられる手法の一つです。

（2）調査のタイプ

　（質問紙）調査研究には，大きく分けて(1)尺度を開発する研究，(2)尺度同士の関連を調
べる研究，(3)実態を把握する研究，の3つに分けることができます。

① 尺度を開発する研究

　まず(1)尺度を開発する研究について。これは**「モノサシを作る」研究**といえます。先
ほど，やや単純な「カレーが好き」という質問項目を紹介しました。しかし，この質問は
本当に「カレーが好き」という心理特性・状態を測定しているのでしょうか。また，測定
できているとして，それがどれくらい正確に測定できているのでしょうか。もし仮に，
「カレーが好きか」の質問に「とても好き」と回答していた人と「まったく好きではない」
と回答していた人の「1週間にカレーを食べる回数」を比べると，「好きではない」と回
答していた人のほうが多かった，ということになれば，この質問項目は「カレーの好き度
合い」を測定しているとは言いにくいでしょう。

　このように，ある質問項目（質問紙）が，「本当に調べたい心理特性・状態を測定してい
るのか」「正確に調べたい心理特性・状態を測定しているのか」を検討する研究を，尺度
開発研究といいます。この時に注意すべき用語が「妥当性」と「信頼性」です。**妥当性と**

は，（先ほど述べたように）「本当に調べたい心理特性・状態を測定しているのか」を表す概念です。身長を測定したいときに体重計を持ってきても意味がありません。本当はそれを測定していないモノサシ（尺度）ではないのか，をチェックする必要があります。**信頼性とは，「どのくらい安定して測定ができている≒結果が信頼できるのか」を表す概念**です。身長を測定したいときに身長計を持ってきたはいいものの，1回目に測定したら160㎝，2回目に測定したら180㎝，となったら，とてもじゃないけどこの身長計の数値は「信頼」できないです。これらの信頼性や妥当性について検討がなされていない尺度は，**「結果が安定しているかもわからないし，何を測っているかも裏付けがない」**わけです。いわゆる娯楽の「心理テスト」と信頼して分析できる「心理尺度」の違いはここにあります。論文を読む＝まとめるにあたっては，「尺度開発研究」の場合は，論文中の妥当性と信頼性という用語にはチェックを入れておいてください。

　信頼性と妥当性の検討には，実は終わりがありません。身長ならば測っているものは明確ですが，**心理特性・状態は直接的にはとらえられない**ためです。グリム童話の「オオカミと7匹の子ヤギ」をご存知でしょうか。ドアの向こうのオオカミは家の中の子ヤギを騙して家の中に入るために高い声，白い前足など，「母ヤギである証拠」を示します。子ヤギたちはそれらの少ない「証拠」からドアの外のオオカミを母ヤギと信じ込んでしまい，結果ドアを開けて丸呑みにされてしまいました。信頼性・妥当性の検討に関しても，「開発された新しい尺度が本当に測定している内容」はこの童話のドアの外のように，直接的には確かめられないので永遠にわかりません。ですが，一つだけではなく**多角的に証拠を積み重ねる**ことで「きっと，恐らく，ほぼ間違いなく，この概念を安定して測定できているはずだ」と尺度の精度の高さが裏付けられていきます。信頼性・妥当性の検討には終わりがないからこそ，単純に「すでに検討されていたから大丈夫」でなく，どのような手順から確かめられているのか，慎重に確認する必要があります。

② 尺度同士の関連を調べる研究

　次に⑵尺度同士の関連を調べる研究について説明します。これは，**ある心理特性・状態とある心理特性・状態の関連性を調べる**ものになります。質問紙の尺度同士のこともあれば，質問紙の尺度の得点と実験や観察で得られたデータとの関連を調べるものもあります。どちらにしろ，ある質問紙で測定されたデータは個人の心理特性・状態が反映されていると仮定し，それらが何と関連しているか，を検討するタイプのものです。具体的には，「ネガティブ思考しやすい性格」と「うつ状態」，「運動習慣」と「心理的健康」，「新しいもの好きな性格」と「学力テスト」，などなど，です。これは2つの関連性をみることもあれば，4つも5つも関連をみることもあります。「尺度関連研究」を読む＝まとめる場合は，何と何の関連性をみているのか，をチェックしてください。

③ 実態を把握する研究

　最後の(3)実態を把握する，について説明します。これはある尺度を使って，<u>その尺度で測定される心理特性があるサンプルではどうなっているのかを調べる</u>研究となります。たとえば，日本の子どもの自尊心とアメリカの子どもの自尊心を，自尊心尺度を使って調べる（比較する），といったものになります。心理学研究では実態把握のみを目的とした研究はそれほど多くありませんが，社会学調査などではおなじみの研究領域となります。

（3）注意点

　質問紙調査研究を読む＝まとめる場合，特に(1)使用されている尺度がいくつあるのか，(2)その尺度では具体的にどのような概念を測定していて，またどのような質問項目があるのか，(3)どのように回答しているのか，の3点は必ずチェックしてください。

① 使用されている尺度がいくつあるか

　これは調査論文では必ず書かれています。「うつ尺度」「基本的信頼感尺度」など，その尺度が測定しようとしている心理特性・状態の名前がついていることが多いと思います。ただし，全部でいくつの尺度を用いているのかはきちんと把握しておきましょう。論文の中では数多くの尺度を使って，それぞれの関連をみるということを行います。それらをきちんと読み解こうと思うと，まずは「全部でいくつ」の尺度を用いたのかという基本的な情報から押さえておくことが必要です。

② 尺度が測定している概念と質問項目

　ゼミ発表でありがちなのですが，「○○という尺度を使用しました」までは報告してくれるのですが，どのような概念を測定していて，どのような質問項目であったのかの説明が不足していることがあります。たとえば「基本的信頼感尺度」を紹介したいとしましょう。その際に最低限必要なのは，「基本的信頼感」は尺度開発の論文では<u>どんな概念といわれていて，どのような質問項目によって「基本的信頼感」を測定しているのか</u>といった情報を揃える必要があります。また尺度が2因子構造など，多次元の構造をもっている（たとえば自己愛の「誇大性」「過敏性」など，2つ以上の小さい尺度のセットで1つの大きな尺度になっている等）場合には下位尺度ごとに報告が必要です。尺度を紹介する際には，<u>構成概念やそれを測定するための操作的定義</u>（平たく言うと構成概念の説明），<u>尺度の構造や実際に使用される質問項目</u>を把握するようにしておきましょう。

　ただし，元の論文にそもそも尺度項目が掲載されていないという場合があります（特に大会発表論文集など，学術論文というよりも学会発表の資料1ページのみを参照した場合にありが

ちです）。もし書いていない場合でも，その論文が参考にした論文がありますので，具体的な質問項目がわかるまで追っていってください。具体的な質問項目がどこにも掲載されていない場合には，その尺度は使用に何かしら制限があるか，または論文化されていない（論文にできるほどまだ信頼性や妥当性その他について検討されていない≒他の研究者が使用しづらい）尺度なのかもしれません。

③ どのように回答しているか

　「どのように回答しているか」とは，具体的には「何件法」で回答したのか，ということになります（他の回答方法，たとえば SD 法や自由記述，などもありますが，ここでは割愛します）。1 点から 4 点（4 件法）で回答したのか，1 点から 7 点（7 件法）で回答したのか，という情報が必要です。なぜなら，4 件法の尺度での 3 点と 7 件法の尺度での 3 点では，その意味が異なってくるからです。用いられている尺度が「最小で何点」となり「最大で何点」となるのかは，必ずチェックしてください。

（4）調査研究のまとめ

　調査研究のポイントをまとめます。質問紙を用いた調査研究を読む＝まとめる場合，(1)その研究が尺度開発研究なのか，尺度関連研究なのか，実態把握研究なのかをチェック，(2)尺度開発研究であれば何を測定する尺度を開発しているのかをチェック，また，信頼性と妥当性という用語をチェック，(3)尺度関連研究であれば，何と何の関連をみようとしているのかを，その数も含めてチェック，(4)実態把握研究であれば，何を測定する尺度で何の実態をみようとしているのかをチェック，(5)使用している尺度の数と具体的な質問項目と回答の仕方をチェック，するという意識をもっていてください。以下にチェックリスト形式で示しているので，ゼミ発表前に確認してください。

□尺度開発研究なのか，尺度関連研究なのか，実態把握研究なのか

□（尺度開発研究の場合）何を測定する尺度を開発しているのか

□（尺度開発研究の場合）信頼性と妥当性についてどのように言及されているか

□（尺度関連研究の場合）何と何の関連をみようとしているのか

□（実態把握研究の場合）何を測定する尺度で何の実態をみようとしているのか

□使用している尺度の数はいくつか

□使用している尺度の具体的な質問項目はどのようなものか

□使用している尺度の回答方法はどのようなものか

3. 観察研究

（1）観察とは

　次に，観察研究についての読み方＝まとめ方を具体的に示したいと思います。観察研究では，文字通り，観察対象のとる何らかの行動がまとめられ，考察されています。言ってしまえば非常にシンプルな研究なのですが，実際に論文を読む際にはそれなりの背景知識が求められます。どのような背景知識かと言えば，心理学の「観察法」に関わる知識です。特にここでは，「何を観察していたか」「どうやって観察していたか」，そして「どうやって結果を示しているか」の3点に注目して，簡単に説明していきたいと思います。

（2）何を観察していたか

　観察法で注意すべき第一のポイントは「何を観察していたか」です。具体例として，「最近の大学生は講義中にどれくらい『ペン回し』をするか」について，3人（Aさん・Bさん・Cさん）が共同で観察研究をする場合を考えてみましょう。まずは練習として，ある共通の知人1人の講義中の様子を，3人で一緒に観察してみることにしました。がんばって観察をして，講義が終わってから皆で観察記録を見せ合いました。すると，あれれ……みんな自信満々なのに，なぜか3人の観察記録にバラツキが生じてしまいました。同じ「ペン回し」を観察したはずなのに，記録にバラツキが生じてしまった理由には，一体どのようなことが考えられるでしょうか。

　ここで考えられるポイントの一つは，3人の「ペン回し」の定義が曖昧であったことです。Aさんは，ペンを1周させたらペン回し「1回」とカウントしていました。一方のBさんは，ペンを連続して回し続けた場合，その一連の行動が終わるまでをペン回し「1回」とカウントしていたのです。さらにCさんは，半周で誤って落としてしまった場合もペン回し「1回」とカウントしていました。たしかに，言葉にしてしまえばどれも同じ「ペン回し」です。しかし，調査ではどんな行動を「ペン回し」と呼ぶかを正確に定義し共有しておかないと，このように観察者間で結果のバラツキが出てきてしまうのです。このままでは，正確な調査はできません。観察研究をするにあたって，焦点を当てる行動や状況の正確な定義は大変重要なのです。その後，3人は協議のうえ，Aさんの「ペンを1周させたらペン回し『1回』」の定義を採用して，再度観察記録の練習をしてみることにしました……。

　さて，観察研究の論文について話を戻しましょう。論文の中では，観察した行動の定義

```
観察事態      自然観察  ←――――――→  実験観察
            …日常場面の観察              …研究者が条件を設定しての観察

観察形態      参与観察  ←――――――→  非参与観察
            …観察対象に関わりつつ観察      …観察対象との関わりを避けつつ観察

観察手法      時間見本法 ←――――――→  事象見本法
            …時間で観察を区切る          …事象（イベント）で観察を区切る

※ここで紹介している以外にも，「アクションリサーチ」を含めて，観察事態・観察形態・観察手法には
　それぞれ多彩な形式がみられます。論文を読み，ぜひいろいろな観察法に出会ってみてください。
```

図3-4　観察法の種類の例

について，「論文で初めてその観察研究を知った人であっても同じ研究ができる程度」にまで詳細に記されています。したがって，論文を読む際は，「何を観察するか」について，具体的な行動（ペン回し）だけでなく，その行動が論文ではどう定義されているか（ペン回しとは何か）についてもチェックするようにしてください。

（3）どうやって観察していたか

　観察法で注意すべき第二のポイントは「どうやって観察しているか」です。一言で「観察」といっても，実際には様々なやり方があります。大きな枠組みとしては，観察事態の種類として「自然観察」と「実験観察」が，観察形態の種類として「参与観察」と「非参与観察」が，観察手法の種類として「時間見本法」や「事象見本法」などがあります。それぞれについて，簡単に触れておきたいと思います（図3-4）。

① 観察事態

　まずは，観察事態についてです。「自然観察」は，研究者が意図的に観察場面を設定しない，いわゆる日常場面において観察する手法です。先ほどのペン回しの研究で言えば，観察対象となる人が日常的に講義を受ける様子を観察する場合，この「自然観察」に位置づけられるでしょう。大学生の講義だけでなく，幼児たちの遊びの様子や，社会人の仕事の様子など，人々が何気なく過ごしている姿について，観察者から何らかの働きかけをせずにそのまま見ることが「自然観察」の特徴になります。

　次に，「実験観察」です。こちらはもう少し踏み込んで，「何らかの条件設定」をして「見る」ことをします。具体例としてもう一度，先ほどのペン回しの研究で考えてみましょう。たとえば，講義の時間中のことを考えると，学生のペン回しの頻度が増える場面があるかもしれません。もしかしたら，学生にとって講義をひたすら受けている時間はとても退屈で，ペン回しをする頻度が増えているかもしれません（教員としては大変悲しい仮

説ですが……）。このように，ペン回しの頻度に関わる仮説を立て，授業実施者（先生）に
お願いして，講義時間の90分の中に「講義だけをしている時間」と「学生同士のディス
カッションの時間」を45分ずつ用意してもらい，それぞれの時間内におけるペン回しの回
数を数えて比較するというのが「実験観察」の一例となります。観察場面を観察者が意図
的・計画的に操作するかどうかが，「自然観察」と「実験観察」を分けるポイントの一つ
です。

② 観察形態

　次に，観察形態についてです。「形態」と聞くとちょっと難しく感じるかもしれません
が，そんなことはありませんので安心してください。ポイントは，観察対象とどの程度関
わりをもつかです。一つひとつ，ペン回しの研究を念頭に確認していきましょう。

　まず，「非参与観察」です。「非参与観察」とは，観察対象に，自分が観察されているこ
とを意識させないように配慮しながら観察することです。たとえば，あなたが講義中，誰
かからじっと見られている（観察されている）ことを想像してみてください。似ている場
面で言えば，学校の授業参観などが想像しやすいでしょう。正直，ちょっと緊張しますよ
ね……。観察対象である学生たちが「真面目に受講している姿を見せよう」と思ったりし
たら，ペン回しの数が普段よりもちょっと少なくなることがあるかもしれません。このよ
うに，対象を観察するということは，その対象に影響を与えることと不可分です。この影
響を最小限に抑えるために，部屋にカメラを設置して観察者はその場から居なくなったり，
そうでなくても可能な限り観察対象から距離を取ったり，関わりを避けたりする観察形態
が「非参与観察」です。

　一方の「参与観察」は，観察対象の生活に一緒に参加したり，観察対象と自然な関わり
をもったりしながら観察することです。ここでもペン回しの研究を想像してみましょう。
観察者が講義にいつもいる人で，またときどき世間話をする間柄になったら，観察対象で
ある学生たちは，徐々に観察者の存在に慣れていくことでしょう。きっと，最初のように
緊張することも減っていくはずです。このように，観察対象と関わりをもっていくことで
も，もしかしたら観察対象の自然な様子を観察することにつながるかもしれません。また，
観察対象と生活や経験を共にすることで，その対象の生きている世界を理解することにも
つながるかもしれません。そうした点は，「参与観察」の魅力の1つといえるでしょう。

　また，この「観察形態」と関連して，「アクションリサーチ」についても紹介しておき
たいと思います。「アクションリサーチ」とは，観察対象と関わりをもつだけでなく，む
しろ実践者などと共同して，現場が抱えている課題の解決などを目指していく研究法のこ
とです。たとえば，教壇に立つ先生の中には，「ペン回しは失敗してペンを落としたとき
の音がうるさくて，他の学生の集中力が下がっている様子がうかがえるから，できるだけ

減らしたい」と考える人もいるかもしれません。そんな願いをもつ先生と共に手だてを考え，ペン回しを減らすべく観察対象（ここでは学生）に対して働きかけ，その働きかけを反映して徐々に学生のペン回しの頻度が減っていくプロセスをまるごと追跡し研究することもできるかもしれません。このように，現場の実践者と協同し，課題の解決を目指して組織的に対象へと働きかけていく研究手法は「アクションリサーチ」と呼ばれます。なお，この「アクションリサーチ」は，必ずしも観察のみを用いて実施される研究法ではありません。観察は，実験・調査・面接と同じく，あくまでデータを集める手法だからです。ぜひ，いろいろな形の「アクションリサーチ」にも，論文を読み込む中で出会っていただければと思います。

　こうした観察対象との交流の程度は，研究目的，観察者の立場，また観察フィールドの状況によっても変わってきます。観察研究の論文では，観察対象とどの程度，またどのように関わりをもったかについて記載されています。よく記述を確認するようにしましょう。

③ 観察手法

　最後に，観察手法にも種類がありますので，いくつかを簡単に紹介しておきたいと思います。まずは「時間見本法」です。「時間見本法」は，ある一定の時間（と場所）を予め設定し，注目する行動がどのくらい見られるのかを観察するものです。先ほどのペン回しの研究の例で言えば，90分の講義時間内にどれくらいその行動がみられるかを調べる場合がこれに当たります。学生の行うペン回しの回数や頻度を純粋に調べたいのであれば，この「時間見本法」は大変有効でしょう。ほかにも，たとえば特定の幼児に注目し，遊びの時間を特定の時間枠（たとえば5分間）で区切り，その時間内に特定の行動（たとえば他者への働きかけ）が何回起こったかを調べるといったかたちで使われます。このように，人間がとる特定の行動の回数・頻度を純粋に検討することに長けた「時間見本法」は，たとえば2歳児と3歳児がみせる行動頻度を比較したり，中学校の「成績のよい学級Aと成績があまりよくない学級B」の学生の授業内にみられる行動頻度を比較したりといったように，結果の比較がしやすいといったメリットがあります。

　一方の「事象見本法」という手法は，時間で場面を区切ったりせず，観察したい事象（イベント）それ自体に注目して組織的に観察する手法です。たとえば，学生のペン回しには，「ペン回しが行われるのは講義のどのような状況下か」「先生はどこに居るか」「ペン回しの最中に学生はどこを見ているか」といった，いくつもの条件が関係しているかもしれません。こうした，学生のペン回しという行動自体の特徴や性質を理解することが目的の場合，行動の回数・頻度に注目する「時間見本法」では，あまり納得がいく結果が得られないかもしれません。そのような時は，ペン回しが始まってから終わるまでを1つの事象（イベント）としてとらえ，ペン回しの開始・終了に関わる条件に注目して何度も繰り

返し観察してまとめてみると，実は学生のペン回しが，多くの状況・条件に支えられて発生していることに気づけるかもしれません。このように，観察したい事象（イベント）に注目して，開始から終了までを組織的に観察する手法が「事象見本法」となります。ちなみに，これら2つの観察手法は排他的な関係にはありません。目的に応じて，両者を組み合わせる観察研究もみられます。

　ここまで記してきたことは，観察手法に関するほんの一例です。心理学研究における観察のあり方は，その目的に応じて千差万別です。あなたが読もうとしている論文は，目的に合わせて何を・どのように観察しようとしているのか……。これらを論文内の記述からきちんと掴むことが，観察研究を読み込むための大事なポイントになります。

（4）どうやって結果を示しているか

　観察法でチェックすべき第三のポイントは，「どうやって結果を示しているか」です。観察研究の場合，結果の示し方についてもバリエーションがあります。大きく分けるとすれば，「**量的**」**なデータ**として示す方法と，「**質的**」**なデータ**として示す方法です（両者を混ぜ合わせて結果を考察する手法を採用している研究もあります）。結果の示し方として「量」と「質」の両方をとり得る点は，観察研究のユニークな点の一つといえるでしょう。

　結果を「量的」なデータとして示す場合は，たとえば「ペン回しの回数」などのように，観察記録を回数や頻度といった数値に置き換えていきます。そうした論文の場合には，統計的手法により，記録された回数や頻度の大小を条件間で比較するなどして結果を考察していくことが多いです。一方，結果を「質的」なデータとして示す論文の場合には，観察した記録を数値に置き換えるのではなく，文章や図などで記述することでデータを報告し考察していきます。たとえば，以下のような文章が論文にある場合を考えてみましょう。

　「学生Aは，ノートと教科書を交互に見つめ，書かれた文章を何度も目で追うなど集中した様子であった。教師が『ここは重要です』という発言をすると，学生Aは目線を上げて黒板を見つめてから，視線を落としてノートを取った。その後に3回，ペン回しを行った。」

　このような文章記述をもとに結果を考察する「質的」な観察研究の多くは，複数の観察記録の文章や図などを組み合わせながら考察を進め，目的を達成していきます。

（5）注意点

　以上のように結果を「量的」に分析するか「質的」に分析するかは，先ほど述べた観察手法等とあわせて，それぞれの論文の目的に応じて，しっかりとした理由をもとに決定さ

れています。だからこそ，観察法を用いた研究を理解する際のポイントとなるのは，「結果の示し方が量か質かの違い」というよりも，「なぜそうした結果・考察がこの研究にとって重要なのか」を掴むことでしょう。量的な分析を行っている観察研究の場合には，たくさんの統計的な結果が記されているかもしれません。質的な分析を行っている研究の場合にも，たくさんの文章や図の記述を観察結果として報告しつつ，考察の妥当性を担保していることでしょう。いずれの場合にも，目的を達成するために必要だからこそ，それらの結果が示されているのです。

　では，論文の特定のページで書かれている観察結果は，研究目的を達成するために，なぜ重要・必要なのでしょうか。1つひとつの結果について，それを示すことの意味・意義を念頭におきながら読み，理解に努めてみてください。そのことがきっと，論文内容をしっかりと理解したり，それを他の人にわかりやすく伝えたりすることにつながっていくでしょう。

（6）観察研究のまとめ

　観察研究を読むときのポイントをまとめます。観察研究の論文を読むときは，(1)何を観察しているのか（観察で焦点を当てている行動や状況の定義は何か），(2)どうやって観察しているのか，(3)どうやって結果を報告しているのか，の3点を特に注意して読んでみてください。きっと理解が進むはずです。以下にチェックリスト形式で示しているので，ゼミ発表前に確認してみてください。

□観察対象は何か
□観察で焦点を当てている行動・状況の定義は何か
□観察手法はどのようなものか
□結果の報告におけるポイントはどこか

4.　面接研究

（1）面接とは

　ここでは，面接研究についての読み方＝まとめ方を具体的に示したいと思います。まず，面接研究とは何か，から話していきたいと思います。

　心理学における面接の定義は多様です。本書では，(1)1人あるいは少数の人を対象としている，(2)ある心理特性・状態・行動の時間的経緯を報告している，(3)構造化されてい

ない（あるいは十分でない）かたちで対象者からデータを収集している，のいずれかに該当するものを「面接」研究と呼びたいと思います。ここでの「構造化」とは，「何を聞くか」「何を話すか」を決めている程度として理解してください。聞くこと・話すことの内容や順番が決まっているほど「構造化されている」といい，決まっていないほど「構造化されていない（非構造化）」と言えます（第 2 節の質問紙調査はその意味では「構造化されている」ものと言えます）。ちなみに「ある程度決めているがその時々で変えても良い」というのを「半構造化」といいます。

　面接（インタビュー）は，その語の定義からすると，ある人からの「語り」を聞いていく手法だと言えます。しかし，研究論文のまとめ方という本書の特性上，その定義だけではカバーできない範囲があると思われ，やや広く「面接研究」をとらえています。

　本書で想定している面接研究には大きく 2 つのタイプがあります。第一に，「語りから心理学概念・仮説を構成する」という研究です。いわゆるナラティブ研究といわれる研究をここでは想定しています。1 人ないしは少数の人にインタビューを行い，そこで語られたことをもとに心理学的な概念や仮説を考えていくというタイプの研究です。これは，先ほどあげた 3 つの特徴のうち，(1)と(3)を主にカバーしている領域です。時折(2)の時間的要素も入ってきます。たとえば「就活を通した学生の不安感の変化」について語ってもらい，それを概念化するといったものです。いずれにせよ「質問紙で尋ねるにはまだ十分確立されていない概念」を，人々の語りからとらえていく，というイメージをもっておいてもらえればと思います。

　第二のタイプに，「ある人の悩みとの関わり方を報告する」という研究があります。ここでは，このタイプの研究を事例研究と呼んでおきたいと思います。このタイプは 3 つの特徴(1)〜(3)すべてを備えています。実はこれは，「実験研究」で紹介した単一事例実験デザイン（AB や ABA デザイン）と構造的に似ている部分があります。実際，このような介入方法を用いてある人の悩みに関わるということが行われていたりします。本書で想定している事例研究とこのような介入研究の違いをあえて指摘すれば，事例研究は数値化したデータではなくその人の語りやエピソードが報告されること，決められた介入手法を行っていくというよりもその時その場で臨機応変にやりとりを変更すること，というものがあげられます。やや単純化していますが「カウンセリング」という言葉で一般的にイメージされるやりとりだと思っておいてください。

　ひとまず，面接研究を読む際は，ナラティブ研究タイプ（1 人ないしは少数の人に話を聞いて心理学的な概念・仮説を立てる）と事例研究タイプ（ある人の悩みとの関わりを時系列でもって報告するもの）のいずれであるかを意識して読んでいくことが重要です。

（2）面接研究での留意点

　もう1つ，面接研究をまとめる際に注意してもらいたいポイントがあります。それは，これまでずっと述べてきた論文の構造——「問題と目的」「方法」「結果」「考察」の構造——に収まらないことがある，ということです。

　ナラティブタイプの研究では，具体的な語りや分析の結果得られた概念など，質的な情報を多く記載するという特性上，「結果」と「考察」を切り分けて説明を行ってしまうと，非常に多くの紙面を使ってしまうことや，そもそも分析の結果に分析者なりの考察を交えなければ説明が十分にできないという制約があります。そのため「結果と考察」という風にまとめて示す場合が少なくありません。そして，その場合には「総合考察」という，「結果と考察」をより一段階俯瞰して考察するセクションを設けるという工夫がなされることもあります。

　一方，事例研究タイプは，「その時その場でやりとりを変える」ことを方法論としていることから，「これこれこういう目的」があり，そのために「こういう方法を取りました」ということ，言い換えると「方法をあらかじめ明確に決めておくこと」が難しいという特徴があります。そのため「方法」ではなく「事例の概要」であったり，「見立てと方針」といった，事例そのものの紹介と関わりの基本方針を示すということが多くの場合なされています。

　では，事例研究タイプのまとめ方はどういった点に注意すればよいのでしょうか。まず「問題と目的」です。事例研究の「目的」は，究極的には「事例を報告すること」です。今まで報告されてこなかった「事例」があり，それを報告することが事例報告の「目的」です。そして重要なのは，「そのための理由」です。いずれの事例報告でも，その事例が「報告される，社会にとっての必要性」が，研究として求められます（社会にとって必要でないなら，研究として発表する必然性がないからです）。したがって，これまで述べてきたようなかたちでは明確に書かれていなくても，必ず「なぜこの事例を報告しなければならないのか」が書かれているはずなので，それをチェックしてください。逆に言えば，それが書かれていない論文は「書いている本人もなぜ報告する必要があるのかわかっていない」論文として，批判的に検討してください。

　次に「方法」です。まず，これまで述べてきた箇所での「参加者の人数とその属性」は同じようにチェックできます。ただし，「その属性」が大変重要な情報となります（これはナラティブ研究にもいえます）。基本的に悩みを抱えた人についての報告なので，「その悩みを抱えるようになった経緯や周りの環境」の情報が細かに書かれています。これまでの研究とは違い，この「属性」こそ，事例研究を考えるうえで重要な要素ですので，ぜひここは詳しく書く＝まとめるように意識してください（ただしコピペはだめです。あくまで

「人がわかりやすいように」まとめてください）。

　次に「結果」です。ここは「結果」として明確には書かれていないと思っておいてください。その代わりに「面接経過」などの名前で，**時間とともにその人の語りやエピソードがどのように変化したのかの報告**があります。多くの場合，「時期」で区切っているかと思います。その「時期」に注目して，「どのように変化したのか」をまとめてみてください。

　最後に「考察」です。ここは書き方が本当に多様であり，「多くの場合こういうことが書かれている」という定式化が難しい箇所です。それでもあえてまとめれば(1)**どのように変化したのかのまとめ**，(2)**それがなぜ変化したのかの理由**，(3)**その変化を一般化するとどうなるかの検討**，の３つの要素をチェックしてください。(1)は，先ほどの「結果」のまとめです。「結果」の部分で詳しく時系列でエピソードを報告したのですが，それをばっさりまとめると「こういうふうに変わりました（あるいは変わりませんでした）」ということがまとめられているかと思います（ないこともあります）。次に，事例を報告する者としては，「ではなぜそのように変化したのか（しなかったのか）」を考えたくなります。それは面接者（いわゆるカウンセラー）のこういった関わりによってである，ということであったり，参加者（クライエントと言われたりします）のある部分の成長によってである，ということが「考察」されているかと思います。最後に，この事例のこのような変化は，実は大きな視点でみると，こういった理論で説明できるという「先行研究」との接続があります（ないこともあります）。事例そのものは個別的なものでも，そこでみられたテーマは一般的なものですので，どう一般化できるのか，を考える部分でもあります。

（3）注意点

　最後に，少しステップアップした話ではありますが，面接研究を「読む」＝「まとめる」際の注意点を述べます。それは，「結果や考察の報告の仕方」です。

　ナラティブタイプの研究も事例タイプの研究も，そのどちらも「結果」や「考察」の読み込み方，報告の仕方に注意する必要があります。それは，これらの研究の結果が，いつどこで誰が分析しても同じ結果になるというものではないという点です。もちろんこれらの研究でも他の研究法と同じく，研究者が好き勝手にデータを改ざんしてよいわけではありませんし，筆者の主観に基づいて自由にまとめてよいわけでもなく，信頼性や妥当性を保つ様々な努力がされているものです。ただし，これらの研究の結果は，研究者のもつ問題意識や興味関心，検討の視点といった特定の切り口からデータを分析した結果，得られたものであるという点を意識することは大切です。言い換えれば，研究者のもつ視点という"背景"のうえに浮かび上がった"図"のようなものであり（心理学で言うところの図と

地の関係です），背景が違えばまた別の図が浮かび上がる可能性があります。ですので，こうした研究の結果や考察を読み込む際には，あるいはその情報を資料にまとめて報告する際には，この"図"の部分だけに注目するのではなく，この図がどういった"背景"に浮かび上がっているのかも同時に注意を払い，その両方を報告するようにしましょう。研究者のもつ問題意識や興味関心，検討の視点は「問題と目的」や「方法」の中に記されているはずですので，こうした背景をしっかりと理解しておきましょう。

（4）面接研究のまとめ

　面接研究をまとめる際のポイントを確認します。(1)ナラティブ研究なのか，事例研究なのかをチェックする，(2)問題と目的において，「この研究が報告される必要性」をチェック，(3)参加者の「属性」を詳細にチェック，(4)どのような時系列（時期）でどのような変化があったのかをチェック，(5)なぜそのような変化が起こったのかについての考察をチェック，(6)その変化を一般化するとどうなるか（どのような理論と接続しているか）の考察をチェック，してください。以下にチェックリスト形式で示しているので，ゼミ発表前に確認してください。

☐ ナラティブ研究なのか，事例研究なのか
☐ この研究が報告される必要性は何か
☐ 参加者の属性について詳しくまとめられているか
☐ どのような時系列でどのような変化があったのか
☐ なぜそのような変化が起こったのかについての考察は何か
☐ 今回の研究がどのような理論と接続するのか

5.　第3章のまとめ

　第3章では，心理学研究の4つの領域，実験・調査・観察・面接，について，それぞれ読む＝まとめる際のポイントを解説しました。第2章の大きな枠組みとあわせて，論文を読む＝まとめるための下準備はできたかと思います。

　準備ができたので実際に論文を読んでいこう，と言いたいところなのですが，少し丁寧に，次の第4章と第5章は「統計編」として，心理学論文を読む際に必要となる統計の読み取り方について，簡単に解説したいと思います。

第Ⅱ部

統計編

第 **4** 章 心理統計の読み取り方 I

　第4章と第5章では，心理学論文を読む際に必ず必要となる「心理統計」の基礎知識について，押さえておきたいと思います。ただし，心理統計の理論そのものよりも，論文中に出てくる心理統計の「結果」をどのように読み取るのか，を中心に解説したいと思います。ある数字は何を意味しているのか，この分析は何をしているのか，などなど，論文を読む＝まとめる際に必要最低限の知識を伝えておきたいと思います。

　とは言え，心理統計の話をしだすとそれだけで一冊の本になってしまいます。ですので，ここで解説しているのはあくまでも論文を読む際に押さえておくべきエッセンスです。心理統計を真に理解するには，記述としては不十分なものになります。巻末の参考図書を参照してもらうか，これまで受けた心理統計に関する授業のノートなどで補足していってください。

1. データの種類

　心理統計を読む際，まず押さえておいてもらいたいのは「数字にはいろいろな意味がある」ということです。まず，今まで何気なく使っていた「データ」とは何かについて解説しますが，その前に，「変数」という言葉を理解する必要があります。**あるものによって数が変わるものの総称を「変数」といいます。**おなじみの「身長」や「体重」も変数の種類の一つです。変化する数字を入れられる「器」をイメージしてもらえればと思います。

　「変数」はそれ自体は「器」なので，中身はありません。**変数に実際の「中身」，つまり数字を入れていったものを「データ」と呼びます**（図4-1）。「身長」という変数（器）に，あなたの身長の数字を入れたとき，あなたの身長についての「データ」が生まれます。

　この「変数」や「データ」には，いくつか種類があります。これは，データの「水準」という考え方を理解する必要があります。論文を読む際には，出てくる数値（データ）の種類（水準）が何であるのかを意識する必要があります。そうしないと，データを正しく読み取ることができません。

　データの水準には，大きく以下の4つがあります。

変数（器）　　　　　　　　　　　　　データ

例：身長，体重，恋愛感情……　　（変数という器に実際の数値を入れたもの）

図4-1　変数とデータ

名義尺度

　単にあるものと他のものを区別するために数字を割り当てたものを名義尺度といいます。たとえば，スポーツ選手の背番号などがこれに当たります。足し算，引き算，掛け算，割り算などの計算をすることに意味がありません。たとえば，背番号2の選手と背番号10の選手の10と2を足したり引いたりしても意味がありません。

順序尺度

　あるものと別のものの順序を示すものを順序尺度といいます。たとえば100m走の順位などがこれに当たります。順番は示せますが，その間の間隔が等しいということは意味しません。100m走で1位と2位と3位の順位は出せても，その間のタイムが必ずしも等間隔になっていないことをイメージしてもらうとわかりやすいかと思います。これも足し算，引き算，掛け算，割り算などの計算をすることには意味がありません。

間隔尺度

　あるものと別のものの順序を示し，かつその間の間隔が等間隔であることを示すものを間隔尺度といいます。したがって，足し算や引き算は意味があります。ただし，「ない」ことを意味する「0」の基準がないため，掛け算や割り算は意味がありません。

　具体例として，「温度」を考えてみましょう。15度と12度の間は3度です。30度と27度の間も3度です。この「3度」の差は，たとえ15度と12度だろうが，30度と27度だろうが，同じ間隔として成立します。では，30度は15度の2倍暑い，という関係は成り立つでしょうか。そうとはいえません。もちろん人それぞれ感じ方が違うという問題もありますが，理論的には「原点0」がないために，倍数関係が成立しないことになります。「原点0」とは，「それがない」という状態です。温度ももちろん「0」という数値はありますが，それは「温度がない」ということは意味しません（0度という温度があることを意味します）。

比率尺度

　あるものと別のものの順序を示し，かつその間の間隔が等間隔であることを示し，かつ原点0をもつ（したがって，倍数関係が成り立つ）データのことを，比率尺度といいます。すでに何度か出てきた「身長」や「体重」などがこれに当たります。先ほどの温度と比べ

てみましょう。温度 0 度は「温度がない」ことを意味していませんでしたが，体重 0 kg は体重（重さ）が「ない」ということを意味します。これが原点 0 ということです。したがって，50 kg は 100 kg の 2 分の 1 である，といった関係が成立します。このデータに関しては，足し算，引き算，掛け算，割り算，すべての計算が意味をなします。

＊

　繰り返しになりますが，ここで押さえておいてもらいたいのは**数字にもいろいろ意味がある**ということです。同じ「1」という数字でも，名義，順序，間隔，比率のどの水準のデータなのかによって，そこから読み取れる情報が違ってきます。にもかかわらず，論文では，今回扱っているデータがどの水準のものかは書いてくれていません。それは「知っていて当然」「理解してもらっていて当然」の知識として考えられています。論文のデータを正しく読み取るためにも，**今自分が目の前にしている数字がどの水準のものであるのかを常に意識する**クセをつけておいてください。

2.　代表値

　先ほど，データとは，ある変数（器）に実際の数値を入れたもの，と解説しました。この「実際の数値」が 2 つや 3 つであれば，それを一目見ればどんな特徴をもっているかを理解することは可能でしょう。しかし，研究ではそのような少数データを扱うことは少なく，多くの場合は，もっと大きな，時には千単位，万単位のデータが集められます。それらをパッと見せられて「今回こんな感じのデータになりました」と言われても，まったく特徴をとらえることができません。ですので「いろいろデータはありましたが，全体的にはこんな感じになっていました」というデータの要約を行う必要があります。第 2 章の「結果」で解説したように，集められたデータの特徴を要約することを「記述統計」といいます。

　では，時に膨大なデータを，どうやってまとめればいいのでしょうか。ここで登場するのが「代表値」という考え方です。**代表値とは，その数値でデータ全体の特徴を示すもの**のことです。膨大なデータを 1 つ 1 つチェックできないので，それらをなんとかまとめて 1 つの数値にしてしまおう，というのが代表値の考え方です。

　主な代表値には，以下のようなものがあります。なお，このうち，心理学論文で比較的多く報告されるのは「平均値」です。

> 最頻値：最も多く出現した数値
> 中央値：データを小さいものから大きいものまで並べたときに中央にくる数値
> 平均値：データの総和（全部足し合わせたもの）をデータの個数で割ったもの

標準偏差

　先ほど，心理学論文で多く報告される代表値は「平均値」であると述べました。ただしその際，あわせて「標準偏差（Standard Deviation：略して SD）」が報告されます。これは，データのばらつき具合を示す指標です。たとえば，5 人の人の数学テストの平均が50点だった場合を考えてみましょう。「5 人全員が50点」でも，「1 人が100点，もう 1 人が90点，後の 3 人が20点」でも，計算上は同じ「平均50点」となります。しかし，前者の数学テストを受けた 5 人と，後者の数学テストを受けた 5 人が，同じ平均50点くらいの数学の理解度と考えるのは難しそうです。前者は 5 人全員が同じような理解度であったのに対して，後者はすごく理解している人とあまり理解していない人に分かれているように思います。このように，平均値を報告する際には，あわせてデータの「散らばり具合」がどのようなものだったのか，を報告する必要があるのです。そして「標準偏差」とは，その散らばり具合を示す指標の一つです。この数字が大きければ大きいほどばらつきが大きいデータ，小さければ小さいほどばらつきが小さいデータ，ということになります。

〈補足〉

　ここで，論文のデータの読み取りに関して一点補足説明しておきます。記述統計に限らず（後で説明する推測統計もそうなのですが），小数点を取る数値を示すときは，「1 の位が 0 の場合に省略する」という形式があります。つまり，0.58 という数字を示すときには，1 の位にある 0 をとって「.58」と表示する場合があります。当然ながら1.58だと，1 の位が 1 なので省略せず，そのまま「1.58」と表示します。

　論文を読んでいると，「2.56，3.22，.28」といった数字の並びを見たりすることがあるかと思います。その際，「あれ，この .28 ってなんだ？」とならないでください。「0.28」の「0」を省略しているだけです。

3. 有　意

　第 2 節で，記述統計は，今回対象としたサンプルについての情報だと説明しました（第 2 章の「結果」も参照）。たとえば，ある小学校 5 年生30名の算数のテストの点数についての平均値や標準偏差（SD）などがそれです。もしデータを集める人がこのクラスの担任の先生であれば，このクラスの算数の理解度だけわかれば十分かもしれません。しかし通常，研究者は（たまたま）今回対象としたサンプルだけでなく，より大きな，より一般的な人達についても同じようなデータとなるか，を知りたいわけです。しかし，より大きな人達のデータ（たとえば全国の小学校 5 年生）を収集することは大変であり，労力も時間もかかります。そこで，「今手持ちの集団のデータ」に基づいて，「より大きな（実際にはデータ

収集していない）集団のデータ」を推測していくことになります。これが「推測統計」です。

　推測統計にはいくつもの手法があります。次の第 5 章では，心理学論文でよく用いられる推測統計について紹介します。しかしその前に，推測統計において重要な「有意」という考え方について，解説したいと思います。

　論文の中で「有意であった」「有意な差があった」「有意な効果があった」という文言があれば，チェックしてください。この「有意」という言葉自体は論文中に頻繁に出てきますが，有意とは何かについて解説してくれることはまずありません。ですので，これが何を意味しているのか，簡単に押さえておきましょう。

　心理学論文における「有意」とは，「統計学的にみてめったに出ない」という意味です。では，何が「めったに出ない」のでしょうか。大きく 3 つあります。第一に「偏り」，第二に「差」，第三に「関連」です。ある論文で「有意であった」といった場合，(1) めったに出ない偏りであった，(2) めったに出ない差であった，(3) めったに出ない関連（の強さ）であった，のいずれかを意味します。

　この「めったに出ない」には基準があります。通例として 5 ％以下の確率で生じるものを「めったに出ない」と判断しています。言い換えると「20 回に 1 回出てくる結果」だといえます。20 回に 1 回しか出ない結果が示されたとき，「たまたまそうなった」とは考えずに「めったに出ない結果が出た」と判断する，ということですね。もう少し詳しく解説すれば，ある仮説（例，A グループと B グループの数学のテストの平均点に違いはない）のもとで，ある値（例，A グループと B グループの数学のテストの平均点の差）が出てくるのが，5 ％以下であったので，ある仮説（＝違いがないという仮説）を取り下げ（棄却といいます），その結果としてその逆の仮説（A グループと B グループの数学のテストの平均点に違いがある）を取り上げる（採択といいます），という作業があります。最初の「差がない」といった仮説のことを「帰無仮説」といい，その逆の「差がある」といった仮説のことを「対立仮説」といいます。ただし「帰無仮説」「対立仮説」「棄却」「採択」といったことを解説すると紙面が足りなくなりますので，より詳細な解説は統計学に関する授業の資料や心理統計に関する図書（例，山田・村井，2004）などを見てください。十分な理解ではないですが，論文を読むうえでは，「有意な結果」＝「確率的にめったに出ない結果」として（ひとまずは）押さえておいてください。

　この「有意かどうか」は，文章で書かれていることもあれば，$p < .05$ と表記されることもあります。p は probability（可能性，確率）の略です。これが 0.05 以下ということですね。ちなみに，$p < .01$ は 1 ％以下（100 回に 1 回出る結果），$p < .001$ は 0.1 ％以下（1000 回に 1 回出る結果），を示します。どちらも「有意」とされています。

　ちなみに，「有意でない」という結果については，文章として「有意でない」と書かれ

ていることもありますが，ns と書かれていることもあります。ns とは「not significant」あるいは「no significant」の略です。「significant」が「有意」という意味ですので，それが「not（no）」である，つまり「有意でない」ということです。ns という表記があった場合，それは「有意でない」＝（5％水準の場合は）20回に1回以上の可能性で生じる結果＝めったに出ないわけではない，ということを意味しています。

なお，論文によっては「有意傾向」の結果も報告されることがあります。「有意傾向」の場合，多くは5％以上10％未満の確率で生じる結果が報告されます。$p < .10$ と表記されることもあれば，確率の数値そのまま（たとえば，.07（7％）や.057（5.7％））で表記されることもあります。$p < .10$（10％以下）ということは，「10回に1回以下の確率で生じる結果」を意味します。これを「めったに出ないもの」として判断するかどうかは微妙ですね。そういった「微妙な結果です」ということを報告するために「有意傾向」の結果が報告されることがあります。

4. 第4章のまとめ

第4章では，心理学論文を読むための前提となる統計の考え方を解説しました。これは論文には書かれていない部分であり，論文の筆者は「このことは当然わかっている」ことを前提に論文を書いています。十分な知識とはいえませんが，少なくともこの章に書いてある統計のエッセンスについては，押さえておいてもらいたいと思います。

次の第5章では，実際に心理学論文で用いられることが多い統計手法について簡単に解説し，読み取る際のチェックポイントを述べたいと思います。

| 第 5 章 | 心理統計の読み取り方Ⅱ |

先ほどの章では，心理統計を実際に読み取る際に背景となる知識について解説しました。繰り返しますが，これは「実際の論文ではもはや教えてくれない」知識ですので，しっかりと押さえておいてください。

第5章では，心理学論文で（比較的）多くみられる分析法を紹介し，それをどうやって読み取ればいいのか，を解説したいと思います。

1. χ^2 検定

χ^2 検定とは

最初に紹介するのは χ^2 検定です（カイジジョウケンテイと読みます）。これは，多くの場合「名義水準」（単にあるものと別のものを区別するためだけに数値を用いているデータ）を処理する際に用いられるものです。χ^2 検定では，その名義尺度が出現した回数（これを「頻度」や「度数」といいます）について，偏りがあるかどうか，を調べます。もう少し厳密に言えば，「今回得られたデータでの偏りが，より一般的な集団にも当てはまるのか」を検討するものです。第4章で，「有意である」とは「めったに出ない」という意味であると解説しました。また，何が「めったに出ない」のかについて「偏り」「差」「関連」の3つをあげました。χ^2 検定はそのうち，「めったに出ない偏り」なのかを検討する手法だといえます。

では，実際の χ^2 検定の読み取り方について，解説していきたいと思います（χ^2 検定がどのようなロジックであるかは，また参考図書などを見てみてください）。χ^2 検定では，大きく3つのステップで結果を読み取ってください。第一ステップが「度数と要因は何か」，第二ステップが「偏りがあるか」，第三ステップが「どことどこに偏りがあるか」です。具体例をあげます（なお，データは架空のものです）。

年代によって野球ファンとサッカーファンの人数に違いがあるのかを検討するため，年代3（10代・30代・50代）×ファンスポーツ2（野球・サッカー）の χ^2 検定を行った。その結果，有意な人数

の偏りがみられた（$\chi^2(2)=221.45$，$p<.01$）。残差分析の結果，30代の野球ファンの人数が期待値よりも有意に少なく（$p<.01$），サッカーファンの人数が期待値よりも有意に多かった（$p<.01$）。また，50代の野球ファンの人数が期待値よりも有意に多く（$p<.01$），サッカーファンの人数が期待値よりも有意に少なかった（$p<.01$）。

表5-1　年代ごとの野球ファンと
サッカーファンの人数

	野球ファン	サッカーファン
10代	155	122
30代	101	252
50代	302	58

第一ステップ

第一ステップとして，(1)そもそもこのχ^2検定で何の度数を調べているか，(2)その度数がどれくらいの要因（セル）に分けられているか，の2点をチェックしてください。言い換えると，このχ^2検定は何を調べるために行っているのか，を押さえてください。

χ^2検定を行う際，多くの場合，表でデータが記載されています。先ほどの例についてみていきます。まずチェック(1)です。今回，度数は「人数」です。続いてチェック(2)です。今回は，「年代」と「ファンスポーツ」の3×2のセルに分けられています。この「3×2」という数字はチェックしてください（表5-1も参照）。これが2×2の4マス（セル）に分かれることもあれば，1×3の3マス（セル）に分かれることもあります。<u>χ^2検定が出てきたときは，何×何のマス目の表で計算されているのか，を必ずチェックしてください</u>。

第二ステップ

いくつのセルのデータにχ^2検定を行っているかをチェックできれば，次に「偏りがあるか」を読み取ってください。これは，論文に記載されている「統計量」をチェックすることで可能です。先ほどの例ではこのような統計量でした。

$$\chi^2(2)=221.45,\ p<.01$$

第二ステップでは，上記のような「記号」を検討してください。

χ^2というのは，χ^2値という推測結果を示しています，という記号です。その後の(2)というのは，自由度2という意味です（自由度の説明は今回省きます）。221.45は，今回のχ^2検定の「統計量」と呼ばれるものです。pは「確率」の意味でしたね。$<.01$というのは，0.01（1%）未満，という意味です。ですので，先ほどの記号は「自由度2というχ^2分布で221.45という統計量が出る確率（p）は0.01（1%）未満でした」という意味になり

ます。

　自由度や χ^2 分布は今回割愛しましょう。重要なのは，$p<.01$ という部分です。これは「有意」＝めったに出ない結果であったと判断してよいと思います（100回に1回しか出ないものがたまたま出たと判断するのは難しそう）。なので，今回のデータは，推測統計を用いたところ，より一般的な集団にも当てはまる「偏りのあるデータ」であったということになります。

　繰り返しになりますが，<u>第二ステップでは，χ^2 値に注目しながら，それが $p<.05$ 未満であるかどうか（有意であるかどうか）を読み取ってください</u>。もし「有意である」ならば，これは「偏りがあった（今回のような偏りのあるデータはめったに出ない）」ということになります。ちなみに，第二ステップで p が .05 以上，つまり「有意でない」場合は，次の第三ステップには進まず，有意な偏りはなかった，ということで終了です。

第三ステップ

　先ほどみたのは，あくまで「偏りがあるかどうか」に関する結果であり，「どこが多くてどこが少ないか」まではわかりません。もし第二ステップで「有意な偏りがある」という結果が得られれば，第三ステップにおいてこの点を読み取ります。

　先ほどの例では，「残差分析の結果，30代の野球ファンの人数が期待値よりも有意に少なく（$p<.01$），サッカーファンの人数が期待値よりも有意に多かった（$p<.01$）。また，50代の野球ファンの人数が期待値よりも有意に多く（$p<.01$），サッカーファンの人数が期待値よりも有意に少なかった（$p<.01$）。」とありました。この残差分析が，「どこが多くてどこが少ないか」を分析する手法です（ただし，必ずしも論文に残差分析を行ったと書かれていないこともあります）。その結果，30代と50代でそれぞれのファンスポーツの人数の偏りがみられたことが報告されています。実際，表5-1をみてもらえれば，30代と50代で「野球ファン」と「サッカーファン」の人数に違いがあることがわかるかと思います。χ^2 検定で有意な偏りがあった場合，「どことどこが多いのか，あるいは少ないのか」をチェックしてください。

まとめ

　χ^2 検定では，(1)何の度数が○×○のセルで分析されているのかをチェック，(2)χ^2 値をみて $p<.05$，すなわち有意であるか（めったに出ない偏りであるか）をチェック，(3)有意である場合，文章や表をみてどことどこに偏りがあるのかをチェック，してください。なお，同じく度数（名義尺度水準）のデータを分析するものに，Fisher の直接確立法や正確二項検定といったものもありますが，チェックするポイントとステップはほぼ同じ（何の度数を調べているか，めったに出ない偏りであったのか，どこに偏りがあったのか）ですので，

同じように解釈をしてみてください。

2. *t*検定

*t*検定とは

次に，*t*検定（ティーケンテイと読みます）について説明します。繰り返しになりますが，心理学論文における「有意である」とは，めったにでない「偏り」，「差」，「関連」であることを意味します。*t*検定はこのうち2群の「差」について検討するものです。もう少し言えば，「2つのグループの平均の差」がめったに出ないものであるのかどうかを調べる分析です。

では，実際の*t*検定の結果の読み取りを下記に示した仮想データの結果の記述例をもとに3ステップで説明していきます。第一ステップで，独立変数と従属変数の性質を確認し，第二ステップでは，「めったに出ない差であったのか」を読み取ります。第三ステップでは，「どちらが大きいのか（小さいのか），どのくらいの差なのか」を読み取ります。

> 訓練の有無が計算成績に関係するか検討するために，対応のない*t*検定を行った。その結果，訓練を行った群の子どもの計算成績は，訓練を行っていない群の子どもの成績より有意に高かった（$t(40) = 2.74$, $p < .05$, $d = .88$）。

第一ステップ

最初に，今回の*t*検定では何が「独立変数」＝要因（原因）であり，何が「従属変数」＝結果であるのかを確認してください。上記の例では，「訓練の有無」が独立変数，「計算成績」が従属変数です。このような記述から，「何が何に影響すると想定されているのか」をしっかり読み取ってください。

ただし，チェックする「独立変数」には，2種類のタイプがあります。第1に「対応のない」もの，第2に「対応のある」ものです。第3章で「参加者間」と「参加者内」について説明しました。「違う人（グループ）同士での比較」が「参加者間」，「同じ人（グループ）同士での比較」が「参加者内」でしたね。たとえば3年1組の算数のテストの平均と3年2組の算数のテストの平均を比べる，というのが「参加者間」＝対応のないデータでした。3年1組の生徒に，ある算数の授業法を教える「前」と「後」で（同じ生徒のテスト点数を）比較する，というのが「参加者内」＝対応のあるデータでした。

*t*検定も，この2つのグループごとに，違った分析を行います。「対応のない*t*検定」という用語が論文中で出てきた場合は「参加者間＝違うグループ」の平均の差を比べているということです。逆に「対応のある*t*検定」という用語が出てきた場合は「参加者内＝

同じグループ（人）」の平均の差を比べているということです。論文中に記載されている t 検定が「対応のある」ものなのか「対応のない」ものなのかは必ずチェックしてください。上記の例文では，「対応のない t 検定」を行っていますので，参加者間の平均の差を検討していると理解できます。

第二ステップ

　独立変数と従属変数のチェックをした後，次に**2 つのグループの平均値の差が「めったに出ない」ものであったのかどうかを確認してください**。上記の例文では，「有意に高かった（$t(40) = 2.74$, $d = .88$, $p < .05$）」と記載されている部分に着目します。ここで t とは，t 値という統計量を示しており，（40）は自由度を意味します。40 という自由度が与えられた t 分布，という意味です（詳しい説明は割愛します）。2.74 は統計量で，$p < .05$ というのは，0.05（5 ％）未満の確率で出てくる結果ということです。記号としては「40 という自由度のときの t 分布において 2.74 という値が出てくる確率は 5 ％未満である」ということを意味します。そして重要なのは $p < .05$ という部分です。5 ％未満で生じる結果であるので「たまたま出た」と判断するのではなく「この結果はめったに出ないものである」と判断し，ここから，この 2 つのグループには「偶然生じたとは考えにくい差がみられた」と判断します。

第三ステップ

　第三ステップで「2 つのグループの間に偶然生じたとは考えにくい差がある」と判断した後，ではどちらが大きかったのか（小さかったのか），どの程度の差ととらえられるのか確認します。文中には，「訓練を行った群の子どもの計算成績は，訓練を行っていない群の子どもの成績より有意に高かった」と記載されていますので，訓練を行った子どもたちの成績が高いことがわかります。また，別途，表などで平均値と標準偏差が示されていると思いますので，平均値をみれば，どちらの成績が高いかは一目瞭然です。

　ただし，ここまでの内容では，訓練を行った群と行っていない群に差があるということまでしかわかりません。差が大きいととらえるか，小さいととらえるかは効果量を確認する必要があります。前述した例の中で効果量を示しているのが，$d = .88$ です。効果量の d は，慣例として，0.2 以上 0.5 未満は効果量小，0.5 以上 0.8 未満は効果量中，0.8 以上は効果量大と判断します。つまり，前述した例の結果は，訓練群のほうが訓練なし群よりも成績が高く，その差は大きいということになります（この大きいという表現は，下記の示す通りあくまで相対的なものです）。

まとめ

　t 検定では，(1)独立変数は何で，従属変数は何かをチェック，(2) t 値をみて $p<.05$，すなわち有意なのか（偶然生じたとは考えにくい差であるのか）をチェック，(3)もし有意なら，平均値と効果量をチェックしてください。

〈補足〉

　t 検定において（後の分散分析もそうですが）一点注意しておかなければいけない点があります。t 検定で調べられるのは，あくまで2つのグループの平均値に差があるかどうか（どちらが大きいのか）という相対的な違いだけです。これは何が問題なのでしょうか。たとえば，サッカーが好きかどうかを調べるため，「1点：まったく好きではない，2点：あまり好きではない，3点：どちらでもない，4点：まぁまぁ好きだ，5点：とても好きだ」という質問紙（尺度）を使ったとしましょう。Aグループで平均点が1.5点，Bグループで平均点が2.5点だったとして，t 検定を行ったところ，有意な差がみられました。これを受けて，BグループのほうがAグループよりもサッカーが好きだ，と考えてよいでしょうか。これはだめですね。なぜならBグループもおおよそ2点だからです。これは尺度上の意味としては「あまり好きではない」という数値です。したがって，この t 検定は「どちらがより好きか」というよりも「どちらがより嫌いか」を示す結果といえます。

　このように「差の比較」を行う分析は，「どちらが大きいか（小さいか）」ということまでは教えてくれますが，その結果を受けて「どちらが○○である」という結論を下せるかどうかは，あくまで記述統計（平均）の値と，その値が何を意味しているのか，によっています。t 検定の結果をみる際には，かならず平均値とその意味もチェックするクセをつけてください。

3.　分散分析（ANOVA；Analysis of Variance）

（1）一要因分散分析

　分散分析は，独立変数が1つの場合と2つ以上の場合で，結果の読み取り方が変わってきますので，別々に分けて説明していきたいと思います。

　まずは，独立変数が1つの分散分析について説明していきます。独立変数が1つの分散分析は，一要因分散分析（または一元配置分散分析）といいます。一要因分散分析は，t 検定と同様，グループ間に差があるかについて検討したいときに用いる統計手法です。t 検定との違いは，独立変数が3水準以上の場合に，一要因分散分析が用いられます。細かくは説明しませんが，分散分析では，従属変数のばらつきに対して，研究者が想定している

要因（独立変数）のばらつきが誤差（独立変数だけでは説明できない部分）のばらつきと比べて，説明力を持っているのかを調べているというイメージをもっていてください。

　では，一要因分散分析の結果の読み方について，下記に示した仮想の結果の記述例をもとに解説していきましょう。以下の2ステップで読み取ってください。第一ステップとして，「「従属変数」および「独立変数の水準と種類」のチェック」をしてください。第二ステップとして，「「主効果（main effect）」および「多重比較」のチェック」をしてください。

　年少児，年中児，年長児の年齢で，計算能力の得点が異なるかどうかを検討するために，一要因分散分析を行った。分散分析の結果，群間の得点差は0.1％水準で有意であった（$F(2, 87) = 85.619$, $p < .01$, $\eta_{p^2} = .663$）。Holm 法による多重比較を行ったところ，年長児は年中児および年少児よりも有意に高い得点を示し（それぞれ，$p < .001$ と $p < .001$），年中児は年少児よりも有意に高い得点を示していた（$p < .001$）。

第一ステップ

　一要因分散分析の結果を読み取る際には，<u>最初に「従属変数」と「独立変数」＝要因の種類と水準を確認してください</u>。従属変数（結果）のチェックはすでに t 検定のところでも触れたので，ここでは省略し，独立変数の「水準」と「種類」について説明します。

　まず，独立変数の「水準」について説明します。これは，<u>独立変数の中にいくつ違うレベルを想定しているか</u>ということです。たとえば，上述した記述例では，「年齢」が独立変数ですが，「学年」で，年少児，年中児，年長児の3つの水準に分けられています。しかし，「年齢」の区分の仕方は，年少児，年中児，年長児という3区分でなければいけない理由はありません。たとえば，3歳前半，3歳後半，4歳前半，4歳後半，5歳前半，5歳後半といったようにより細かく分けることもでき，この場合は6水準ということになります。独立変数をどのような水準に区分しているかは，その研究の目的とも関連してきますので，確認しておきましょう。

　次に独立変数の「種類」ですが，これは t 検定同様，<u>「対応のあるもの」と「対応のないもの」で区別できます</u>。「対応のある」というのは同じ人（サンプル）についてのデータ，「対応のない」というのは違う人（サンプル）についてのデータです。特に「対応のある」データの場合，「反復測定」と呼ばれることがあります。記述例では，年少児，年中児，年長児の水準に，それぞれ別の人が参加していますので，「対応がない」と判断できます。

　まとめますと，論文で一要因分散分析が出てきたときには，まず，「従属変数」，そして独立変数の「水準」と「種類」をチェックしてください。<u>分析結果を読み取る前に「この論文を書いた人は，どんな要因に効果があると想定しているのか」をしっかり押さえておいてください</u>。

第二ステップ

従属変数と独立変数（要因）がチェックできたら，次に「主効果」と（必要に応じて）「多重比較」（下位検定，あるいは事後検定）の結果をチェックしてください。

主効果とは，ある要因が単独で従属変数（結果）に与える影響のことです。「誤差の影響を除いた1つの要因のみで説明できる効果」だといえます。具体的には，以下のように記述をチェックしてください。

記述例の F というのは F 値という統計量を示しています。(2, 87) は自由度で，前者は要因の自由度，後者は誤差の自由度です。$p < .01$ は1％未満の確率で生じる結果であるということです。η_p^2（偏イータジジョウ，と読みます）は分散分析における「効果量」を示しています。記述例の数値は，「年齢」要因が「誤差」要因に比して「計算能力」に影響するという結果が1％未満の確率で生じるもの＝めったに生じないものである，ということを意味します。

次に「多重比較」（下位検定や事後検定と言われることもある）をチェックします。主効果の結果は「どこかに差があること」を教えてくれますが，「どことどこに差があったのか」は教えてくれません。そこで，どことどこに差があったのかを調べるために「多重比較」を行います（ちなみに，多重比較には記述例の Holm（ホルム）法以外に，Bonferroni（ボンフェローニ）法や Tukey（テューキー）法といった，いくつか種類があります。詳細な説明は心理統計の専門書を参照してください）。

記述例の「Holm 法による多重比較を行ったところ，年長児は年中児および年少児よりも有意に高い得点を示し（それぞれ，$p < .001$ と $p < .001$），年中児は年少児よりも有意に高い得点を示していた（$p < .001$）。」の部分が多重比較の結果に該当します。論文で記載される際には，水準間で有意差があった個所に関しては，p 値とあわせて報告されている場合が多いです。

最後に，t 検定同様，記述統計（平均）の値と，その値の意味についても，確認しておきましょう。

一要因分散分析のまとめ

一要因分散分析では，(1)従属変数と独立変数の水準，種類が何であるかをチェック，(2)主効果が有意であるかどうかをチェック，(3)主効果が有意な場合，多重比較の結果と記述統計の値をチェックしてください。

（2）二要因分散分析

つづいて，独立変数が複数ある分散分析について説明していきます。独立変数が2つの

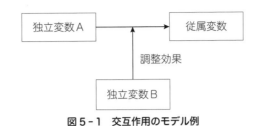

図5-1　交互作用のモデル例

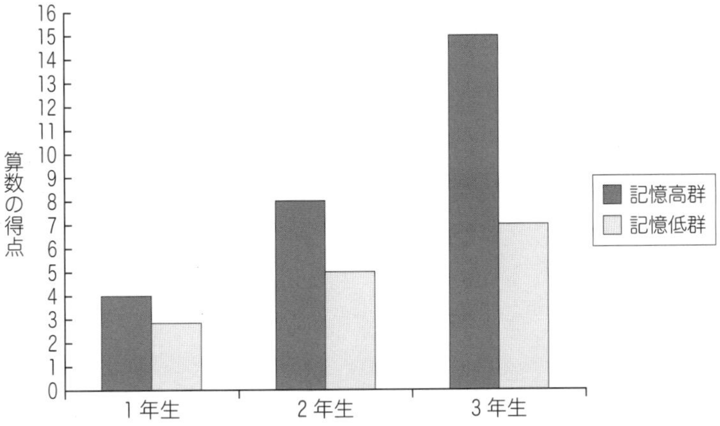

図5-2　交互作用の結果例

場合は，二要因（二元配置）分散分析，3つ以上の場合は，多元配置分散分析と呼ばれますが，ここでは，二要因分散分析に焦点を当てて説明していきます。

　二要因分散分析では，独立変数が複数になることによって，交互作用（interaction）を検討できるようになります。交互作用とは，**ある独立変数の効果が，別の独立変数によって変化することを意味しています**。交互作用のモデルを図にすると図5-1のようになります。独立変数Aの効果が独立変数Bによって調整されているとも解釈されるため，調整効果と呼ばれる場合もあります。たとえば，独立変数Aを「学年」，独立変数Bを「記憶力」，従属変数を「算数の得点」とします。仮に，学年が上がるに伴い，算数の得点も向上していったとします。一方，より高い算数の得点を取るためには，より複雑な問題を解く必要があり，年齢だけでなく，記憶容量が大きい方が有利に働くとします。つまり，学年が上がるほど，記憶力が高いほうがより算数の得点が高くなるとします。模式的に表すと図5-2のようになります。この場合，算数の得点に対する学年の効果が記憶力を組み合わせることによって変化したといえ，この変化が交互作用を意味しています。したがって，交互作用を検討することで，従属変数に対する独立変数の効果をより正確に理解することができます。

　では，二要因分散分析の結果の読み方について，下記に示した仮想の結果の記述例をもとに解説していきましょう。以下の3ステップで読み取ってください。第一ステップとし

て，「「従属変数」および「独立変数の水準と種類」のチェック」をしてください。第二ステップとして，「「交互作用」のチェック」をしてください。第三ステップは，「「交互作用」が有意であった場合には，「単純主効果（simple main effect）」および「多重比較」をチェックし，「交互作用」が有意でなかった場合には，「主効果」および「多重比較」のチェック」をしてください。

　学年（1年生・2年生・3年生：対応なし）と記憶力（高群・低群：対応なし）を独立変数，算数の得点を従属変数とした3×2の二要因分散分析を行った。分散分析の結果，有意な交互作用がみられた（$F(2,18) = 4.637$, $p < .05$, $\eta_{p^2} = .340$）。交互作用が有意であったことから，単純主効果の検定を行った結果，3年生における記憶力の単純主効果が有意であり（$F(1, 18) = 15.700$, $p < .05$, $\eta_{p^2} = .724$），低群よりも高群のほうが算数の得点が高かった（$p < .001$）。また，記憶力高群における学年の単純主効果が有意であった（$F(2, 18) = 18.317$, $p < .01$, $\eta_{p^2} = 803$）。そのため，Holm 法による多重比較を行ったところ，3年生は1年生や2年生よりも有意に得点が高いことが示された（それぞれ，$p < .001$ と $p < .01$）。

第一ステップ

　二要因分散分析でも，<u>最初に「従属変数」と「独立変数」＝要因の水準と種類を確認します</u>。特に独立変数が2つになっていますので，独立変数の水準と種類についてはしっかりと確認しておきましょう。まず，独立変数の水準についてです。一要因分散分析では，独立変数が3水準以上の場合に用いると説明しましたが，二要因分散分析では，両方あるいは一方の独立変数が2水準でも用いることができますので注意してください。記述例でみると，学年は3水準，記憶力は2水準ということになります。

　次に，独立変数の種類ですが，t 検定・一要因分散分析同様，「対応のあるもの」と「対応のないもの」に区別できます。また，独立変数が2つになることで，「対応のあるもの」と「対応のないもの」を組み合わせる場合があります。整理すると，独立変数が両方とも対応のない分散分析，独立変数が両方とも対応のある分散分析，一方が対応ありで他方が対応なしの混合計画の分散分析が存在します。記述例は，学年および記憶力とも，対応なしとなっていますので，対応のない分散分析ということになります。記述例は，文中に対応なしと記載されているのでわかりやすいですが，必ずしも記載されているわけではなく，自分で読み取らなければいけない場合もあります。

第二ステップ

　第二ステップでは，交互作用をチェックしてください。交互作用とは，<u>ある独立変数の効果が，別の独立変数によって変化することを意味しています</u>。2要因以上の分散分析では，この交互作用が最も重要な結果となります。いくら独立変数AやBの主効果が有意で

あっても，独立変数AとBの交互作用が有意であれば，独立変数AやBの主効果は，互いに調整されてしまう可能性があるためです。また，交互作用が有意かどうかでその後の分析の手順が異なってもきます（第三ステップで説明します）。

記述例においては，「分散分析の結果，有意な交互作用がみられた（$F(2, 18) = 4.637$, $p < .05$, $\eta_{p^2} = .340$)」と記載されており，交互作用が有意であったことが読み取れます。記号の読み取りについては，一要因分散分析のときと同様です。

第三ステップ

第三ステップは，「交互作用」が有意であった場合には，「単純主効果」および（必要があれば）「多重比較」をチェックし，「交互作用」が有意でなかった場合には，「主効果」および（必要があれば）「多重比較」をチェックしてください。

交互作用が有意であった場合には，「単純主効果」のチェックを行いますが，「交互作用の効果」が有意というのは，どこかに2つの独立変数のかけあわせの効果があったということしか教えてくれません。したがって「どこに組み合わせの効果があるのか」を調べるには，「単純主効果」というものを調べる必要があります。単純主効果の分析では，ある独立変数を固定して他の独立変数の水準を比較するという方法です。また，単純主効果の分析をして有意であった場合には，独立変数の水準数を確認しましょう。どちらかあるいは両方の独立変数の水準が3水準以上である場合には，多重比較が行われており，どことどこの水準の差が有意であるのか検討されているはずです。

記述例では，「交互作用が有意であったことから，単純主効果の検定を行った結果，3年生における記憶力の単純主効果が有意であり（$F(1, 18) = 15.700$, $p < .05$, $\eta_{p^2} = .724$)，低群よりも高群のほうが算数成績の得点が高かった（$p < .001$)。また，記憶力高群における学年の単純主効果が有意であった（$F(2, 18) = 18.317$, $p < .01$, $\eta_{p^2} = 803$)。そのため，Holm法による多重比較を行ったところ，3年生は1年生や2年生よりも有意に得点が高いことが示された（それぞれ，$p < .001$ と $p < .01$)。」の部分が該当します。

まず，「3年生における記憶力の単純主効果が有意であり（$F(1, 18) = 15.700$, $p < .05$, $\eta_{p^2} = .724$)」の部分は，学年ごとに記憶力の高群と低群で算数の成績を比較したところ，3年生では単純主効果が有意であったことを意味しています。ここでは，記憶力の高低で比較しており，2水準で比較しているので，多重比較をする必要はありません。なので，例文中では，「低群よりも高群のほうが算数成績の得点が高かった（$p < .001$)」といったように，低群と高群の算数成績がどちらが高かったのかが直接記述されています（記述統計（平均値）もチェックしましょう）。

次に，「記憶力高群における学年の単純主効果が有意であった（$F(2, 18) = 18.317$, $p < .01$, $\eta_{p^2} = 803$)。」の部分については，今度は，記憶力の高群と低群にわけて，1年生，

2年生，3年生の算数の成績を比較したところ，記憶力高群では学年の単純主効果が有意であったことを意味しています。学年は3水準であり，どこに差があるのか検討する必要があるため，多重比較を行うことになります。「Holm 法による多重比較を行ったところ，3年生は1年生や2年生よりも有意に得点が高いことが示された（それぞれ，$p<.001$ と $p<.01$）。」の部分が，多重比較の結果になります。つまり，記憶力高群においては，3年生の算数の成績が1年生や2年生よりも高かったことをこの文章は表しています。

　交互作用が有意ではなかった場合には，交互作用が有意でなかったことが記述された後に，それぞれの独立変数の主効果が検討されているはずですので確認してください。主効果ならびに多重比較の結果の確認の仕方は一要因分散分析と同様です。

二要因分散分析のまとめ

　二要因分散分析では，(1)従属変数と独立変数の水準，種類が何であるかをチェック，(2)交互作用が有意であるかどうかをチェック，(3)有意であれば単純主効果の結果をチェック，(4)単純主効果を示した要因が2水準であれば記述統計（平均値）をチェック，(5)単純主効果を示した要因が3水準以上であれば多重比較の結果をチェック，(6)交互作用が有意ではなかった場合は，各独立変数の主効果が有意であるかどうかをチェック，(7)主効果が有意であった独立変数が2水準であれば記述統計（平均値）をチェック，(8)主効果が有意であった独立変数が3水準以上であれば多重比較の結果をチェック，してください。

〈補足〉

　分散分析，特に交互作用について，一点補足です。先ほどの例は，学年×記憶力の2つの要因のかけあわせによる交互作用でした。これを「×」が1つなので「一次の交互作用」といったりします。しかし，学年×記憶力×塾での学習の有無の3つの要因のかけあわせによる交互作用も実際にはあり得ます。これを「二次の交互作用」といいます。以下，原理的には独立変数のかけあわせが増えていくと，「三次」「四次」「五次」と増えていきます。

　実際の論文では，「二次の交互作用」までで終わることがほとんどですが，二次の交互作用の場合，先ほど説明した「単純主効果」よりも前に「単純交互作用」というものが検討されます。論文中には「単純交互作用」や「単純・単純主効果」といった用語がひょっとしたら出てくるかもしれません。その時は，3つの独立変数のかけあわせ（二次の交互作用）があったのだなとイメージしてください（本書では扱う範囲を超えるため，詳細は心理統計の専門書をご確認ください）。

4.　相関分析

相関分析とは

　相関分析とは，有意の 3 種類（偏り，差，関連）のうち，「関連」に関する分析です。したがって，相関分析が「有意である」とは，「めったに出ない関連があった」ということを意味します。

　相関分析は，相関係数という指標を使って分析されます。相関係数とは，2 つの変数の間に直線的な関係があるかどうか，を示す指標です。言い換えると，2 つの変数の間の「一方が○○になればもう一方も○○になる」という直線関係を示すのが「相関係数」となります。

　2 つの変数の間にある相関関係には大きく 3 つのパターンがあります。第一に「正の相関」です。これは，「一方が増えればもう一方も増える」という関係です。第二に「負の相関」です。これは，「一方が増えればもう一方は減る」という関係です。第三に「相関なし」です。これは「一方の数値の増減ともう一方の数値の増減とは関係しない」という関係です。

　数値上の説明をします。相関係数は -1 から 1 までの値を取ります。-1 に近づけば近づくほど，強い「負の相関」を示します。1 に近づけば近づくほど強い「正の相関」を示します。0 付近だと弱い相関，あるいは相関なし，となります。

　ちなみに「強い」とは，2 つの変数の関係が直線関係にある，ということです。-1 や 1 に近づくほど，強い関連をもっているのだ，ということをイメージしておいてください。

　では，相関分析の結果の読み取りを解説しましょう。以下の 3 つのステップを踏んでください。第一ステップは「相関が分析されている 2 つの変数が何かをチェック」です。第二ステップは「相関係数が有意かどうかをチェック」です。第三ステップは「相関係数の正・負をチェック」です。下記の架空データを用いて例示します。

　国語，数学，英語の各期末テストの得点および社交性と自己制御の各パーソナリティ得点と，1 日当たりの勉強時間，TV ゲームの時間，SNS でのやりとりの時間の相関を検討した。その結果，1 日当たりの勉強時間と国語（$r = .26$, $p < .05$），数学（$r = 56$, $p < .01$），英語（$r = .52$, $p < .01$），自己制御（$r = 67$, $p < .01$）の間に有意な正の相関，1 日当たりの TV ゲームの時間と国語（$r = -.42$, $p < .01$），数学（$r = -63$, $p < .01$），英語（$r = -.39$, $p < .01$），社交性（$r = -.28$, $p < .05$），自己制御（$r = -.52$, $p < .01$）の間に有意な負の相関，1 日当たりの SNS でのやりとりの時間と国語（$r = -.36$, $p < .01$），数学（$r = -.45$, $p < .01$），英語（$r = -.38$, $p < .01$），自己制御（$r = -.32$, $p < .01$）の間に有意な負の相関と，社交性（$r = -.12$, $p < .10$）に有意傾向の負の相関がみられた。

表5-2　相関分析の結果

	1日当たりの勉強時間	1日当たりの TV ゲームの時間	1日あたりの SNS でのやりとりの時間
国語	.26*	−.42**	−.36**
数学	.56**	−.63**	−.45**
英語	.52**	−.39**	−.38**
社交性	.05	−.28*	.12†
自己制御	.67**	−.52**	−.32**

注：†$p<.10$，*$p<.05$，**$p<.01$

第一ステップ

　論文中に「相関分析を行った」という記述があれば，まずもって「何と何の相関を調べているのか」をチェックしてください。

　具体的な作業としては，「相関分析表」を探してください。心理学研究で相関分析を行う場合，基本的にたくさんの変数間で相関係数を調べています。たくさんの変数をならべて，それを2つずつペアにして分析しています。変数が2つか3つ程度なら，文章だけで表現できるでしょうが，4つ以上になってくると，文章だけで表現しようとすると，書くほうも読むほうもパニックです。そこで「たくさんの変数間の相関を一目でわかる」ような工夫が求められます。それを示しているのが「相関分析表」です。先ほどの例を表にすると以下のようなものになります（表5-2）。この表をチェックして，何と何の間の相関を調べているかを確認してください。

第二ステップ

　相関分析表を見つけられたら，文章および表を見て，それぞれの相関係数が有意であるかどうかをチェックしてください。相関分析では，基本的に以下のような「記号」が書かれているかと思います。先ほどの文章を一部抜粋すると，1日当たりの勉強時間と国語のテスト得点との間には$r=.26$，$p<.05$という統計量が示されていました。この$r=○○$が相関係数です。

　文章中ではこのように表現されていても，相関分析表の中では少し違う表現がされています。表5-2では，それぞれのマス（セル）の中の数値で，*や**という記号がついているものがあると思います。相関分析表の下を見てもらうと，*が$p<.05$，**が$p<.01$と書かれていますね。つまり，この相関係数は*＝$p<.05$＝有意である，**＝$p<.01$＝有意であるということを意味しています。逆にこれらの記号がついていない場合は，有意ではなかった，ということを意味します。またこの分析では，「有意傾向」（10回に1回の確率で出る結果）も報告されていることに注意してください（表5-2では†で示されています）。

第三ステップ

　ある相関係数が「有意であった」場合，その相関係数の意味を読み取ってください。具体的には，相関係数が正であるのか負であるのかを確認してください。作業としては，数字の前に，「－（マイナス）」の記号がついているかどうかをチェックしてください。ついていれば「負の相関」，ついていなければ「正の相関」です。

　先ほどの例で言えば，「1 日の勉強時間が多い人は期末テストの得点は高く，自己制御が高い」という関係（正の相関），「TV ゲームの時間が多い人は期末テストの得点が低く，社交性や自己制御が低い」という関係（負の相関）が報告されています。もちろんこれは，「期末テストの得点や自己制御が高い人は 1 日の勉強時間が多い」あるいは「期末テストの得点や社交性・自己制御が低い人は 1 日の TV ゲームの時間が多い」という逆のかたちで記述することもできます。相関分析は因果関係を示すわけではないということをチェックしておいてください。

まとめ

　相関分析を読む際は，(1) 何と何の相関をみているのかをチェック（具体的には相関分析表を探す），(2) 相関係数が有意かどうかをチェック，(3) もし有意なら相関係数が「正」なのか「負」なのかをチェック（具体的には－がついているかどうかをチェック），してください。

5.　因子分析

因子分析とは

　<u>因子分析とは，いくつかの変数の背後に共通してある成分（因子）を見つけ出していくという統計手法</u>です。たとえば，数学と化学と物理のテストの点数について，それぞれのテストの得点を全体的に高めたり低めたりする共通の何か＝因子があるのではないかと探っていくというのがそれにあたります（この例であれば，「理系学力」因子があるのではないかと想定するなど）。

　少しだけ理論的な話をすると，因子分析では「観測変数」と「潜在変数」という考え方をとります。「観測変数」とは実際に測定できる値（先ほどの例で言えば数学や化学のテストの得点）です。「潜在変数」とは複数の「観測変数」の背後に共通してあると仮定される，しかし直接には測定できない（目に見えない）もののことです。因子分析では，複数の観測変数に共通してみられる成分を「（共通）因子」と呼び，それぞれの変数に独自に存在する成分を「独自因子」と呼びます。変数の値同士が高い相関をもっている場合，その背後には共通の「因子」が存在すると仮定します（先ほどの数学，化学，物理の例を参照）。

　では，実際に因子分析の読み取り方を解説しましょう。実は因子分析はデータそのものを読み取ることはあまりありません。なぜなら，論文中に記載されている因子分析の結果は，すでに論文の著者が「ある程度まとまりがあるように整理した」後の結果だからです。したがって，論文の読み手が行うのは，「どのように整理されたのか」の確認作業となります。具体的には，以下の3ステップで読み取ってください。第一ステップは「尺度の確認」です。第二ステップは「因子数と因子名／下位尺度名の確認」です。第三ステップは「信頼性係数の確認」です。参考に，神野（2016, p. 86-87）の記述とデータを取り上げたいと思います。

　　暫定項目の36項目について探索的因子分析（主因子法，Promax 回転）を行った結果，固有値1以上となる3因子解が適切と判断した。各因子5項目での構成を目標とし，因子負荷量と項目内容に配慮し選定した15項目を「多次元恋愛関係嫉妬尺度」とした。15項目を因子分析した Promax 回転後の因子パターンを Table1 に示す。回転前の3因子の累積寄与率は59.68％と十分高い値を示した。第1因子は恋人が第三者に奪われることを疑う認知的な過敏さの「猜疑的認知」，第2因子は関係への第三者の侵入に対する否定的感情の強さの「排他的感情」，第3因子は関係の裏に第三者の存在を警戒・詮索する度合いの「警戒行動」と命名した。（中略）各下位尺度の α 係数は $\alpha = .78 \sim .85$ と高く，内的整合性の観点からの信頼性が示された。

第一ステップ

　因子分析では最初に，「どんな尺度について因子分析を行ったのか」をチェックしてください。因子分析では，結果として難しい言葉がどんどんと出てきます。それは「因子に分ける」という作業をしている以上，仕方のないことです。しかし「元をたどればどのような尺度について因子分析を行ったのか」はまずもって確認しておいてください。

　神野（2016）の研究では，「多次元恋愛関係嫉妬尺度」の暫定項目について，最初は36項目を作成・分析して，最終的には15項目の得点について因子分析を行った，とあることを確認してください。

第二ステップ

　どの尺度について因子分析を行ったのかを確認した後，いよいよ本来の目的である「いくつの因子が抽出されたのか」「抽出された因子構造は問題・目的部分で想定された因子構造とどの程度近いものであったか」および「各項目がどの因子に高く負荷を示しているか」をチェックしてください。具体的な作業としては，論文中に示されている「因子分析表」を見てください（表5-3参照）。ここを見れば，因子の「数」と「種類」が一目でわかるようになっています。

　先ほどの例で言えば，因子の「数」は「3因子」，「種類」は本文中に記載されている通

表 5-3　多次元恋愛関係嫉妬尺度の Promax 回転後の因子パターンおよび確認的因子分析結果（主因子法）

No.	項目	F1	F2	F3	h^2	CF[a]	Mean	SD
第 1 因子	猜疑的認知							
1	誰かに X さんをとられるかもしれないと考えることがある	.85	−.04	−.07	.66	.81	2.75	1.67
2	X さんが，自分を置き去りにして誰かのもとへいってしまうのではないかと思うことがある。	.82	−.04	.04	.65	.80	2.87	1.68
3	X さんが誰かに夢中になっているのではないかと思いがちである。	.73	.03	−.05	.53	.72	2.34	1.35
4	自分の知らないうちに，誰かが X さんを誘惑しているのではないかと思うことがある	.64	.01	.02	.43	.67	2.51	1.55
5	X さんが，誰か他の人に魅力を感じているかもしれないと思うことがある。	.61	.06	.05	.45	.67	3.54	1.81
第 2 因子	排他的感情							
6	X さんが誰かといちゃいちゃしていたら，不機嫌になる。	−.08	.92	.02	.78	.87	4.79	1.86
7	誰かが X さんとデートしていたら，嫌な気持ちになる。	−.04	.76	.02	.57	.77	5.30	1.71
8	X さんが誰かに寄り添って楽しそうにしていたら不機嫌になる。	−.04	.73	−.03	.49	.69	4.63	1.77
9	誰かが X さんに対して恋愛感情を持っていると知ったら，不愉快になる。	.16	.53	−.01	.39	.60	3.62	1.94
10	X さんが誰かに対してとても愛想よく微笑んでいたら不機嫌になる。	.24	.50	.01	.43	.62	3.16	1.74
第 3 因子	警戒行動							
11	X さんに，誰と何をしていたのか，何を話していたのかを聞くことが多い。	−.04	−.03	.74	.51	.69	2.63	1.54
12	X さんがどこへ行くのか，どこにいるのかを聞くことが多い。	.07	−.03	.69	.49	.71	2.79	1.54
13	X さんにかかってきた電話が，誰からの着信だったのかを聞くことがある。	−.07	.02	.68	.44	.66	2.93	1.66
14	X さんに，過去や今の恋愛関係についていろいろと聞くタイプである。	−.03	−.01	.58	.32	.56	2.58	1.66
15	X さんと仲が良い人たちのことについて，詳しく聞くことが多い。	.12	.07	.54	.40	.62	3.12	1.59

因子間相関	F2	F3
F1	.51	.34
F2		.45

注：a) CF 列における値は確認的因子分析における項目の因子負荷量を表す。他の因子への負荷量は 0 として分析を行った。
出所：神野，2016 による

り，概ね想定通りの「猜疑的認知」「排他的感情」「警戒行動」であることが文章で書かれています（もちろん表にも記載されています）。つまり，神野（2016）の結果は，尺度の作成時に想定したとおりのまとまりをもった項目群であることがデータ上でも示された，それだけ背景にある理論とデータの適合を支持する尺度である，ということになります。もちろん，尺度やデータによっては想定通りの因子が得られないことも珍しくありません。新

しい尺度を探索的に作成した場合には，因子分析の結果から，逆に尺度のまとまりに推測を立てることもあるでしょう。

なお複数の因子からなる尺度を扱う論文では，尺度作成時に「抽出された各因子」に最も高く負荷を示した項目群＝各下位尺度の平均点や合計点を用いて分析が行われ，その結果が示されるようになります。各下位尺度がどのような特徴をもっているかは方法や結果での記載を確認し，各下位尺度の項目内容は因子分析表で確認してください。

第三ステップ

第三ステップは，因子分析表を見て，それぞれの因子の信頼性係数（神野（2016）の場合には $\alpha = \bigcirc$ というかたちで示されています）を確認してください。信頼性係数の検討に Cronbach（クロンバック）の α（アルファ）係数を使用している場合には，$\alpha = .80$ 程度の値があるかどうか（経験的には .80 を超えていればある程度尺度の結果を信頼できるとされやすい）をチェックしてください。時々，.70 や .60 といった値が報告されていることがあります（値が低くなるとそれだけ信頼性に疑問が出てくる）ので，もしそうであれば，ここは「批判点」や「疑問点」としてチェックしておいてもらってよいかと思います。先ほどの例で言えば，「各下位尺度の α 係数は $\alpha = .78 \sim .85$」と記載されていましたので，また確認してみてください。

なお，尺度の信頼性の確認には Cronbach の α 係数だけでなく，別の計算方法を用いた ω（オメガ）係数や，再検査信頼性を確認していることもありますので，様々な指標を知っておくと良いでしょう。

まとめ

因子分析を読み取る際には，(1)何の尺度に対して因子分析を行ったのかをチェックする，(2)いくつの因子に分けられたのか，それは想定通りの結果であったのか，どんな因子に分けられたのかを（因子分析表を見て）確認する，(3)それぞれの因子の信頼性係数がどうかを確認する，の３つの作業を行ってください。

〈補足〉

因子分析には，探索的アプローチと確認的（確証的）アプローチの大きく２つの利用方法があります。探索的アプローチは，目の前にあるデータ（観測変数）にどんな因子がいくつあるのかをいろいろ試してみるやり方です。自分でもどんなかたちで観測変数間の関連性がまとめられるのか（あまり）わかっていない状況で行うアプローチです。一方，確認的アプローチでは，先行研究などをもとにして，あらかじめどんな因子がいくつあるかを仮定して分析を行うやり方です。論文を読む際に最終的に読み取る情報としては大き

な違いはありませんが，単に「因子分析を行った」と書いているのか，それとも先行研究を参考に「〇個の因子があると仮定して確認的因子分析を行った」と書かれているのかは，研究の目的や背景となる理論を理解することに役立つため，チェックをしておいてください。

6. 回帰分析

回帰分析とは

データに回帰直線を当てはめ，結果を説明・予測する手法を回帰分析といいます。回帰分析では，予測したい変数と，それを予測する変数とを区別し，予測したい変数を目的変数と呼び，予測する変数を説明変数と呼びます。目的変数は従属変数であり，説明変数は独立変数に該当します。相関分析は因果関係を想定していなかったのに対して，回帰分析では，変数間の方向性を想定していますが，回帰分析だけでは，因果関係を明らかにすることはできません。

回帰分析では，目的変数はひとつだけですが，説明変数はひとつとは限りません。説明変数がひとつであれば，単回帰分析と呼ばれ，説明変数が複数あれば，重回帰分析と呼ばれます。単回帰分析は，目的変数＝切片＋回帰係数×説明変数で表すことができ，切片は説明変数が 0 のときの予測値を表しており，回帰係数は説明変数が 1 増加したときの目的変数の増加分を表しています。

重回帰分析は，たとえば説明変数が 2 つの場合であれば，目的変数＝切片＋偏回帰係数$_1$×説明変数$_1$＋偏回帰係数$_2$×説明変数$_2$と表すことができます。変数が増えていけば，その分「偏回帰係数×説明変数」の部分が増えていくこととなります。回帰係数の前に「偏」とつくのは，重回帰分析の場合は説明変数が複数あるため，他の変数の影響を考慮する必要があるためです。つまり，「偏」は「他の変数の影響を取り除いた」という意味です。各説明変数の偏回帰係数はそのままでは測定の単位に依存する値になるため，係数の値が標準化（各変数の分散を 1 に合わせる）されている場合があり，これを標準偏回帰係数といいます。

では，回帰分析の結果の読み取りを解説しましょう。以下では，多くの研究で用いられている重回帰分析に焦点を当てて 3 つのステップに分けて説明していきます。第一ステップは「研究目的の確認と変数の投入法のチェック」です。第二ステップは「重回帰式全体の有意性と多重共線性のチェック」です。第三ステップは「標準偏回帰係数と自由度調整済み決定係数のチェック」です。

第一ステップ

　まずは，その研究で重回帰分析を行う目的を確認しましょう。重回帰分析を用いている場合には，予測か説明，あるいは両方を目的にしています。予測が目的であれば，より効率的な予測をするための説明変数はどれか，選択された変数で作られた予測式の精度は高いかといったことが検討されているでしょう。一方，説明が目的であれば，取り上げた説明変数が全体としてどの程度目的変数を説明するのか，各説明変数がどのように目的変数と関係するのかが検討されているでしょう。説明の場合は特に，どのような理論（因果モデル）に基づいているのかについても問題と目的の節で確認しておきましょう。

　また，重回帰分析では，説明変数をどの順番で回帰式に投入するかで，各説明変数の有意性および標準偏回帰係数の値が異なってくる場合があり，目的に合わせて変数の投入法が選択されています。そのため，結果を読み取る前に変数の投入法も確認しておく必要があります。主な投入方法として，強制投入法やステップワイズ法などがあります（詳細は対馬，2016, pp. 229-233）。強制投入法は，最初にすべての説明変数を投入する方法で，目的が説明の場合に用いられています。ステップワイズ法は，説明力の高い順に説明変数を加えていきながら，説明変数を投入するごとに，除去すべき変数がないか分析し，必要な説明変数を選抜する方法です。目的が予測の場合に用いられやすい方法で，目的変数に対して，余計な説明変数を省きたい場合などには，このステップワイズ法が使われることが多いです。

第二ステップ

　ここからが重回帰分析の結果についての読み取りです。結果には，分散分析の結果が記載されているはずです。重回帰分析なのに，なぜ分散分析の結果がと思われるかもしれませんが，ここでの分散分析の結果は，立てた重回帰式が意味があるのかないのかを表しています。分散分析が有意でなかった場合には，その重回帰式は意味がなかったことを意味しています。

　分散分析の結果が有意であれば，次に，多重共線性の確認へと移ります。説明変数間で非常に高い相関がある場合には，本来関係ないはずの説明変数が目的変数の予測に貢献してしまったり，説明変数の偏回帰係数を正確に推定できないといった問題が重回帰分析では生じます。この問題を多重共線性（Multicollinearity）といいます。多重共線性が起きているか確認するためには，VIF（Variance Inflation Factor）の指標を参照します。この VIF の値が 10 を超えている場合，あるいは 10 に近い場合には多重共線性が発生しているとみなすことができます。VIF が 10 に近いにもかかわらず，そのことに何も言及のないまま重回帰分析の結果がそのまま解釈されていたら，その結果の解釈には疑ってかかりましょう。また説明変数間の相関係数が高ければ多重共線性の問題が生じますので，事前に示さ

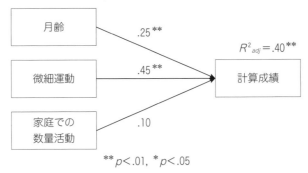

$R^2_{adj}=.40$ **

計算成績

月齢

微細運動

家庭での
数量活動

.25 **

.45 **

.10

** $p<.01$, * $p<.05$

図5-3　重回帰分析でのパス図の例（数値は仮想の値）

れているはずである説明変数間の相関分析の結果も確認しておきましょう。

第三ステップ

　メインの結果である標準偏回帰係数と自由度調整済み決定係数をチェックします。標準偏回帰係数については先述しましたが，自由度調整済み決定係数についてはまだ説明していませんでした。自由度調整済み決定係数とは，最終的な重回帰式全体がもつ目的変数に対する説明力を示す指標です。少ない説明変数で高い説明力がある方が効率的な重回帰式であるため，無駄な説明変数が多い重回帰式は決定係数が小さくなるよう調整されています。

　標準偏回帰係数は，文中や表中であれば，β の値を参照し，自由度調整済み決定係数は R^2_{adj} の値を参照することになります。標準偏回帰係数は負の関係 −1〜正の関係 +1 の範囲をとり，目的変数に対する説明変数の予測力がない場合は，0 となります。R^2_{adj} は 0 から 1 の範囲の値を取り，1 に近づくほど重回帰式の予測精度が高いと判定されます。

　また，重回帰分析は，図5-3のようにパス図で表される場合があります（数値は仮想の値）。説明変数の「月齢」「微細運動」「家庭での数量活動」から目的変数の「計算成績」に伸びている一方向のパスの上部あるいは下部に記載されている数値が標準偏回帰係数です。自由度調整済み決定係数は目的変数の上部に記載されていることが多いです。統計的に有意な値には，アスタリスクが付されています。

まとめ

　重回帰分析の結果を読み取る際には，まず，どのような目的で重回帰分析が行われているかを確認します。そして，目的にあった変数の投入法が行われているか，回帰式全体の有意性ならびに多重共線性をチェックし，適切に重回帰分析が行われていることを確認します。確認できたら，メインの結果である標準偏回帰係数と自由度調整済み決定係数をチェックし，どの説明変数と目的変数の関係が有意なのか，取り上げられている説明変数がどの程度目的変数を説明するのかを確認してください。

7. 共分散構造分析

共分散構造分析とは

　共分散構造分析とは，重回帰分析と因子分析を拡張した分析方法で，直接観察できない構成概念を対象に，その概念間の関係性をパス図によってモデル化して分析することができます。モデルを立てることで，手指の運動能力が，数えることの正確性を促し，計算能力が高まるといった媒介過程を分析することができます。また重回帰分析では目的変数（従属変数）がひとつに限られていましたが，共分散構造分析では，モデルに複数の目的変数を組み込むことができ，同時に扱うことができます。

　共分散構造分析のパス図には様々な要素が含まれていますので，図5-4のパス図の例をもとに各要素を説明していきます。まず，長方形で囲まれた変数1～9を【観測変数】といいます。観測変数は，研究で実際に測定された変数のことであり，質問紙調査であれば質問項目が該当し，実験・調査等では課題成績が該当します。次に，楕円形で表された変数1～3は【潜在変数】といいます。潜在変数は，直接測定ができない変数であり，因子分析の因子に相当します。つまり，観測変数は因子である潜在変数を構成する要素の一部ということになります。そして，円形で表されているe1～9，d1は【誤差変数】といいます。誤差変数は，そのモデルでは説明しきれない部分を示す変数です。誤差変数がつく対象が，観測変数の場合はeで表し，潜在変数の場合にはdで表します。ただ，誤差

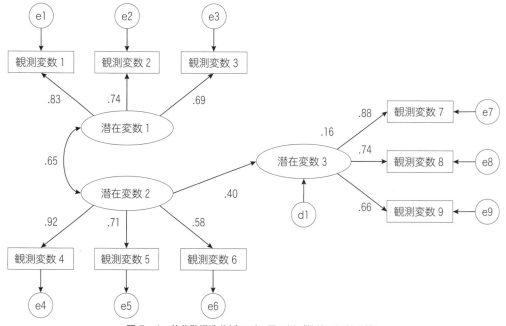

図5-4　共分散構造分析のパス図の例（数値は仮想の値）

表5-4　共分散構造分析の代表的な適合度指標

適合度指標	解釈の基準
χ^2 値	「構成されたモデルとデータが適合している」という仮説の検定を行っているため，この仮説が棄却されないことが望ましい（有意でないことが望ましい）。
GFI	0から1までの値をとり，1に近いほどモデルがデータに適合している。0.9以上であることが望ましい。
AGFI	0から1までの値をとり，1に近いほどモデルがデータに適合している。0.9以上であることが望ましい。GFI より値が小さくなる。
CFI	0から1までの値をとり，1に近いほどモデルがデータに適合している。0.9以上であることが望ましい。
SRMR	データとモデルの適合の悪さを表しており，0.05以下であれば当てはまりの良いモデルと判断される。
RMSEA	データとモデルの適合の悪さを表しており，0.05以下であれば当てはまりの良いモデルと判断される。信頼区間（Confidence Interval；CI）が併記されている場合もある。
AIC	小さな値ほど優れたモデルであることを表す指標。相対的指標であり複数のモデルを比較する際に使用する。

変数まで記載すると図が煩雑になることから論文によっては，誤差変数の記載は省略されている場合もあります。

　パスの種類は，双方向のパスと一方向のパスの2種類あります。双方向のパスは共変関係を表し係数の値は相関係数に相当します。一方向のパスは影響関係を表しており，係数の値は標準偏回帰係数または因子負荷量に相当します。一方向のパスの起点になっている変数は独立変数（または外生変数），パスを受けている変数は従属変数（または内生変数）となります。変数間のパスは基本的に統計的に有意だったものが表示されていますが，複数の母集団を比較する場合などには，比較のためにすべてのパス係数が記載されている場合もありますので，その研究の目的をよく読みましょう。パス図の従属変数の上に示された値は決定係数（R^2）といいます（潜在変数3の上に記載されている.16が決定係数です）。決定係数は従属変数の個人差のうち，独立変数の個人差で説明できる割合を示しており，値が高いほど説明力が高いことを表しています。

　パス図の説明は上記のとおりですが，パス図を読み解いただけでは，共分散構造分析の結果を理解したことにはなりません。共分散構造分析を用いた論文を読むときには，複数の適合度指標が記載されています。適合度指標とは，パス図で表現されたモデルがどのくらい実際のデータと適合しているかを表しています。適合度指標は，ひとつの指標だけで適合性を判断するのではなく，複数の指標を総合して判断します。表5-4に代表的な指標とその目安についてまとめましたので，参考にしてください（詳細は豊田，1998，pp. 170-177 を参照）。

　では，共分散構造分析の結果の読み取りの具体的なステップを解説しましょう。第一ス

テップは「モデルの構成要素のチェック」です。第二ステップは「適合度指標のチェック」で，第三ステップは「パス係数のチェック」です。

第一ステップ

　まずは，分析対象となっているモデルの潜在変数および観測変数の内容を確認しましょう。潜在変数および観測変数の内容は，方法に記載されている内容ならびに結果に掲載されているパス図を見れば確認することができます（論文の紙幅の制約上，観測変数が記載されていないパス図もあります）。そして，変数間のパスの方向性を確認しておきましょう。両方向の矢印で結ばれていれば共変関係を，一方向であれば影響関係を表しています。変数間のパスをどのように結んでいるかで著者の考えているモデルを理解することができます。論文によっては，問題と目的の部分で分析対象となる仮説モデルを掲載している場合もありますので，そのモデルの根拠と内容も確認しておきましょう。

第二ステップ

　次に，分析されたモデルの適合度指標の値を確認しましょう。主に表5-4に記載した適合度指標が論文中に記載されているはずです。また，共分散構造分析では，複数のモデルが検証されている場合があります。著者が事前に立てた仮説モデルがいつもうまくいくとは限りません。その場合には，取り上げる変数の有無や内容，パスの有無や方向性などを見直し，適合度の高いモデルを探索的に検討することとなります。論文では，紙面の制約がありますので，検証したすべてのモデルの適合度指標が記載されることはあまりありませんが，もともとの仮説モデルの適合度指標と，最終的に最も適合度が高いと判断されたモデルの適合度指標の値は記載されていると思いますので，それぞれの値を確認し，どこの値がどのように変わったのか把握しておきましょう。

第三ステップ

　適合度指標の確認が終われば，著者が採用したモデル（最も適合度の高かったモデルが選択されることが多いです）のパスの値を確認しましょう。適合度指標自体はモデルとデータの適合の度合いを示すだけで，変数間のつながりの強さまではわかりません。変数間のつながりの強さを理解するためには，パス係数を確認する必要があります。パス係数は+1に近づくほど正の強い関係を示し，−1に近づくほど負の強い関係を示しています。変数間でパスが引かれていない場合は，もともとパスを想定しない場合，パスを想定していたがパスが有意ではなかった場合，パスを想定していたがパスを引かないほうがモデルの適合度が高くなる場合など，様々な理由が考えられますので，論文内の説明をよく読みましょう。

　また，研究によっては，ひとつのパスに対してパス係数が複数記載されている場合があります。共分散構造分析では，複数の母集団を想定して，変数間のつながりの強さを比較することが可能です（多母集団同時分析と呼ばれます）。パス係数が複数記載されている場合は，複数のモデルを比較していると考え，どのような母集団を想定して比較しているのか確認するとともに，モデル間でパス係数に違いがあるか確認しましょう（複数の母集団のモデルで適合度指標を比較する場合もあります）。

まとめ

　共分散構造分析の結果を読み取る際には，まず，モデルを構成している変数の内容やパスの性質を確認し，仮説モデルがある場合には，著者が変数間のつながりをどのように考えているのか把握しておきましょう。次に，モデルの適合度指標を確認しましょう。適合度指標は複数あり，適合度の良し悪しは総合的に判断していますので，それぞれの適合度指標の値を確認しましょう。適合度指標の確認が終われば，著者が最も適合度が良いと判断したモデルのパス係数の読み取りです。パス係数の値を見て，どの変数間に強いつながりがあるのか，つながりは双方向なのか，一方向なのかを把握しましょう。

　共分散構造分析は守備範囲が非常に広い分析方法で，上述した内容は，共分散構造分析の基本的な読み取り方の一例にすぎません。より専門的な書籍で多様な活用例が紹介されていますので（たとえば，豊田，2007；尾崎・荘島，2014），ぜひそれらを参照しながら，共分散構造分析の理解を深めていただければと思います。

8.　第5章のまとめ

　この章では，心理学論文で実際に用いられることが多い統計手法について簡単に解説し，読み取る際のポイントを述べました。

　次の章からいよいよ「実践編」です。実際の心理学論文を用いて，論文を読む＝まとめるとはどのようなものかの具体例を示したいと思います。それは「ゼミではこんな感じで資料を作ってきてね」というメッセージでもあります。実際にゼミ指導をしている先生たちが，学生さんに資料を作らせる前に，自分たちが資料を作ってみた，というものを提示します。（学生さんたちだけに苦労はさせません。先生たちもがんばってみます！）

　もちろん，このようなマニュアル化をすることで，論文が本来もっている多様な読み取り方を制限するという危険性はあるかと思います。しかし，「何を発表しなければいけないか」を意識することは，論文を読む際の補助線として重要なものであり，それは「研究」をはじめて行う人にとって特に当てはまると思います。マニュアル化の危険性は意識しつつ，一歩深めた論文の読み取り方＝まとめ方を提示したいと思います。

第Ⅲ部

実 践 編

第6章

まとめ方の実際

1. はじめに

　これまでは，論文を読む＝まとめるとはどういうことかについて，理論的な話をしてきました。つまり，「論文を読むときにはここに気を付けて」「論文を読むときにはここを意識して」というポイントを解説してきました。

　しかし，そのポイントに注意しても，それで論文がまとめられるかというと，また別の問題です。ここには，**自分の頭の中で理解したことを人にわかるように記述するという具体的なテクニックが必要**になってきます。

　第Ⅲ部の「実践編」では，実際にある論文を「まとめた」資料を示すことで，その具体的なテクニックの「見本」を示そうと思います。しかしまとめられた資料の中には，その具体的なテクニックは明文化されていません。そこで，それぞれの論文紹介に進む前に，「どうやって自分の理解を資料にまとめるか」という技術的な話を少ししたいと思います。先の「理論編」（と「統計編」）で解説した「意識すべきポイント」と，この技術編でのテクニックを頭に入れてもらうと，後に出てくる論文紹介も，「なるほどこうやってまとめるのね」と，すっと理解しやすいと思います。

2. まとめる際の注意点（理論編）

（1）ポイントを絞る

　まず論文をまとめる際に気を付けてほしいのは，論文で書かれている文章をただコピペしてつなげるだけが「まとめる」ということではないということです。コピペは資料が長くなるので，発表するほうも聞いているほうもつらいものがあります。何より，コピペするだけならもともとの論文を読んだほうがよっぽど理解できます。

　ゼミでの「論文をまとめる」とは，論文の情報を整理し，その論文で重要となるポイントを報告することです。ただし重要なことは「ポイントを絞る」という作業そのものが，あなたの論文の「解釈」を示す指標となるということです。ここであえて論文の「理解

度」という言葉は使いません。理解度というのは，何か「正解」があり，それをどこまで正確に読み取っているかという意味合いを帯びてしまいます。そうではありません。**何がその論文のポイントであるのかはすべてあなた自身の解釈であり，そこに正解も不正解もありません**（むちゃくちゃ基本的な文章スキルの部分以外は）。逆に言えば，論文の文章をコピペするというのは「あなた自身の解釈」を放棄することになります。その人の解釈が放棄された資料を読むのであれば，元の論文を読んだほうが手っ取り早いです。

（2）情報を削除する

　先ほど述べた「ポイントを報告する」ということは，裏を返せば「それ以外は報告しない」ということを意味します。つまり「論文には載っているのだが報告しない情報」があるということです。実は論文をまとめる際には，「どの情報を報告するか」よりも「どの情報を報告しないか」を決めるほうが難しいということに気づかれるかと思います。そしてこれも，何が正解で何が不正解かという基準はありません。そこにもあなたなりの論文の読み方＝解釈が反映されています。意識してもらいたいのは，「論文をまとめる」際には，何か情報を削除しなければならないということです。

　ただし，**削除するというのは「なかったことにする」ことではありません**。削除の仕方にもいろいろありますが，大きく2つの削除の仕方があります。

　第一に，「圧縮する」という削除の仕方です。たとえば1段落前の文章，「ただし，削除するというのは「なかったことにする」ことではありません。削除の仕方にもいろいろありますが，大きく2つの削除の仕方があります。」を以下のようにまとめることができます。

　　・削除＝なかったことにする，ではない（やり方が2つある）

　これは「2行あった情報」を圧縮したやり方です。元の文章の原型はとどめていませんので，情報は削除されています。しかしこの情報があれば，論文（文章）を読んだ本人はなんのことかわかりますので，発表することができます。言い換えると**「メモとしてまとめる」やり方**といえます。

　第二の方法は，「まったく書かない」という削除の方法です。削除なので当たり前ですが，ここで重要なのは，発表者は「何を削除したのかを覚えておく」ということです。そして「この情報どうなっているの？」と言われたときに「すみません，資料には載せていなかったんですが，こうなっています」と報告できるようにしておきます。もちろん，その内容を覚えておく必要はありません。「確か論文のここに書いてあったよな」という書かれている場所について，把握しておいてください。内容を覚えるのは難しいですが，

「これは削除しよう」と覚悟を決めた内容は，割と「どこに書かれていたか」ぐらいは覚えることができます（もちろん完璧にはできませんが）。

　情報を削除するというやり方は，論文を読んだ人がゼミで発表するということを前提に可能な方法です。逆に言えば，**情報をまとめた資料は「その人が発表しなくても読めばわかる」ものにしてはいけません**。これは大事なポイントです。なぜなら「その人が発表してなくても読めばわかる」ものであれば，もともとの論文を読むことが一番手っ取り早くなるからです。論文を読むとは，あなたなりの解釈をポイントの選択と情報の削除によって示すことであり，情報の削除は「発表する」ことを前提に可能となります。

（3）ボックスを意識する

　次頁の技術編（第3節）の部分で詳細に述べますが，**論文を読む際には，そしてまとめる際には，「ボックス（箱）」を意識してもらえれば**，ずいぶんと論文を読みやすく＝まとめやすくなるかと思います。ここでの「ボックス」とは「段落」のことです。ただし，国語の授業のように形式的に分けられた文章のかたまりのことではなく，「情報のまとまり」のことをここでは「ボックス」と呼んでおきます。説明のしやすさのうえで「ボックス」と呼んでいますが，「トピック（話題）」と呼び変えてもいいかもしれません。

　論文では，1つのテーマを論じるのに，いくつかのトピック（話題）を組み合わせます。たとえば，すでにここで書かれている文章が「まとめる際にはボックスを意識する」というトピックに関することになります。このトピックを「箱」イメージでとらえておき，そこに文章という中身が入っているイメージをもってみてください。

　このブロックの並べ方には大きく2つのやり方があります。**第一に「横に並べる」です**。それぞれ独立したブロック（トピック）が並んでいる，というイメージです。**第二に「ブロックの中にブロックを入れる（そして並べる）」です**。大きな話題の中に，それと関連するいくつかの話題が入っている（並んでいる）というイメージです。

　具体例をこの節の文章を使って，ボックスで示したいと思います（図6-1）。この節では「論文をまとめる際の注意点（理論編）」という（大）ボックスがあります。その中に，3つの（小）ボックスが入っている，というイメージです。3つのボックスそれぞれには，中身（文章）が入っています。

　論文をまとめる際には，ただやみくもに文章を追うのではなく，「どこまでがこの話題なのか」という情報のまとまりを意識し，それを「ボックス」にして報告することを意識してください。それを意識することは，ひいては論文を読みやすくすることにつながると思われます。

図6-1　ボックスの関係性

（4）見た目は大事

　最後に，資料において見た目は大事であるということを指摘したいと思います。この後の第3節では，やたらと「文字の位置」や「フォントの指定」がなされていると思います。それは，そうすることで<u>それぞれの情報の質の違いを視覚的に示せる</u>からです。同じ文字の大きさ，同じフォントでダラダラと文章を続けていくと，何がポイントなのか，何がボックスなのか，がわからなくなってきます。自分と聞き手の理解を助けるためにも，「見た目」レベルにも資料作成にこだわって，「見やすくする」ことを意識してください。

3.　まとめる際の注意点（技術編）

　以上の理論的な背景に基づいて，ここからは技術的な話をしていきます。かなり具体的な技術に言及していますが，これはこの技術を使えば，先ほどいった「ポイントを絞る」「情報を削除する」「ボックスを意識する」ということに（ある程度）つながるというものになります。意識（理論）から技術につなげるのではなく，技術によって必然的に意識（理論）のほうを方向づける，というやり方です。

　ただし，それゆえに具体的過ぎてやりにくい，ということもあるかもしれません。それはそれで，一度やってみてください。一度やって「どこがやりにくかったか」「なぜやりにくかったか」を考えてみると，自分なりの論文のまとめ方がみえてくるかと思います。

（1）ボックスを記号で表記する

　最初のテクニックは，先ほど述べた「ボックス」（話題のまとまり）を，記号によって示す，というものです。実際の論文には，図6－1のような図は出てきませんし，このようにまとめようとしても逆にわかりにくくなってしまいます。論文に書かれている文章の流れにそってボックスを示せるような工夫が必要となります。

　本書では「大ボックス」「中ボックス」「小ボックス」の3つに分けたいと思います（適宜，ボックスは増やすことはできます）。最初に，具体例を出しておきます。ここでは，以下の論文を参考に，例を示したいと思います。

　　赤木和重. (2003). 青年期自閉症者における鏡像自己認知：健常幼児との比較を通して. *発達心理学研究*, **14**(2), 149-160.

大ボックス
　第2章で紹介した「問題と目的」「方法」「結果」「考察」「まとめ」「面白かった点」「疑問点」を「大ボックス」としたいと思います。研究によっては「実験1」「実験2」「総合考察」なども大ボックスになります。大ボックスは論文中に書かれていますので，特に頭を使うことなく，ボックスとして指定することができます。

　この大ボックスは，(1)太字，(2)ゴシック体，(3)灰色網掛け，(4)中央揃え，の4つの作業を行ってください。このことによって，「ここからが大トピックだよ」ということを視覚的に示すことができます。もちろん(2)はポップ体でもいいですし，(3)は黄色でも赤色でも構いません。モノクロ印刷でも問題ないものとして指定しているだけですので，<u>これが大きなボックスだ」ということを示せれば何でもいい</u>です。各自の印刷環境に合わせて工夫してもらえればと思います。

中ボックス
　大ボックスの中にある「話題のまとまり」を中ボックスと呼びたいと思います。ここが本当の意味で「自分の頭で考えてボックスにする」部分です。これは論文中に「見出し」として書かれていることもあれば，書かれていないこともあります。書かれていればそれを中ボックスにすればよいのですが，書かれていなければ自分の言葉で中ボックスの「見出し」を作ってみてください。むしろ<u>「自分なりにこのボックスに見出しをつけるとしたらどうするか」を考える</u>という意識でいてもらったほうが，より論文をまとめやすくなるかもしれません。

　中ボックスは【　】でくくり，その中にタイトルを記入してください。そして(1)太字，

大ボックスの記号

問題と目的

中ボックスの記号

【大きな領域】
・自閉症における自己発達の障害
例）人称代名詞の反転
例）「心の理論」欠損仮説
⇒自閉症における自己の発達や障害を検討していく必要

【先行研究】
・話し言葉でのやりとりが可能な，知的に高い自閉症者を対象
例）Lee & Hobson（1998），十一・神尾（2001）

・マーク課題を用いて，話し言葉を持たない自閉症者の自己認知を検討
⇒大きく２つの結果が示される

結果１：自閉症児においても発達年齢があがるにつれマーク課題を通過する
例）別府（2000），Ferrari & Mathhews（1983）
⇒マーク課題の通過は障害特性よりも発達年齢という要因が影響

小ボックスの記号

結果２：マーク課題を通過した際の反応が健常児やダウン症児と異なる
例）Dawson & McKissick（1984）
⇒マーク課題を通過した際に，自閉症児は困惑や恥の行動を示さない
⇒鼻の上にマークがついているという普段とは異なる自己像には関心を示さない

〈結果２への別府（2000）の疑義〉
・自閉症児の反応は一見中立に見えるが，詳細にビデオ分析を行うと，とまどい反応（笑顔消失，エコラリア消失，鏡回避行動）が見られる
⇒自閉症児も普段とは異なる自己像に関心を示している

・ただし，自閉症児のとまどい反応は健常児と質的に異なる
例）自閉症児は自らの戸惑いを視線をあげて他者に伝えようとする行動がほとんどなかった
⇒自閉症児のとまどい反応は，自己を意識しない警戒に近い反応である（別府，2000）
⇒自己像を見た際の自閉症児の特異な反応の根底には，自らのとまどいを共有できる存在としての他者の心的理解の障害があるのではないか
⇒１歳頃からみられるような，他者を意図的行為者として認識することに困難があるのではないか

(2)ゴシック体，にしてみてください。

　ただし，タイトルを付けるというのはなかなか最初は難しいと思います。そこで最初は「問題と目的」ボックスに関しては，【大きな領域】と【先行研究】の２つのブロックを探してみることからお勧めします。なぜならほとんどの論文において，このような論理展開

で進んでいくからです（第 2 章 p. 12～16 参照）。また，【先行研究の問題点】や【本研究の目的】といったトピックも中ボックスとして見つけやすいものだと思われます。

小ボックス

　中ボックスの中にもさらにボックスが立てられそうであれば，小ボックスとして示しておいてください。

　小ボックスは〈　　〉でくくり，これは何もフォントをいじらないでおきましょう。そうすることで，中ボックスの中での話題の一つということを視覚的に示すことができます。このタイトルはおそらく論文中に明記されていることは少なく，多くの場合自分でタイトルを考えなければならないと思っておいてください。

　ただし，中ボックスと小ボックスを分ける境界線はありません。また，後で述べる「本文」と小ボックスの境目もあいまいです。すでに述べたように，ここに正解はありません。「自分がボックスに分けると理解しやすい＝まとめやすいかどうか」という基準で小ボックスを作るかどうかを決定してください。

（2）情報は一文で表記する

　ボックスが設定されれば，そのボックスに中身を入れていく作業に入ります。すなわち，論文で書かれている文章を紹介していくことになります。これを「本文」と呼んでおきたいと思います。しかしすでに述べているように，ここでコピペをしてはいけません。自分の解釈を入れられるように，以下のような制約をかけたいと思います。

　① 「・」で始める
　② 文章の結論部分を最初にもってくる
　③ 文章は「一文」で報告する
　④ 結論部分の補足は「⇒」や「例」でつなげる
　⑤ 「だ・である」などで必ず終わる必要はなく，むしろ体言止めできれば体言止めにする
　⑥ 「・」の代わりに番号を使用してもよい

　①について，説明していきます。まず「・」で始めるというのは，その「ボックス」にどれくらいポイントとなる情報があるのかを一目でわかるようにするためです。文章をそのままコピペしていると，重要な情報がいくつあるのかわかりにくくなります。この「ボックス」で自分がピックアップした情報がどれだけあるかを視覚的に示す（という意識をもつ）ために，文章は「・」をうつことから始めましょう。

　②について説明します。ポイントとなる情報は何か，を探すうえで，その「ボックス」

（トピック）の結論をもってくるようにしましょう。たとえば「一昨日もカレーを食べた，昨日もカレーを食べた，今日もカレーを食べた，つまり私はカレー好きなのだ」という文章をまとめるのであれば，端的に「私はカレー好き」という情報をピックアップしましょう。

③について説明します。情報をまとめるうえでとても重要な注意点は<u>「一文で報告する」</u>です。一文で情報を報告しようと意識すると，それは必然的に「ポイントとなるところ」を探すようになります。もちろんそれは，論文で使われている文章をそのまま一文抜き出すということではありません。論文では二文（あるいはもっと）にわたって書かれているところをレジュメでは一文にまとめる，という作業も必要となります。

④について説明します。「結論」を「一文で報告する」ことはよいのですが，それだけだと十分説明ができないと思えるところが（たくさん）あるかと思います。その場合の「補足説明」を，「⇒」という記号や「例」を使って，情報量を増やしてください。たとえば先ほどのカレーの例を出すと，

・私はカレー好き
　⇒（理由）一昨日も昨日も今日もカレーを食べた

といった形になります。重要情報はあくまで「・」の後に「一文」で報告し，それを補強するための補足情報を下に並べていく，という意識をもっておいてください。ちなみに，細かい話なのですが，**論文中に紹介されている先行研究については，例）○○という形でこまめに記載しておく**ことをお勧めします（p. 94 の例を参照してください）。ある文章の記述が先行研究を踏まえているものなのか，その論文の著者オリジナルの考えなのかを区別するうえで重要な指標となります。

⑤について説明します。論文では「だ・である」といった形で終えているかと思いますが，発表を前提としている資料では「完成した文章」を記載する必要はありません。それよりもむしろ，体言止めなど，ポイントとなるところだけ抜き出す意識をもっていてください。文末の「だ・である」まで含めて資料を作るとついつい文章をコピペしたくなります。それを防ぐためにも「体言止め」で文章をまとめる意識をもってみてください。

⑥について説明します。①のところで，重要情報がいくつあるかを視覚的にわかりやすくするために，文章は「・」で始めると述べました。しかし論文では，「重要な点が３つある」とか「今回わかったことは２つある」といった，ポイントの個数を述べている文章もあるかと思います。わざわざ論文で個数を言ってくれていますので，そこは「・」で始めるよりも，初めから「1」「2」と番号を振っておくと，「重要情報がいくつあるか」がより一目でわかりやすくなります。実際，先ほど述べた「まとめる際の制約」（p. 95 参照）

も，①〜⑥に番号を振っています（p. 97 の下記の例も参照してください）。

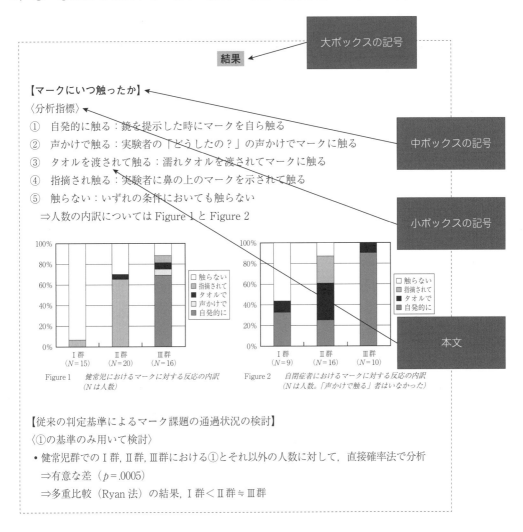

（3）図表はすべて報告する

　論文中に図や表があれば，それはすべて資料に示してください。これはコピペで問題ありません。図表は論文理解を助ける情報なので「図表がでたら迷わずコピペ」を意識してください。

　また，資料のどの位置に図表をコピペするかについてもこだわってください。基本的には「資料の中で図表に言及したところ」に図表をコピペしてください（p. 97 の上記の例も参照）。これは「せっかくコピペした図表がどんなデータであったのかわからなくなる」ことを避けるためです。Table 1 と資料に書かれていたのに，気が付くと最後のページにTable 1 があった，というのは，単純に読みにくい資料です。資料の中で Table 1 や Figure 1 と言及しておくことで，それがどんなデータであったのかを忘れないようにします。

4. まとめる際の注意点（順番編）

　最後に，細かい話ですが，どのような順番で資料をまとめるかについて述べたいと思います。実は順番はどうでもいいと言えばどうでもいいのですが，それが定まっていることによって「何から始めればいいか」が明確になります。そのことにより，資料をまとめるとっかかりをつくることができますので，ここではあえて「順番」を指定しておきたいと思います。以下の順番で資料を作成してみてください。

① 論文タイトル
② キーワード
③ 問題と目的
④ 方法
⑤ 結果
⑥ 考察
⑦ まとめ
⑧ 面白かった点
⑨ 疑問点
　　※③〜⑥は「実験1」「実験2」などが含まれている場合は適宜増やす

論文タイトル

　紹介する論文のタイトルを記載するところから始めましょう。これはほとんど頭を使うことがない作業ですので，資料を作るとっかかりとしてよいと思われます。

　ただし，記載情報はきちんとしておきましょう。これは，後で自分の卒論の引用文献リストを作る際，コピペすればよい状態を作っておくことを意味します。引用文献に必要な情報とその書き方は研究領域によってバラバラなので，ここはゼミの指導教員に確認をしてください。一応本書では，以下のような形式を指定しています。

論文著者名．（年代）．論文タイトル．論文掲載雑誌，巻数（号数），ページ数．

　具体例は以下のとおりです。

赤木和重．（2003）．青年期自閉症者における鏡像自己認知：健常幼児との比較を通して．*発達心理学研究*，**14**(2)，149-160.

キーワード

　論文タイトルが書けたら【　】の中ボックスを指定し，【キーワード】欄を作ってください。そこに「この論文を読むにあたって押さえておくべきキーワード」を選び「・」や「⇒」を使ってその説明をしてください。

　なお，この欄は，資料をまとめた最後に書くことをお勧めします。全部通して論文を読んだ後に，改めて「この論文を読むにあたって何がキーワードか」が考えやすくなると思います。もちろんこれは「自分のため」ではなく「この論文を読んでいない＝あなたの発表をゼミで聞く人（先生やゼミ生）」のために行う作業となります。<u>自分がわかっているからいいや，ではなく，わかっていない人のための解説欄として書いてみてください</u>。具体例は以下のとおりです。

論文タイトル

赤木和重．（2003）．青年期自閉症者における鏡像自己認知：健常幼児との比較を通して．発達心理学研究，**14**(2)，149-160.

【キーワード】

・鏡像自己認知
⇒鏡に映った自分の姿を自分だと認識すること

・マーク課題
⇒被験者が鏡を見ていないところで鼻など被験者が直接見ることができない部分にルージュなどを塗布し，その後鏡を見せ自己像をてがかりに自己の鼻を触ることができるかをみる課題
⇒鏡に映る像が自己とわかると，鼻にマークがついている異変に気づき触ることができるという論理に基づいており，話し言葉をもたない者の視覚的自己認知を測る指標として用いられる

「問題と目的」〜「疑問点」まで

　本書の第2章で解説していますので，ここでは詳細を割愛します。具体的な書き方も先ほど述べましたので，それを参考にしてもらえればと思います。

5. 第6章のまとめ

　この章では，具体的な資料のまとめ方について述べました。理論的には(1)ポイントを絞る，(2)情報を削除する，(3)ボックスを意識する，の3つの注意点を述べました。また技術的には(1)ボックスの作り方，(2)本文の文章のまとめ方，(3)図表の報告の仕方，(4)資料作りの順番，について述べました。

　以上のようなことを意識してもらったうえで，次からは実際の論文をまとめたレジュメ資料を示したいと思います。論文がネット上にある場合は，原文が載っている URL も記載されていますので，ぜひ原文にあたっていただき「どのようにまとめているか」について，参考にしてもらえればと思います。

第 **7** 章　実験研究のまとめ方

○本章で紹介する論文とその論文を選んだ理由

　・論文 1

Doebel, S., & Munakata, Y. (2018). Group influences on engaging self-control : Children delay gratification and value it more when their in-group delays and their out-group doesn't. *Psychological Science*, **29**, 738-748.

　幼児期の自己制御は，今まで個人内の閉じたプロセスとして研究が進められることがほとんどでした。しかし，この論文は，幼児期の自己制御が自らの所属する集団の影響を大きく受けることをはじめて示しました。学術的・実践的にも価値が高く，広く知ってほしい論文の一つであるため選出しました。また，事前登録（研究計画，仮説，分析方法などをデータ収集前に明確にし第 3 者機関に登録すること）を行っている点，論文の構成や展開にも無駄がない点，2 つの実験を通して頑健な知見を得ようとしている点など，自らが論文を執筆する際にも十分に学ぶことが多い一報です。

　・論文 2

松田壮一郎＆山本淳一．(2019)．遊び場面における広汎性発達障害幼児のポジティブな社会的行動に対するユーモアを含んだ介入パッケージの効果．*行動分析学研究*，**33**，92-101.

　自閉スペクトラム症児の社会性に焦点を当てた介入研究の多くが，特定の刺激に対して，社会的行動を増加させることを目標としてきました。しかし，本論文はユーモアを用いた介入パッケージにより，子ども始発のアイコンタクトや笑顔の頻度が向上することをはじめて示しました。学術的価値はもちろんのこと，子どもと関わりたくなる気持ちにしてくれる論文だと感じ選出しました。また，保育場面においても，ユーモアをもって子どもと関わることを支持してくれる応用可能性の高い知見だと妄想を膨らませることもできます。ABAB 反転デザインについて学習するうえでも，お手本のような論文であり，単一事例研究を進める際には必読だと思います。

7章・論文1　実験研究のまとめ方①

Doebel, S., & Munakata, Y. (2018). Group influences on engaging self-control: Children delay gratification and value it more when their in-group delays and their out-group doesn't. *Psychological Science*, **29**, 738-748.

【キーワード】

- 自己制御

⇒ある目標に向けて，自らの思考や欲求をコントロールする能力

- 満足遅延課題

⇒子どもの誘惑に対する抵抗を測定するために，ウォルター・ミシェル（Walter Mischel）によって開発された課題

⇒実験者は，子どもに対して，目の前にあるお菓子（例：マシュマロ）を今すぐ１つ食べることもできるし，実験者がもう１つ取って戻ってくるまで食べるのを待っていれば２つ食べることもできると伝えて部屋を出ていく。一定の時間（例：15分）子どもは部屋で１人になり，お菓子を食べないでいた時間が満足遅延の指標となる

問題と目的

【大きな領域】

- 幼児期の自己制御は後の人生の重要な要素（例：仕事，学術的成功，健康，収入，犯罪率）に影響を与える（例：Mischel, Shoda, & Rodriguez, 1989; Moffitt et al., 2011）
- そのため，幼児期の自己制御をサポートする方法が模索されている

【先行研究】

- 自己制御に関連する認知・社会的要因が検討されている

認知的要因：気質，実行機能，前頭前野が関連（例：Bunge & Zelazo, 2006; Duckworth, Tsukayama, & Kirby, 2013）

社会的要因①：親のしつけや社会経済的地位が関連（例：Bernier, Carlson, &

プラスα

Psychological Science とは，Association for Psychological Science が発刊する心理学主要雑誌の１つで，認知・発達・社会・健康・神経心理学などの分野に大きな影響力をもっている

チェックポイント

この研究がなぜ大事かを示す現象を記載

チェックポイント

先行研究で明らかとなったことを①②など分けて記載

Whipple, 2010 ; Hackman, Gallop, Evans, & Farah, 2015）

社会的要因②：周りの環境や他者を信頼できるかどうかによって左右される
（例：Michaelson & Munakata, 2016 ; Lee & Carlson, 2015）
　⇒満足遅延課題において，お菓子を持ってくる実験者が信頼のおけない人の
　　場合は，待ち時間が短くなる（Michaelson & Munakata, 2016）

【本研究の提案】

- 自己制御は集団の成員や集団内で共有されている規範によって影響を受け
　る？
　⇒子どもを取り巻く集団（家族，仲間，学校，地域，文化）において，自己制
　　御はどのくらい重きがおかれているか

〈子どもが集団から受ける影響〉
- 乳児期からすでに集団メンバーの行動は子どもに影響（例：Xiao et al., 2018）
- 幼児は目の色やアクセントなどの情報をもとに内集団・外集団を判断し，内
　集団への選好をみせる（例：Bigler, Jones, & Lobliner, 1997 ; Kinzler, Corriveau,
　& Harris, 2011）
- 生物学的な違いはなくとも，実験中に与えられた情報をもとに内集団への選
　好をみせる（Dunham, Baron, & Carey, 2011）

【本研究の重要性】

- 明らかになっている自己制御の訓練効果は限定的（Diamond & Lee, 2011）
　⇒訓練した場面やその類似の場面でのみしか効果がなく，長期的な効果もな
　　い

- 集団の行動や規範に働きかける介入は，より一般的に，長期的な効果をもた
　らす可能性がある（子どもは常に集団のなかで生活しているため）

【まとめ】

- 内集団の行動が子どもの自己制御に影響を与えるか，満足遅延課題を用いて
　検討
　⇒内集団が15分待ってマシュマロを2個もらって食べた（外集団は待たないで
　　すぐに1つ食べる）と伝える条件と内集団が待たないで1つをすぐに食べた
　　（外集団は待って後で2つ食べる）と伝える条件にランダムに振り分ける

- 予測は「内集団が15分待ってマシュマロを2個もらって食べたと伝える条件

チェックポイント

新たに見つけた解決すべき
問いを記載（問題点を指摘
する場合もあり）

プラスα

内集団とは自らが所属し，
自身もメンバーの1人であ
ると認知している集団

プラスα

外集団とは自らが所属して
いない外部の集団

チェックポイント

研究を行う意義・重要性を
記載

チェックポイント

仮説を明記

のほうが，内集団が待たないで１つをすぐに食べたと伝える条件よりも待ち時間が長い」

実験１の方法

📎 チェックポイント
対象の人数，属性，サンプルサイズの決定法を記載

【参加者】

- ３〜４歳児98名（男児46名，女児52名）

⇒年齢範囲は３歳５ヶ月から５歳

⇒８名を除外（一人で待っている間に泣いてしまう，部屋を出たがる，実験者のミスなど）

⇒サンプルサイズは，先行研究（Michaelson & Munakata, 2016）の約２倍を目指し，2016年２月から５月までできるだけ収集

📎 チェックポイント
実験デザイン（参加者間／内の明記）と各条件の詳細を記載

【実験デザイン】

- 次の３つのグループに分かれて，満足遅延課題を行う（参加者間）

内集団待つ条件：内集団がお菓子を待って２個食べ，外集団はすぐに１つ食べる

内集団待たない条件：内集団がお菓子をすぐに１つ食べ，外集団は待って２個食べる

統制条件：内集団，外集団の満足遅延に関する情報が与えられない

📎 チェックポイント
実施課題の手続きと材料，課題の実施手順の記載

【手続き】

- 内集団への導入，満足遅延課題の説明，実験操作の導入，満足遅延課題の実施，確認質問の順で実施

〈内集団への導入〉（Dunham et al., 2011）

- 「今日は，○○ちゃんには緑グループに入ってもらいたい」と言って，緑のＴシャツを着ている４名の子どもの写真を提示
- 参加児に緑のＴシャツを着てもらう
- 「違うグループの子だよ」と伝え，オレンジのＴシャツを着ている４名の子どもの写真を紹介
- 「○○ちゃんはどっちのグループかな？」と記憶質問をし，フィードバック
- 最後に，シールをどの子（緑・オレンジグループ）に渡したいか選好質問

〈満足遅延課題の説明〉（Michaelson & Munakata, 2016）

- マシュマロを子どもの目の前におく
- 実験者は「今すぐに１つ食べてもいいし，私が別の部屋からもう１つ取ってくるのを持っていたら２つ食べられるよ。どうかな？」と教示

〈実験操作の導入〉

• 内集団待つ条件

　⇒参加児と同じ緑グループの子どもが待ってマシュマロを 2 つもらい，参加
　　児とは異なるグループの子どもは待たないでマシュマロを 1 つ食べたと伝
　　える

　⇒緑グループの 4 人の子ども，オレンジグループの 4 人の子どもの写真を
　　貼ったプレートを机においておく。緑グループの子どもの下にはマシュマ
　　ロが 2 つ，オレンジグループの子どもの下にはマシュマロが 1 つ描かれて
　　いる

• 内集団待たない条件

　⇒参加児と同じ緑グループの子どもが待たないでマシュマロを 1 つ食べ，参
　　加児とは異なるグループの子どもは待ってマシュマロを 2 つもらったと伝
　　える

　⇒先と類似のプレートを机においておく。異なる点は，緑グループの子ども
　　の下にはマシュマロが 1 つ，オレンジグループの子どもの下にはマシュマ
　　ロが 2 つ描かれている

• 統制条件

　⇒各グループの子どもが満足遅延課題においてどのような選択をするのかは
　　伝えない

　⇒先と類似のプレートを机におくが，マシュマロは描かれていない

〈満足遅延課題の実施〉

• 実験者は教示後に部屋を出て，隣の部屋から子どもの様子を観察

• 子どもがマシュマロをかじる，食べる，15 分が経過する，部屋から出たがる，
　のどれかで課題が終了

〈確認質問〉

• 子どもがどちらのグループであったか記憶質問

• 最後にどちらのグループの子が好きか選好質問

実験 1 の結果

【分析アプローチ】

• オープンサイエンスフレームワークに事前登録（https://osf.io/wrqtu/）

• 15 分待つ子どもが予想以上に多く，もともと使用する予定だった線形回帰分
　析からコックス比例ハザード回帰分析（Cox, 1972）に変更

チェックポイント

どのような分析をしたのか記載

プラスα

オープンサイエンスフレームワークとは科学研究をより開かれた活動にする（多くの人が科学研究にアクセスし，議論を深めるなかで，信頼に足る研究へと発展させること）ために，事前登録やデータなどを保管しておくプラットフォームのこと

- この分析では，何らかのかたちで課題が終了するイベントが15分までの「どの時間帯で」，「どの程度生起したか」が検討対象

【記憶質問と選好質問】

- 記憶質問：「内集団への導入」時は54名中51名が正答し，最後の質問時には60名中54名が正答
- 選好質問：「内集団への導入」時は80％が内集団を選択し，最後の質問時には81％が内集団を選択

【内集団の行動が満足遅延課題に与える影響】

- 内集団待つ条件の子どもは，内集団待たない条件の子どもよりもマシュマロを我慢する確率が高い

  ⇒有意傾向（$\chi^2(1) = 3.39$, $p = .07$）

  ⇒内集団待つ条件の中央値は15分，内集団待たない条件の中央値は9.48分

〈月齢を統制した探索的分析〉

- 月齢を統制すると，内集団の行動の効果が有意（$\chi^2(1) = 4.19$, $p = .041$）

【統制条件との比較のための探索的分析】

- 内集団待つ条件の子どもは，統制条件の子どもよりもマシュマロを我慢する確率が高い

  ⇒有意（$\chi^2(1) = 4.57$, $p = .033$）

  ⇒統制条件の中央値は2.95分
- 内集団待たない条件の子どもは，統制条件と有意な差はない

【子どもが待った理由】

- 参加児に満足遅延課題でなぜ待っていたかと質問すると，内集団待つ条件では29名中7名が「緑グループの子が待っていたから」と集団の行動に言及したのに対し，内集団待たない条件ではこうした集団の行動に言及した回答は29名中1名であった

  ⇒有意傾向（$\chi^2(1) = 3.62$, $p = .057$）

- 上記の質問に対して，統制条件の子どもは誰一人集団の行動には言及しなかった

  ⇒有意（$\chi^2(1) = 5.84$, $p = .016$）

【待っている間の子どもの独り言】

- 条件にかかわらず，調査参加児はオレンジグループ（約10%）のことよりも，内集団である緑グループ（約25%）についてより独り言を話していた

　⇒有意（$\chi^2(1) = 4.65$, $p = .031$）。内集団への選好の結果と一致

- 緑グループのことを話していた子どもの割合は，内集団待たない条件（約17%）よりも内集団待つ条件（約40%）で高かった

　⇒有意（$\chi^2(1) = 4.02$, $p = .045$）

【内集団への選好の探索的検討】

- 内集団の満足遅延課題での行動を知らせることで，内集団への選好にも変化が生じたか検討
- 選好質問への回答が満足遅延課題前後で，内集団待つ条件では73%から90%に変化し，内集団待たない条件では73%から67%へと変化した

　⇒条件と課題前後の交互作用は非有意（$p = .105$）

実験1の考察

【結果のまとめ】

- 内集団の行動は，自己制御に影響を与えていた

　⇒内集団が待ち，外集団が待たないという情報を与えられると，子どもは満足遅延課題においてより長く待つ傾向にあった

📎**チェックポイント**

本論文で得られた結果＝事実を記載

【集団の行動が与える影響】

- 内集団の行動にただ従っていただけ？

　→この可能性が正しいとすると，内集団待たない条件では，統制条件と比べても待ち時間に負の影響があるはず。しかし，そうした結果は見られなかった

- 別の可能性として，待って大きな報酬を得ることを子どもが「いいこと」だと認識していた可能性

　⇒内集団待つ条件では，自らが認識している「いいこと」と内集団の行動が一致するため，待ち時間も長くなり，内集団への選好も高まる

　⇒内集団待たない条件では，自らが認識している「いいこと」と内集団の行動が不一致であるため，待ち時間は変わらないが，内集団への選好は低くなる

📎**チェックポイント**

得られた結果をどう解釈したか記載

実験2

📎チェックポイント

実験1をふまえたうえで行
われる実験2の目的を確認

【検討事項】

- 内集団待たない条件よりも，内集団待つ条件のほうが待ち時間が長い（実験1の追試）
- 内集団待たない条件よりも，内集団待つ条件のほうが遅延報酬を選択する子どもをより評価する
- 内集団待つ条件では，内集団待たない条件よりも自らのグループをより選好する

実験2の方法

【参加者】

- 3〜5歳児100名（男児40名，女児60名）
  ⇒年齢範囲は3歳6ヶ月から5歳6ヶ月
  ⇒13名を除外（一人で待っている間に泣いてしまう，部屋を出たがる，実験者のミスなど）

【実験デザイン】

- 内集団待つ条件，内集団待たない条件の2つに分かれて，満足遅延課題を行う

📎チェックポイント

変更点のみを記載

【手続き】

- 実験1の手続きのうち，いくつかの点に変更を加え，追加質問を行った

〈内集団への導入の変更〉

- グループのメンバーにより親しみを覚えられるように，モノの好みが同じという設定に変更（Billig & Tajfel, 1973）
- 実験者が各グループについて公平に紹介するように教示を変更
  ⇒参加児の食べ物やおもちゃの好みを聞いた後に，「緑グループは○○ちゃんと同じものが好きで，△△，□□，...が好きだよ。オレンジグループは○○ちゃんとは違うものが好きで，▲▲，■■，...が好きだよ。だから，○○ちゃんは緑グループに入ってね」と教示
- シールをどの子（緑・オレンジグループ）に渡したいか，学校で友達を助けていそうなのはどちらかなど選好質問を4つにした

〈遅延選択の評価質問〉

- 2人の子どもの写真の下に報酬（マシュマロ，クッキー，シール，お金）が描か

れた材料を提示（1 人には報酬が 1 つ，もう 1 人には報酬が 2 つ描かれている）

- 2 人の子どものうち 1 人が報酬をすぐに得て，もう一人は待って報酬を 2 つもらったと教示
- 「どちらの子が好き？」，「どちらの子が素敵だと思う？」などの質問を実施

実験 2 の結果

【分析アプローチ】

- 実験 1 と同様にオープンサイエンスフレームワークに事前登録（https://osf. io/7gszx）
- 集団の行動が満足遅延に与える影響は，コックス比例ハザード回帰分析（Cox, 1972）で検討
- 遅延選択への評価質問や内集団への選好は線形回帰分析により検討

【記憶質問と選好質問】

- 記憶質問：「内集団への導入」時，最後の質問時ともにすべての子どもが記憶質問に正答
- 選好質問：「内集団への導入」時は73％が内集団を選択し，最後の質問時には66％が内集団を選択

【内集団の行動が満足遅延課題に与える影響】

- 内集団待つ条件の子どもは，内集団待たない条件の子どもよりもマシュマロを我慢する確率が高い

  ⇒有意（$\chi^2(1) = 5.96$, $p = .015$）

  ⇒内集団待つ条件の中央値は14.95分，内集団待たない条件の中央値は5.77分

〈月齢を統制した探索的分析〉

- 月齢を統制しても，内集団の行動の効果が有意（$\chi^2(1) = 5.16$, $p = .023$）

〈内集団への選好の影響を検討〉

- 内集団の行動と内集団への選好の交互作用が有意（$\chi^2(1) = 4.61$, $p < .03$）

  ⇒半数以上の質問で内集団を選好すると答えた63名では，内集団の行動の単純主効果が有意（$\chi^2(1) = 11.5$, $p < .001$）

  ⇒内集団を選好すると答えたのが半数以下だった24名では，内集団の行動の単純主効果は非有意（$\chi^2(1) = 0.74$, $p > .250$）

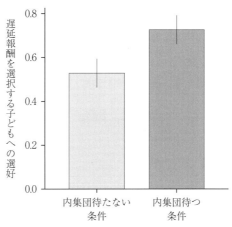

Figure 1. 実験2の結果：内集団待つ条件の子どもは，遅延報酬を選択する子どもに対してより選好する。エラーバーは95％信頼区間を表している

【遅延報酬の選択に対する評価】

- 内集団待つ条件の子どもは，内集団待たない条件の子どもよりも遅延報酬を選択する子どもを高く評価する（Figure 1）
  ⇒有意（$t(84) = 4.13$, $p < .001$）
- 満足遅延課題での待ち時間が，遅延報酬を選択する子どもを高く評価することを有意に予測（$t(84) = 3.21$, $p = .002$）

【内集団への選好】

- 内集団待つ条件（72％）でも，内集団待たない条件（67％）でも内集団をより選好していた
- 条件にかかわらず，事後質問（66％）よりも事前質問（73％）でより内集団への選好がみられた

実験2の考察

【結果のまとめ】

- 内集団が待ち，外集団が待たないという情報を与えられると，子どもは満足遅延課題においてより長く待つ
- 内集団が待ち，外集団が待たないという情報を与えられると，遅延報酬を選択する子どもをより選好する
  ⇒遅延報酬を選択することは，内集団でも共有される重要なことだと考えられていた可能性
- 内集団への選好は条件からの影響を受けなかった
  ⇒内集団への選好はネガティブな情報（即時報酬を選択する）を与えられても大きく変化しない可能性

総合考察

【得られた示唆】

- 自己制御ができること「＝自己制御能力」ではなく，社会文脈的な要素に左右される
- 内集団バイアス，社会的期待，道徳的行動などの領域以外ではじめて，集団の行動が子どもに与える影響を検討できた
- 自己制御の個人差の新たな説明
  ⇒家族，共同体，仲間集団でどの程度自己制御が重要視されているかが鍵
  ⇒重要視されていると，自己制御を行う機会も自然と多くなる

【介入への示唆】

- 集団への介入の可能性
- 集団で共有される規範や価値へと介入することで，長期的な効果が望める可能性

【今後の課題】

- 幼児の自己制御に影響を与えるのは，内集団の行動，外集団の行動，その両方なのか
- 年齢や文化的背景によって集団から受ける影響は大きくなるのか
- 目標の保持を促すなど，集団の行動が自己制御に影響を与える認知メカニズムの検討

まとめ

　Doebel & Munakata（2018）は，内集団の行動が子どもの自己制御に与える影響，内集団の行動が内集団への選好や満足遅延への評価に与える影響，の2点を検討した。

　実験1では3〜4歳98名を対象にして，満足遅延課題を実施した。その際に，参加児と同じTシャツを着た内集団の子どもが遅延報酬を選択する（外集団は即時報酬）条件，内集団の子どもが即時報酬を選択する（外集団は遅延報酬）条件，統制条件の3つにランダムに割り当てた。また，実験2では3〜5歳児100名に対して，統制条件を設けずに実験1と同様の調査を実施した。加えて，遅延報酬を選択する子どもをどう評価するのかについても質問を行った。

　その結果，内集団が遅延報酬を選択する（外集団は即時報酬）ことを伝えられると，(1)満足遅延課題における待ち時間が長くなること，(2)遅延報酬を選択する子どもにより選好を示すこと，が示された。このことより，内集団の行動は子ども自身の自己制御そして制御をすることへの評価を変容させることが示

> **チェックポイント**
> 実験1と2をまとめた文章であることを意識

> **チェックポイント**
> 今後の課題は何か

> **チェックポイント**
> まとめは「誰が」「何を目的に」「誰を対象に」「どんな方法で」「どんな結果が得られ」「それをどう考えるのか」の要素を記載（p.23〜参照）

唆された。

面白かった点

　本研究で面白かった点は，1点ある。自己制御を可能にする1つの「能力」を想定することに疑義を呈している点である。今までの研究では，満足遅延課題における待ち時間が子どもの自己制御能力を表していると想定してきた。しかし，満足遅延課題の待ち時間がのびたからといって，自己制御「能力」が向上したわけではない。むしろ，自己制御は社会的文脈とセットに議論されるべきであり，自己制御がなされやすい状況が存在する可能性が示唆された。関連したポイントではあるが，自己制御のトレーニングにも大きな影響をもたらし得る。多くのトレーニング研究が個人の自己制御能力を向上させることを目標に研究してきた。しかし，本研究の知見を踏まえると，集団内で自己制御的行動がなされているか，自己制御的な行動にどのくらい価値をおいているかなどが重要な要素となり得る。つまり，子ども本人ではなく，子どもの周りの環境を変えてゆくことで，子ども自身が変わることにつながり得る。こうした点を見逃してしまうと，日常生活での子どもの自己制御をとらえるところからは遠ざかってしまう。その点で，この研究は保育・教育実践のなかでどのように自己制御を育むのかを検討する出発点ともなり得る。

疑問点

　本研究への疑問点は1点ある。内集団の子どもたちが即時報酬を選択していた場合に，遅延報酬を選択できる子どもは彼らの影響を本当に受けないのだろうか。オーソドックスな発達的変化として，即時報酬を選択する段階から遅延報酬を選択できる段階へと至るという個人の利を最大化する過程が想定できる。しかし，個人が得られる利が少なくなろうとも，集団の行動に付き従うことが求められる（気がする）場面も存在する。こうした場面では，個人と集団との間に生じるジレンマを乗り越えることで，集団の行動を選択することとなる。こうした個人の選択と集団の行動のジレンマをいつ頃からどのように乗り越えられるのかは定かではない。実際，本研究は，内集団と外集団の両方を検討対象としていることから，内集団の行動と個人の選択にジレンマがある場合（例：15分待ってお菓子を2個欲しいと思っているけれども，仲間は皆すぐにお菓子を1つ食べている）に子どもがどのように反応するのか，その発達的変化を詳細には検討できていない。

松田壮一郎&山本淳一．(2019)．遊び場面における広汎性発達障害幼児のポジ
ティブな社会的行動に対するユーモアを含んだ介入パッケージの効果．*行
動分析学研究*，**33**，92-101.

【キーワード】

• 自閉スペクトラム症
　⇒「持続する相互的な社会的コミュニケーションや対人的相互作用反応の障
　　害」と「限定された反復的な行動，興味，または活動様式」を基本特徴と
　　する発達障害の一つ

• ABAB 反転デザイン法
　⇒ベースライン期を経て実験的介入を行った後に，介入を中断し再びベース
　　ライン期に戻した後に，改めて実験的介入を行う方法

• 応用行動分析学
　⇒「行動」の「法則」を明らかにしてきた学問である「行動分析学（behav-
　　ior analysis）」を子育て支援，教育，カウンセリングなどに応用した学問領
　　域を指す

問題と目的

【大きな領域】

• 自閉スペクトラム症（autism spectrum disorder, ASD）のある乳幼児は定型発
　達乳幼児に比べ，社会的相互作用に障害がある（例：Dawson, Hill, Spencer,
　Galpert, & Watson, 1990）

• 特にアイコンタクトや他者に向けた笑顔が少なく，これらは友人関係や雇用，
　住居環境などの成人期の予後に対する最も強い予測因子となる（Howlin,
　Moss, Savage, & Rutter, 2013）

• ASD 児の社会的相互作用に対する支援は社会的に重要な課題

【先行研究】

• 特定の刺激に対して，社会的行動を増加させる介入が多い

📎 **チェックポイント**

この研究がなぜ大事かを示
す現象を記載

📎 **チェックポイント**

先行研究で明らかになって
いることを記載

⇒「私を見て」というセラピストの教示やセラピストによる呼名を弁別刺激として，セラピストの顔を見るよう訓練（Cook et al., 2017；Foxx, 1977）

⇒要求場面でセラピストの顔を見るよう訓練（Carbone, O'Brien, Sweeney-Kerwin, & Albert, 2013）

⇒セラピストの笑顔・声のイントネーション・ジェスチャーなどの複合刺激を手がかりとして，笑顔を表出するよう訓練（Charlop, Dennis, Carpenter, & Greenberg, 2010）

🖉 **チェックポイント**

研究を行う重要性を記載

- 一方，より日常場面に近く，構造化の少ない遊び場面で，子どもの行動レパートリーを拡張する支援方法も多くの成果をあげている

⇒「日常環境発達行動介入（naturalistic developmental behavior intervention：NDBI）」と名づけ，応用行動分析学による早期発達支援の新たな方向性を示している（Schreibman et al., 2015）

🖉 **チェックポイント**

新たに見つけた解決すべき問いを記載（問題点を指摘する場合もあり）

【本研究の提案】

- アイコンタクトや笑顔は，多様な弁別刺激，強化子によって形成・維持される

- 単一の介入法ではなく，複数の介入技法によって構成された介入パッケージの構築，使用，効果評価を目指す

- より日常場面に近い支援方法であるNDBIの一環として，ポジティブな社会的相互作用に重要な役割を果たす「ユーモア」（Lyons & Fitzgerald, 2004）に焦点を当てる

〈ユーモアの発達心理学研究〉

- ユーモアに不可欠な要素としての「不適合」

⇒"予測しづらい"（提示された履歴の少ない）異なった刺激の恣意的な組み合わせ

- この不適合に対して笑いが引き起こされてはじめてユーモアとなる

⇒刺激(a)：母親がメガネを手に取り，刺激(b)：メガネを腕に掛ける，に対し子どもが笑わなければユーモアではない

🖉 **チェックポイント**

本研究におけるキーワードを説明

〈本研究におけるユーモア〉

- 本研究では笑いを引き起こす可能性の高い異なった刺激の恣意的な組み合わせ（「不適合」）をユーモアとする

⇒笑いが結果として起こるかどうかは別として，不適合があればユーモアとする

- 先行研究（Reddy et al., 2002）をもとに，(a)触覚ユーモア，(b)聴覚ユーモア，(c)視覚ユーモア，(d)からかいユーモアを介入パッケージに含めた

〈介入パッケージに含まれる他の技法〉

- 先行研究（例：Ninci et al., 2013）の手続きを改編し，アイコンタクトを伴う要求には即時強化，アイコンタクトを伴わない要求には遅延強化を随伴させた

　⇒(e) 強化の遅延

- 先行研究（例：Field, Field, Sanders, & Nadel, 2001）の手続きを改編し，子どものモノ操作，音声，ジェスチャーを誇張して模倣する

　⇒(f) 拡張随伴模倣

【まとめ】

チェックポイント

本研究の目的を改めてまとめて記載

- ASD 児のアイコンタクトや笑顔の頻度向上を目的として，ユーモアを活用したはじめての介入研究
- 具体的に(a)触覚ユーモア，(b)聴覚ユーモア，(c)視覚ユーモア，(d)からかいユーモア，(e)強化の遅延，(f)拡張随伴模倣を含む介入パッケージの効果を検討する

方法

【参加者】

チェックポイント

対象の人数と属性を記載

- 特定不能の広汎性発達障害（Pervasive Development Disorder-Not Otherwise Specified：PDD-NOS）の診断を有する男児 1 名

　⇒生活年齢は 5 歳 5 ヶ月

　⇒新版 K 式発達検査 2001（生澤・松下・中瀬, 2002）の結果，発達年齢は 4 歳 5 ヶ月，PVT-R 絵画語い発達検査（上野・名越・小貫, 2008）を用いた語彙年齢は 3 歳 6 ヶ月

【実験デザイン】

チェックポイント

実験デザイン，介入実施の手続き，実施期間の記載

- 支援パッケージの効果を ABAB 反転デザイン（Barlow, Nock, & Hersen, 2009）を用いて検討

【期間】

- 介入は約 7 ヶ月間。1 週間に約 1 日，1 日あたり 1 から 4 セッション（平均：2.45セッション）実施。1 セッションは10分。

【手続き】

- ベースライン 1 期，介入 1 期，ベースライン 2 期，介入 2 期の順で実施

〈ベースライン 1 期，2 期〉

- 実験者と子どもとの自由遊び時間がベースライン
- 実験者は参加児に遊ぶように働きかけ，参加児が選んだおもちゃを使って遊んだ
- 約 1 分間に一度，実験者は参加児の名前を呼ぶ
- 参加児のアイコンタクト，音声言語による実験者への働きかけ，おもちゃを使って遊ぶことに対し，実験者は言語賞賛や笑顔など，ポジティブな社会的フィードバックを行う
- 39 セッション目におもちゃを入れ替え

〈介入 1 期，2 期〉

- (a) 触覚ユーモア，(b) 聴覚ユーモア，(c) 視覚ユーモア，(d) からかいユーモア，(e) 強化の遅延，(f) 拡張随伴模倣の訓練手続きを実施（Table 1）
- 68 セッション目以降は，5 分ごとに使用するおもちゃを変更

Table 1. 訓練パッケージの要素

訓練手続き	定義
(a) 触覚ユーモア	セラピストは，子どもが笑顔を見せた後に物理的なコンタクトをとる（くすぐる，追いかけっこ）
(b) 聴覚ユーモア	セラピストは，面白いまたは突飛な音を出す（突然「じゃじゃじゃじゃ」と言い始める）
(c) 視覚ユーモア	セラピストは，面白い顔やジェスチャーをする（お絵かき帳にいきなり頭を押し付け始める）
(d) からかいユーモア	セラピストは，わざと間違えたり，子どもの行為の邪魔をしたりする（子どもにボールを渡した後に腕を引っ込める）
(e) 強化の遅延	子どもがセラピストに言葉を発したり，おもちゃを手渡そうとした後にセラピストの顔を見ない場合，セラピストは約 5 秒の遅延を置いたのちに反応した。子どもがセラピストの顔を見た場合，セラピストはすぐに反応した。
(f) 拡張随伴模倣	子どものおもちゃを使った行動，ジェスチャー，発声を実験者が模倣した。その際，誇張するように模倣をした（子どもが「りんご」と言った場合，セラピストは「りいいんんごおおお」と言った）

注：元論文の欧文表記を著者が日本語訳

チェックポイント
図表を適切な部分に挿入

結果

チェックポイント
従属変数の確認

【従属変数】

- アイコンタクト，笑顔，およびアイコンタクト＋笑顔の生起率
  ⇒アイコンタクトは実験者の顔領域を参加児が見ている行動，笑顔は唇を少し開き口角を上げる行動，アイコンタクト＋笑顔はアイコンタクトと笑顔が同時に生起する場合と定義
- 15 秒を 1 インターバルとし，1 セッションにつき 40 インターバルを評定

【信頼性】

- 実験内容を知らない観察者との信頼性を算出（アイコンタクト92.6％，笑顔78.9％，アイコンタクト＋笑顔80％）

- セッションごとの生起率（Figure 1），フェイズごとの記述統計（Table 2）

【ベースライン1期】

- 約1ヶ月，合計11セッション

- 平均生起率：アイコンタクト19.3％（範囲5.0-37.5％），笑顔16.1％（範囲0.0-40.0％），アイコンタクト＋笑顔3.2％（範囲0.0-10.0％）

【介入1期】

- 約2ヶ月，合計17セッション

✐チェックポイント

記述統計を明示

✐チェックポイント

図表があれば記載

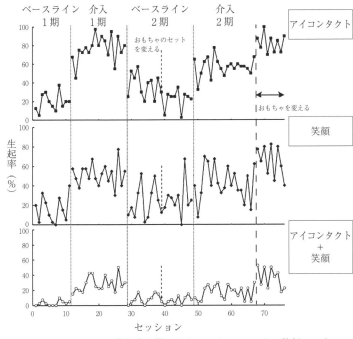

Figure 1.　ベースライン期と介入期におけるアイコンタクト，笑顔，アイコンタクト＋笑顔の生起率

注：元論文の欧文表記を著者が日本語訳

Table 2.　各フェイズにおける生起率の記述統計

従属変数		ベースライン1期	介入1期	ベースライン2期	介入2期
アイコンタクト	平均	19.3	76.8	30.1	65.2
	範囲	5.0-37.5	45.0-97.5	2.5-57.5	32.5-100.0
笑顔	平均	16.1	51.5	24.4	49.6
	範囲	0.0-40.0	30.0-77.5	0.0-67.5	7.5-82.5
アイコンタクト＋笑顔	平均	3.2	28.2	7.5	23.2
	範囲	0.0-10.0	15.0-50.0	0.0-17.5	5.0-52.5

注：元論文の欧文表記を著者が日本語訳

- 平均生起率：アイコンタクト76.8％（範囲45.0-97.5％），笑顔51.5％（範囲30.0-77.5％），アイコンタクト＋笑顔28.2％（範囲15.0-50.0％）

【ベースライン2期】

- 約2ヶ月，合計20セッション
- 平均生起率：アイコンタクト30.1％（範囲2.5-57.5％），笑顔24.4％（範囲0.0-67.5％），アイコンタクト＋笑顔7.5％（範囲0.0-17.5％）

【介入2期】

- 約2ヶ月，合計28セッション
- 平均生起率：アイコンタクト65.2％（範囲32.5-100.0％），笑顔49.6％（範囲7.5-82.5％），アイコンタクト＋笑顔23.2％（範囲5.0-52.5％）
- 1つのおもちゃに特定の遊び方を繰り返し始めたため，20セッション目以降は5分ごとにおもちゃを変更
  ⇒おもちゃ変更手続き前の生起率：アイコンタクト57.0％（範囲32.5-77.5％），笑顔42.4％（範囲7.5-70.0％），アイコンタクト＋笑顔17.2％（範囲5.0-30.0％）
  ⇒おもちゃ変更手続き後の生起率：アイコンタクト82.5％（範囲70.0-100.0％），笑顔64.7％（範囲40.0-82.5％），アイコンタクト＋笑顔35.8％（範囲17.5-50.0％）

考察

【本研究の目的】

- ユーモアを含んだ介入パッケージにより ASD 幼児のポジティブな社会的行動が増加するか ABAB 反転デザイン法を用いて検討

【チェックポイント】

本論文で得られた結果＝事実を記載

【介入の効果】

- 介入期においては，ベースライン期と比べて，ASD 児の社会的行動（アイコンタクト，笑顔，アイコンタクト＋笑顔）の頻度が増加
- この傾向は2つの介入期とベースライン期ともに同様であった

【チェックポイント】

得られた結果をどう解釈したか記載。複数存在する場合は，①②などの番号で分けて記載

〈介入における重要なポイント①〉

- 自然な遊び場面で参加児が自発的に行う社会的行動に着目
  ⇒先行研究は構造化された環境でアイコンタクトや笑顔を直接訓練してきた
〈介入における重要なポイント②〉
- ある反応に関連が強い自然な強化子を与えるという随伴性が反応の獲得や頻度の増加に効果的（Williams, Koegel, & Egel, 1981）
  ⇒（実験者）ユーモアの提示→（参加児）アイコンタクトをとる→（実験者）見

つめ返す

⇒（参加児）笑顔を表出→（実験者）笑顔で応答

〈介入における重要なポイント③〉

• 参加児の遊び反応の後に，実験者との社会的相互作用が組み込まれる

⇒Koegel, R. L., Vernon, & Koegel（2009）は，参加児の要求言語行動（例：「ジャンプ」と言う音声反応）に対し，社会的相互作用のある後続刺激（例：大人と一緒にジャンプする）を組み込んだほうが参加児の大人へのアイコンタクトや笑顔が増加することを示している（社会的相互作用のない後続刺激（例：子ども一人でジャンプする）と比較）

〈介入における重要なポイント④〉

• 相互的随伴性（実験者による手続きの導入が子どもに影響を与えるだけでなく，子どもの反応が実験者の手続き導入にも影響を及ぼす）

⇒触覚ユーモア：

（実験者）子どもを追いかけ，くすぐるを繰り返す→（実験者）追いかけとくすぐりをやめる→（子ども）実験者のほうを見る，押す→（実験者）再度追いかけ，くすぐりを行う

⇒聴覚ユーモア：

（子ども）下を向いて，おもちゃで遊ぶ→（実験者）予測できないタイミングで奇声を発する→（子ども）実験者のほうを見る

⇒視覚ユーモア：

（実験者）お絵描きボードに頭をつける→（子ども）実験者のほうを向いて，アイコンタクトをとる→（実験者）奇妙な表情をする→（子ども）笑う

⇒からかいユーモア：

（実験者）ボールを手渡す→（子ども）リーチングをする→（実験者）ボールを引っ込める→（子ども）実験者の顔を見る，さらに手を伸ばす

⇒強化の遅延：

（実験者）ボールを手渡す→（子ども）リーチングをする→（実験者）応答せずに他の行動をし続ける→（子ども）時間遅延によって笑顔やアイコンタクトが引き出される

⇒拡張随伴模倣：

実験者は，参加児の適切で自発的な発話や社会的行動に対して，その行動トポグラフィを大げさに拡張しながら模倣する

【得られた示唆】

- アイコンタクト，笑顔，アイコンタクト＋笑顔は他者との円滑なコミュニケーションに必要不可欠であり，その生起頻度の少なさがASDの特徴の一つ
  ⇒ASD児においてこれらの社会的行動が増加したことからも，本研究の介入は日常環境発達行動支援（Schreibman et al., 2015）に組み込むことができる
- ABAB反転デザインを用いて，ユーモアのある社会的相互作用の重要性を示した（本介入が有効だったのは，先の章であげた介入のポイントのどれかまたはすべてが要因）

【今後の課題】

チェックポイント
今後の課題は何か

- ピアとの遊び場面（例：Cooke & Apolloni, 1976）など日常生活にも一般化できるか
- 介入パッケージのどの要素が最も行動変容に影響を与えたのか
- ユーモア介入がある条件とない条件間の直接比較が必要
- それぞれの介入手続きが弁別刺激として機能しているのか，強化子として機能しているのか検証する
- 手続きの適用適切度を評価する

まとめ

チェックポイント
まとめは「誰が」「何を目的に」「誰を対象に」「どんな方法で」「どんな結果が得られ」「それをどう考えるのか」の要素を記載（p. 23〜参照）

松田・山本（2019）は，ユーモアを含んだ介入パッケージがASD幼児の笑顔やアイコンタクトなどの社会的行動を増加させるかどうかを検討した。

子どもの自由遊び場面を対象として，(a)触覚ユーモア，(b)聴覚ユーモア，(c)視覚ユーモア，(d)からかいユーモア，(e)強化の遅延，(f)拡張随伴模倣の訓練手続きを実施した。1週間に1回のペースで7ヶ月間データを収集し，社会的行動（笑顔，アイコンタクト，アイコンタクト＋笑顔）の生起頻度をABAB反転デザインにより検討した。

その結果，介入期においては，ベースライン期と比べて，対象児の社会的行動の頻度が増加することが示された。このことにより，ASD児の社会的行動に対してユーモアを含んだ介入パッケージがもつ有効性が示唆された。

面白かった点

チェックポイント
面白かった点はいくつあるか，それは何かを記載

本研究で面白かったのは，2点である。第一に，この研究の独自性そのものであるが，発達支援の文脈でユーモアを取り入れている点である。多くの研究が，セラピストによる指示や名前を呼ぶことに結びつけるかたちで社会的行動の促進を試みている。これらの研究は，どれもセラピスト始発であり，子ども

の受動的な反応ともいえる。そのため，他者の始発行動がない限りは，子ども
の社会的行動が引き出される可能性が低い。しかし，本研究では，ユーモア手
続きを通して，子どもが笑顔やアイコンタクトを「向けたくなる」場面を設定
している。子どもとしては，そうした場面を自分で見つけているという感覚に
近いのかもしれない。このことにより，介入場面以外でも自発的に笑顔やアイ
コンタクトを向けるようになる可能性が高い。

　第二に，本介入パッケージを見てみると，全体として「安定→ズレ」という
構図がみられることである。ボールの受け渡しを例にとると，実験者がボール
を渡し，子どもがボールをとるというルーティンが安定してできた後に，実験
者はわざとそのルーティンを崩している。すると，子どもはそのズレに気づき，
実験者のほうを見たり，その意図を理解して笑ったりしているとも考えられる。
最も重要なのは，ズレができるためには安定を築かないといけないという点で
ある。これはボールのやりとりという個々の場面に限らず，実験者と子どもと
の関係性にも当てはまる。具体的には，実験者，子どもともに相手がなす次の
行動を大まかに予測できるという関係性である。こうした関係性はすぐに築く
ことができるものではない。実際，本研究の実験者と子どもは介入前からも関
わりがあり，こうした関わりが本研究の結果に影響している可能性があると想
像すると非常に興味深い。

疑問点

　疑問点は以下の2つである。1つ目は，ユーモアを含んだ介入パッケージが
もつ効果が発達段階により異なるかどうかである。今回の事例（発達年齢4歳
5ヶ月，語彙年齢3歳6ヶ月）では十分な効果がみられたものの，もう少し発達
に遅れのある子どもでも同様の効果がみられるのか。もし違いがみられるとす
るならば，なぜみられるのか検討する必要がある。2つ目は，ベースラインと
介入の比較についてである。ベースラインにおいて，実験者は子どもの笑顔や
アイコンタクトに賞賛を行っているものの，子どもと積極的にやりとりを行っ
ていない。一方，介入時には実験者は子どもと積極的にやりとりを行っている。
そのため，介入の内容にかかわらず，子どもは実験者と遊ぶのが楽しいので笑
顔やアイコンタクトを向けている可能性も捨てきれない。遊ぶのが楽しいとい
う要素は，子どもにとってプラスのことであるが，このベースラインと介入の
比較では介入の独自の要素が重要なのかはわからないままである。

チェックポイント
疑問点はいくつかるか，そ
れは何かを記載

第8章 | 調査研究のまとめ方

〇本章で紹介する論文とその論文を選んだ理由

 ● 論文1

谷 冬彦．（2001）．青年期における同一性の感覚の構造：多次元自我同一性尺度（MEIS）の作成．*教育心理学研究*，**49**，265-273.

　本論文は，本書籍の読者層となる心理学を志す学部生・院生にこそ紹介したいものです。その理由は2つあります。1つは，尺度研究の手本となり得る点です。本論文は原典の引用，先行研究の不足点，統計的な論拠を丁寧に押さえ尺度作成を行っています。もう1つは，他の研究への理解を促進し得る点です。大学生前後の年代は定量的な心理学の研究対象に選ばれやすいのですが，Erikson 理論では自我同一性の形成が重要な年代でもあります。そのため自我同一性（および測定尺度としての MEIS）は発達的な指標として他の概念（尺度）との関係を検討されることも多く，自我同一性への理解は他の研究への理解にもつながると思われます。読者のみなさんの研究の一助となれば幸いです。

 ● 論文2

神野　雄．（2018）．青年の恋愛関係における嫉妬傾向は自尊感情に規定されうるか：自己愛的観点からの検討．*パーソナリティ研究*，**27**，125-139.

　本論文を選出した理由は，先行研究の結果・指摘の地道な整理をもとに答えを導き出している点にあります。「嫉妬深さは自信のなさの表れか」という基本的ともいえる問いには一貫した結果が得られてきませんでした。本論文では当該研究領域の黎明期から行われてきた先行研究を整理し，また「自尊感情」とされる肯定的な自己評価のとらえ方にも自己愛の視点から整理することで，仮説の検証を試みています。得られた結果は，過去の論争に一石を投じるものでした。地道な先行研究の整理によって心理学的概念の特徴を洗い出すことは，続く研究をより盤石なものとする土台作りとして必要不可欠だと思われます。読者のみなさんの研究の第一歩に寄与することを祈るばかりです。

論文タイトル

谷 冬彦.（2001）．青年期における同一性の感覚の構造：多次元自我同一性尺
度（MEIS）の作成．*教育心理学研究*, **49**, 265-273.

【キーワード】

• 自我同一性（アイデンティティ）

　⇒精神分析学的見地からエリクソン（Erikson, E. H.）によって提起された概
　念で，簡略的には「自分が自分であること」ともいわれるが，谷（2004）
　によれば，要約するならば，自我同一性の感覚とは「斉一性・連続性を
　もった主観的な自分自身が，まわりからみられている社会的な自分と一致
　するという感覚」とされる。

問題と目的

【大きな領域】

• 自我同一性に関する研究

【先行研究の問題点】

〈自我同一性を類型論的にとらえる先行研究の問題点〉

• 1つの流れとして，自我同一性ステイタス法（類型論的方法）があるが類型
　論的方法には問題が指摘されている

　例）Marcia（1966）

　⇒多様な様相を少数類型に集約してしまう・類型化に主観が反映しがち（八
　木，1994）

• 自我同一性ステイタス法では，Erikson が自我同一性概念の中核として仮定
　した概念に焦点が当てられていない

　⇒自己の一貫性・連続性，自己像に関する自他の認識の一致など

〈自我同一性を特性論的にとらえるアプローチの紹介〉

• 実証的なパーソナリティ研究においては類型論的方法に比して諸特性を総合
　的に測定・評価する特性論的方法が主流

　例）神村（1999），八木（1994）

チェックポイント

現象をとらえるキーワード

チェックポイント

これまでの研究の問題点の
指摘

チェックポイント

先行研究で明らかになって
いること

- 全般的な同一性の感覚を測定する項目から構成される自我同一性尺度
  - 例）Dignan（1965），古澤（1968），砂田（1979, 1983），加藤（1986），下山（1992）

- Erikson による心理社会的発達段階に基づく自我同一性尺度
  - 例）Rasumussen（1964），その邦訳として宮下（1987），Rosenthal, Gurney, & Moore（1981）による EPSI（Erikson Psychosocial Stage Inventory），その邦訳として中西・佐方（1993），Ochse & Plug（1986）

〈自我同一性を特性論的にとらえる先行研究の問題点〉
- 先行研究の自我同一性尺度には内容的妥当性の問題がある
  - ⇒第Ⅴ段階（青年期）以外の感覚や部分徴候の項目を含むため，同一性の感覚をとらえるものとして焦点化されていない

- 発達段階に基づく自我同一性尺度は，第Ⅴ段階の同一性の感覚と他の発達段階における感覚を下位概念として自我同一性を定義している
  - ⇒測定される構成概念として第Ⅴ段階と他段階が混在し，不明確

- 発達段階に基づく自我同一性尺度の中の第Ⅴ段階尺度は一次元的に仮定
  - ⇔同一性の感覚は複雑な構成概念であり，多次元でとらえるべき

- 先行研究の同一性尺度は妥当性，特に因子的妥当性の確認が不十分
  - 例）Dignan（1965），加藤（1986），古澤（1968），砂田（1979・1983）
  - ⇒同一性の感覚の定義に基づいた尺度は，複数の下位概念を事前に仮定するが，1 次元構造として扱う
  - 例）宮下（1987），中西・佐方（1993），Ochse & Plug（1986），Rasumussen（1964），Rosenthal et al.（1981）
  - ⇒発達段階に基づく尺度は，各段階の因子的妥当性／弁別性が未確認

【まとめ】
- 従来の自我同一性尺度は多くの問題を抱えている
- Erikson 理論に基づき，信頼性・妥当性の検討がなされた多次元構造の自我同一性尺度の作成が必要
- 多次元自我同一性尺度（Multidimensional Ego Identity Scale；MEIS）の作成，青年期の同一性の感覚の構造を明らかにすることが本研究の目的

プラスα

たとえば下山（**1992**）を調べると使用項目がわかる。下山（**1992**）のアイデンティティ尺度は測定する構成概念の構造や操作的定義が最初から想定されていたわけではないように読み取れる。また尺度の妥当性の検討も，大学 2 年生より 4 年生の方が有意に高い得点を示したことでしか検討されていない。各概念の操作的定義や尺度の作成プロセスに着目することで理解が進む

チェックポイント

新たに見つけた解決すべき問い

チェックポイント

尺度開発なのか尺度関連なのかをチェック

チェックポイント

尺度開発研究で何を測定する尺度を開発しているのかをチェック

方法

【Erikson の記述に基づいた下位概念設定】

- Erikson（1959/1973）の "Identity and the life cycle" を中心として自我同一性の定義に関わる文章を抽出して，4つの下位概念を仮定

〈自己斉一性・連続性〉

- "自我同一性の感覚とは，内的な斉一性と連続性を維持する個人の能力（心理学的意味での個人の自我）が，他者に対して自分が持つ意味の斉一性と連続性とに調和することから生じる自信である"（Erikson, 1959/1973, p. 94）などの記述
  ⇒「自分が自分であるという一貫性を持っており，時間的連続性を持っているという感覚」

〈対他的同一性〉

- "重要な他者からみとめてもらえるだろうという内的確信"（Erikson, 1959/1973, p. 127；Erikson, 1968/1973, p. 165）と「自己斉一性・連続性」の調和が同一性の感覚の基本的要素
  ⇒「他者からみられているであろう自分自身が，本来の自分自身と一致しているという感覚」

〈対自的同一性〉

- "「自分がどこに向かって行こうとしているかよくわかっている」感覚"（Erikson, 1959/1973, p. 127；Erikson, 1968/1973, p. 165）
  ⇒「自分自身が目指すべきもの，望んでいるものなどが明確に意識されているという感覚」

〈心理社会的同一性〉

- "自我が確実な集団的未来に向かっての有効な方法を学んでいるという確信，すなわち，自我が特定の社会的現実の中で定義されている自我へと発達しつつあるという確信へと自己評価（self-esteem）が成長しているという感覚を自我同一性と呼びたいと思う"（Erikson, 1959/1973, p. 22；Erikson, 1968/1973, p. 49）
  ⇒「現実の社会の中で自分自身を意味づけられるという，自分と社会との適応的な結びつきの感覚」

【下位概念設定の妥当性検討と項目の内容的妥当性の検討】

- 心理学を専門とする大学教官 2 名により，下位概念設定の妥当性，項目（「自己斉一性・連続性」10項目，「対他的同一性」8項目，「対自的同一性」11項目，「心理社会的同一性」10項目）の内容的妥当性を確認

【予備調査による項目選定】

- 大学生188名（男性72名，女性116名，18～22歳，平均年齢19.5歳）に上記の42項目（7段階評定）からなる質問紙を集団的に実施
  - ⇒因子分析の結果，4 因子を抽出
  - ⇒Promax 回転後の因子パターンは 4 つの下位概念にほぼ対応
  - ⇒因子負荷と内容的な重複から，最終的に25項目を選定

【本調査における調査対象】

- 大学生390名（男性153名，女性237名，18～22歳，平均年齢19.6歳）

【本調査における測定尺度】

①MEIS

- 予備調査で選定された25項目（「自己斉一性・連続性」7 項目，「対他的同一性」6 項目，「対自的同一性」6 項目，「心理社会的同一性」6 項目）
- 「全くあてはまらない」～「非常にあてはまる」の 7 段階評定（1 ～ 7 点）

②EPSI（第Ⅴ段階尺度）（中西・佐方，1993）

- 第Ⅴ段階の特徴のみを測定できるため，併存的妥当性の検討に使用
- EPSI 邦訳版の第Ⅴ段階尺度のみ，7 項目，5 段階評定（0 ～ 4 点）

③自尊心尺度（山本・松井・山成，1982）

- Erikson の記述から自我同一性と自尊心が関連すると予測
  - ⇒構成概念的妥当性の検討に使用
- 項目 8（もっと自分自身を尊敬できるようになりたい）は本研究の主成分分析や信頼性分析の結果，内的整合性の観点から異質と判断して除外
- 原尺度10項目のうち項目 8 を除き 9 項目を採用，5 段階評定（1 ～ 5 点）

④充実感尺度（大野，1984）

- 充実感は「青年が健康な自我同一性を統合していく過程で感じられる自己肯定的な感情（大野，1984）」
  - ⇒充実感は自我同一性統合の感情的側面と考えられる
  - ⇒自我同一性との相関が予測され，構成概念的妥当性の検討に使用

プラスα

内容的妥当性は，あるテストの項目がどれだけ適切に構成概念（測定したい目に見えない心理的な概念）を項目で表しているか，専門家によって検討してもらうもので，統計的に検討するものではない

チェックポイント

使用している尺度の数や下位尺度をチェック

プラスα

自尊心尺度の項目 8 は佐久間・無藤（2003）など，他の研究でもしばしば尺度の信頼性を下げる（他の項目と比べ異質である）データが報告されており，使用の際には注意が必要

- 「充実感気分 − 退屈・空虚感」,「自立・自信 − 甘え・自信のなさ」,「連帯 − 孤立」,「信頼・時間的展望 − 不信・時間的展望の拡散」の4下位尺度各5項目，5段階評定（1〜5点）

⑤基本的信頼感尺度（谷，1998）

- Erikson（1959/1973）が指摘するように，第Ⅰ段階の基本的信頼感は同一性の基礎を形成するため，第Ⅴ段階の同一性の感覚とは関連が想定できる
  ⇒構成概念的妥当性の検討に使用
- 6項目，7段階評定（1〜7点）

【本調査における手続き】

- MEIS 以外は組み合わせを変えて調査を実施しており人数が異なる
  ⇒EPSI 106名，自尊心尺度100名，充実感尺度223名，基本的信頼感尺度290名

結果

【MEIS の因子分析】

- 因子分析の結果，固有値1以上の4因子を抽出
- Promax 回転後，最終的に各下位尺度5項目を MEIS の項目として確定（Table 1 参照）
- 4因子の累積寄与率は58.5%
- 因子間相関は .210〜.536，下位尺度間相関が .237〜.548 と0.1%水準で有意
  ⇒各因子，各下位尺度は相互に関連（Table 2 参照）
- 下位尺度・全体尺度の平均値（*SD*）は Table 3 参照

チェックポイント

統計量を記載する

【信頼性の検討】

〈内的整合性の観点から〉

- α係数は「自己斉一性・連続性」で .888，「対自的同一性」で .890，「対他的同一性」で .831，「心理社会的同一性」で .812，全体尺度では .905
  ⇒信頼性係数が高く，全体として自我同一性を一貫して測定している

〈安定性の観点から〉

- 調査協力者のうち102名（男性39名，女性63名）に1ヶ月の間隔をおいて再検査法により信頼性を確認（各下位尺度・全尺度で .726〜.825）
  ⇒再検査信頼性係数も十分な値
- 第1回，第2回の各データを因子分析（Promax 回転）すると，ともに想定通りの4因子構造を示し，因子負荷量の一致性係数も各因子で .832 以上と高い値を示した

Table 1.　MEIS の因子パターン

項　　目	F1	F2	F3	F4	h²
第 1 因子　自己斉一性・連続性					
1. ＊過去において自分をなくしてしまったように感じる。	.94	−.07	−.07	.02	.80
5. ＊過去に自分自身を置き去りにしてきたような気がする。	.91	−.05	−.02	−.02	.76
9. ＊いつのまにか自分が自分でなくなってしまったような気がする。	.73	.03	.10	−.04	.61
13. ＊今のままでは次第に自分を失っていってしまうような気がする。	.63	.09	.01	.15	.56
17. ＊「自分がない」と感じることがある。	.57	.14	.06	.04	.47
第 2 因子　対自的同一性					
2. 自分が望んでいることがはっきりしている。	−.03	.85	−.06	.03	.72
6. 自分がどうなりたいのかはっきりしている。	−.11	.85	.00	.06	.72
10. 自分のするべきことがはっきりしている。	−.04	.78	−.02	.17	.73
14. ＊自分が何をしたいのかよくわからないと感じるときがある。	.10	.73	.09	−.13	.53
18. ＊自分が何を望んでいるのかわからなくなることがある。	.27	.64	.00	−.05	.56
第 3 因子　対他的同一性					
3. ＊自分のまわりの人々は，本当の私をわかっていないと思う。	−.02	.01	.81	.00	.64
7. 自分は周囲の人々によく理解されていると感じる。	−.11	.07	.72	.07	.50
11. ＊人に見られている自分と本当の自分は一致しないと感じる。	.04	.03	.71	−.11	.50
15. ＊本当の自分は人には理解されないだろう。	.08	−.13	.59	.10	.42
19. ＊人前での自分は，本当の自分ではないような気がする。	.31	.03	.53	.03	.58
第 4 因子　心理社会的同一性					
4. 現実の社会の中で，自分らしい生き方ができると思う	−.08	−.00	−.01	.88	.72
8. 現実の社会の中で，自分らしい生活が送れる自信がある。	.07	.11	−.01	.70	.62
12. 現実の社会の中で自分の可能性を十分に実現できると思う。	.00	.11	−.07	.64	.46
16. ＊自分らしく生きてゆくことは，現実の社会の中では難しいだろうと思う。	.10	−.15	.15	.61	.44
20. ＊自分の本当の能力を生かせる場所が社会にはないような気がする。	.17	.11	.10	.37	.34

注）　＊がついている項目は，逆転項目を示す。項目番号は，リナンバリングしてある。

Table 2.　因子間相関（右上）と下位尺度間相関（左下）

	自己斉一性・連続性	対自的同一性	対他的同一性	心理社会的同一性
自己斉一性・連続性	1.000	.319	.536	.383
対自的同一性	.368***	1.000	.211	.492
対他的同一性	.548***	.237***	1.000	.347
心理社会的同一性	.447***	.485***	.392***	1.000

***p<.001

Table 3.　MEIS の平均値（SD）（N＝390）

	自己斉一性・連続性	対自的同一性	対他的同一性	心理社会的同一性	全体
平均値（SD）	24.4(6.8)	19.8(6.7)	19.6(5.4)	21.4(5.1)	85.3(18.0)

〈信頼性まとめ〉

• MEIS は内的整合性，安定性の観点で非常に高い信頼性を有する

◢ チェックポイント

作成した尺度の具体的な項目内容をチェック

◢ チェックポイント

得られた結果はどうであったのか

Table 4. MEIS と各尺度の相関

	自己斉一性・連続性	対自的同一性	対他的同一性	心理社会的同一性	全体
EPSI	.689***	.694***	.489***	.705***	.837***
自尊心	.539***	.332**	.226*	.509***	.564***
充実感第1因子下位尺度	.355***	.461***	.294***	.478***	.533***
充実感第2因子下位尺度	.336***	.450***	.235***	.471***	.502***
充実感第3因子下位尺度	.652***	.324***	.606***	.535***	.701***
充実感第4因子下位尺度	.331***	.440***	.234***	.568***	.525***
基本的信頼感	.644***	.359***	.390***	.513***	.657***

*p<.05　**p<.01　***p<.001

プラスα

併存的妥当性は新しい尺度と，測定したい概念を反映する既存の尺度とを同時に測定することで，測定内容の妥当性を測るもの

【併存的妥当性の検討】

• MEIS と EPSI 第Ⅴ段階尺度の相関係数は各下位尺度で .489～.705，総得点で .837（Table 4 参照）

　⇒MEIS の併存的妥当性が確認された

〈EPSI との比較〉

• EPSI は同一性の感覚を測定する1次元性の尺度でα係数は原論文では .737，MEIS は4次元から測定する多次元尺度で，下位尺度・全体尺度のα係数は EPSI のものを上回っている

　⇒MEIS は併存的妥当性を有し，また EPSI の第Ⅴ段階尺度より同一性測定の意味では優れた尺度である可能性

プラスα

構成概念的妥当性は，あるテストが測定する内容の概念的・理論的な仮定をどれだけ適切に測定しているか測るもの

【構成概念的妥当性の検討(1)：収束的妥当性の観点から】

• 自尊心尺度との相関係数は，MEIS 下位尺度・全体尺度で .226（p<.05）～.564（p<.001）とすべて有意な正の関連

• 充実感尺度との相関係数は，充実感尺度の第1～第4下位尺度と MEIS 下位尺度・全体尺度で .234（p<.001）～.701（p<.001）とすべて有意な正の関連

• 基本的信頼感尺度との相関係数は，MEIS 下位尺度・全体尺度で .359（p<.001）～.657（p<.001）とすべて有意な正の関連

　⇒下位尺度では自己斉一性・連続性との関連が .644（p<.001）と最も高く，基本的信頼感と時間的連続性が密接に関わるとする谷（1998）と一致

プラスα

収束的妥当性とは理論的に関連が予測される尺度との関連が，実際に示されるか測るものである。弁別的妥当性とは，理論的に異なる概念を測定するとされる尺度との関連が，実際に示されるか測るものである

〈収束的妥当性まとめ〉

• 自尊心尺度，充実感尺度，基本的信頼感尺度（特に「自己斉一性・連続性」）との関連で MEIS の構成概念的妥当性における収束的妥当性が確認

【構成概念的妥当性の検討(2)：弁別的妥当性の観点から】

- MEIS は同一性の感覚を測定する尺度
- MEIS は基本的信頼感尺度とは関連しながらも別の構成概念を測定する尺度として弁別される必要がある

　⇒MEIS と基本的信頼感尺度の全項目を同時に因子分析（Promax 回転）

　⇒結果，MEIS の4下位尺度と基本的信頼感に対応する5因子が抽出され，各項目は当該因子以外の因子に負荷しない（絶対値で .26 以下）

　⇒MEIS 各下位尺度の因子と基本的信頼感は構成概念的に弁別され得る

- 自尊心尺度と MEIS の構成概念は弁別されることが望ましい

　⇒MEIS と自尊心尺度の全項目を同時に因子分析（Promax 回転）

　⇒結果，MEIS の4下位尺度と自尊心尺度に対応する5因子が抽出され，各項目は概ね当該因子以外の因子に負荷しない（1項目を除き絶対値で .33 以下）

　⇒MEIS の各下位尺度に対応する因子と自尊心は弁別され得る

〈弁別的妥当性まとめ〉

- 基本的信頼感尺度，自尊心尺度との弁別から，MEIS の弁別的妥当性における構成概念的妥当性が確認された

【構成概念的妥当性の検討(3)：発達的観点から】

- 自我同一性は青年期に形成されるため年齢が高いほど同一性が高いのでは

　⇒年齢と MEIS 各下位尺度・全体尺度の相関係数は .126（$p<.05$）〜 .192（$p<.001$）

- さらに年齢を独立変数，MEIS 総得点を従属変数として一元配置分散分析を行うと有意（$F=3.91$, $df=4/385$, $p<.01$）となった

　⇒多重比較（LSD 法）　18歳＜21歳≒22歳，19歳＜21歳≒22歳，20歳＜22歳（Figure 1 参照）

〈発達的観点からのまとめ〉

- 年齢との相関，年齢ごとの分散分析結果から，MEIS の発達的観点からの構成概念的妥当性が示された

考察

【MEIS の因子分析結果から】

- 同一性の感覚は「自己斉一性・連続性」，「対自的同一性」，「対他的同一性」，「心理社会的同一性」の4次元からとらえられることが示唆された

　⇒従来では未確認だった因子的妥当性が MEIS では確認された

〆チェックポイント

本論文で得られた結果は何か，それをどう解釈するか

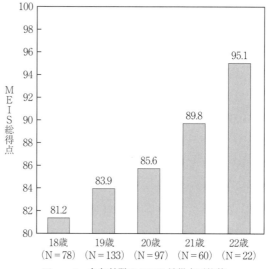

Figure 1. 各年齢群の MEIS 総得点平均値

　⇒MEIS の構成概念的妥当性の高さを示す

・お互いに関連し合った同一性の側面を測定していることが示唆された

【MEIS の信頼性について】

・α 係数はすべての下位尺度で .80 を上回る

　⇒内的整合性の観点における信頼性はかなり高い

・2 時点のデータの因子分析結果で同一の構造が得られた

　⇒安定性の観点からの信頼性もかなり高いといえる

【MEIS の妥当性について】

〈併存的妥当性〉

・EPSI の第Ⅴ段階尺度との高い正の相関から確認された

　⇒MEIS のほうが信頼性も高く，多次元的に同一性をとらえるため有用性が
　　高い

〈構成概念的妥当性（収束的妥当性）〉

・予測通り自尊心尺度，充実感尺度，基本的信頼感尺度と有意な相関がみられ
　たことから示された

〈構成概念的妥当性（弁別的妥当性）〉

・因子分析（Promax 回転）によって MEIS は基本的信頼感尺度，自尊心尺度
　と相関をもちながらも弁別される

　⇒従来は測定概念があいまいだったが，MEIS では自己研究で多用される自
　　尊心尺度と弁別して同一性の感覚を測定し得る

⇒より正確に同一性の感覚をとらえられる尺度

〈構成概念的妥当性（発達的観点）〉
• MEIS が測定する同一性の感覚は年齢とともに高まる発達的概念
　⇒発達的な観点からの構成概念的妥当性を支持

【まとめと今後の課題】
• 本研究では先行研究の自我同一性尺度と比較してより信頼性・妥当性が確認された多次元自我同一性尺度（MEIS）が作成された
• 同一性形成の過程を検討するうえで多次元的なとらえ方は有効な可能性
• 今後の課題は青年期における自我同一性の 4 側面がどのような要因に規定され，何を規定するのかを検討すること・自我同一性の文化的差異を考慮に入れ，日本文化的特質について明らかにすること

✐ チェックポイント
今後の課題は何か

まとめ

　谷（2001）は，Erikson 理論に基づいた第Ⅴ段階の同一性の感覚を測定する多次元自我同一性尺度（MEIS）を作成し，その信頼性・妥当性について多角的に確認を行い，同一性の感覚の測定に有用な尺度とした。

　Erikson の記述に基づき「自己斉一性・連続性」「対自的同一性」「対他的同一性」「心理社会的同一性」の 4 つの下位概念を設定し，18〜22歳の大学生を対象に質問紙による予備調査（188名）・本調査（390名）を行った。

　結果から，(1)因子分析結果から想定通りの 4 つの下位概念に対応する因子が得られたこと，(2)α 係数，再検査信頼性，2 時点の因子負荷量の一致係数から高い信頼性が確認されたこと，(3)EPSI の第Ⅴ段階尺度との関連で併存的妥当性が確認されたこと，(4)自尊心尺度，充実感尺度，基本的信頼感尺度との関連から構成概念的妥当性（収束的・弁別的妥当性）が確認されたこと，(5)年齢と MEIS 得点の関連から発達的観点からの妥当性が確認されたことから MEIS が高い信頼性と妥当性を有すると示された。

　これにより，青年期における同一性の感覚の 4 次元構造が示唆された。

✐ チェックポイント
まとめは「誰が」「何を目的に」「誰を対象に」「どんな方法で」「どんな結果が得られ」「それをどう考えるのか」の要素を書く（p. 23〜参照）

面白かった点

　本研究で面白い，興味深いと感じた点は以下の 2 つである。

　第一に，当時作成されていた他の自我同一性尺度の形式にとらわれず，自我同一性を提唱した Erikson の同一性の感覚に関する記述に忠実に従って緻密に尺度作成を行っていることである。そもそもどのような研究の文脈・経緯で出てきた概念であるかをよく知ることは当該領域の研究の流れそのものへの理解を促進するだろう。

✐ チェックポイント
面白かった点はいくつあるか，それは何か

第二に，上記のように原典に忠実に作成された尺度が，実際に Erikson 理論に合致した結果を定量的なデータでも示していたことである。これは Erikson の洞察が（調査当時の）日本の大学生にも適用できるほど青年心理の核心に迫っていて，また研究者が Erikson の意をより精密にくみ取ることに成功したことを示唆している。

疑問点

チェックポイント

疑問点はいくつあるか，それは何か

本研究の疑問点として一点考えられるのは，自我同一性の構造について，単に4因子から構成されるかどうかという点である。確かに，その後，西山・富田・田爪（2007）では MEIS の4下位尺度得点を観測変数とし，「同一性の感覚」1つを潜在変数とした共分散構造分析において非常に高い適合度のモデルが示されている。しかし，その後，谷（2008）は共分散構造分析の結果から，自我同一性の層的構造モデルを提唱し，また，4構成概念は，2構成概念に集約できるのではないかとの指摘もあり，それに基づく研究も多くある（畑野，2010；原田，2012；稲垣，2013；畑野・原田，2015；柴田，2020 など）。そのため，本研究のみならず関連する後年の研究にも目を向けてみることで，より自我同一性の構造に関して深い理解につながると考えられる。

8章・論文2　調査研究のまとめ方②

神野　雄．（2018）．青年の恋愛関係における嫉妬傾向は自尊感情に規定されうるか：自己愛的観点からの検討．*パーソナリティ研究*, **27**, 125–139.

【キーワード】

- （恋愛関係における）嫉妬

　⇒"親密な関係で現在自分が持っている自尊感情や価値ある関係への喪失や脅威の認知に応じて現れる思考，感情，行動のコンプレックス"（White & Mullen, 1989, p. 9）

　⇒広義の「嫉妬」は「妬み」を包含するとされるが，本論文では狭義の嫉妬を扱っているととらえられる。両者の弁別については古くから論じられている（近い年代であれば石川，2009；澤田，2010；神野，2015など）。

問題と目的

【大きな領域】

- 嫉妬深さは自信のなさの表れか？

　⇒先行研究では知見が不一致

　⇒本研究では自己愛的な観点から整理

📎 **チェックポイント**	
現象をとらえるキーワード	

【嫉妬傾向と自尊感情をめぐる先行研究の整理】

〈嫉妬のとらえ方〉

- 嫉妬研究の黎明期では嫉妬喚起場面への不快感情が一次元的な「嫉妬深さ」

　⇒認知・情動・行動の三次元での包括的なとらえ方へ

　例）Elphinston, Feeney, & Noller（2011）

- 嫉妬の認知的側面は裏切りへの認知的な過敏さ，情動的側面は黎明期の研究と同様に嫉妬喚起場面への排他的感情，行動的側面はパートナー，ライバルを探る行動の程度（Pfeiffer & Wong, 1989；神野，2016）

〈嫉妬深さと自尊感情に関する理論的な指摘・考察〉

- 嫉妬深さと自尊感情の関連は知見が一貫していない（坪田，2011）

📎 **チェックポイント**
先行研究で明らかになっていること

📎 **チェックポイント**
これまでの研究の問題点の指摘

- 自尊感情は「感情的な側面を含んだ自己に対する肯定的な評価」（市村, 2012）
- 親密な関係は個人の自己や自己価値を規定する重要な役割を担う（Harris & Darby, 2010）
  ⇒恋愛関係の浮気による崩壊は自己評価・自尊感情の強い脅威となり得る
  ⇒自信のない者ほど関係に対してよい期待をもてないために嫉妬喚起状況を警戒（Bringle, 1981）
  ⇔総合的・肯定的な自己評価の自尊感情と一時的な脅威への反応の嫉妬傾向は関連づけてとらえることが難しい可能性（White & Mullen, 1989）

〈嫉妬深さと自尊感情に関する実証的研究の結果〉
- 自尊感情（または肯定的な自己評価）と嫉妬傾向（多くは嫉妬の情動的側面）が負の関連を示す研究は複数
  例）Stewart & Beatty（1985），Jaremko & Lindsey（1979），Bringle（1981, 1991），Mathes（1991），Buunk（1995），Zeigler-Hill, Britton, Holden, & Besser（2015）等
- 両者が明確な関連を示さなかった研究も複数
  例）Buunk（1981），Mathes & Severa（1981），Shettel-Neuber, Bryson, & Young（1978），坪田（1993）等
  ⇒両者の関連は頑健とは考えられない

〈自尊感情のとらえ方を考えなおす〉
- 自尊感情のとらえ方に二つ限界点があるために関連が一貫しない可能性

- 第一の限界点は自尊感情尺度で測定される状態の曖昧さ
  ⇒自尊感情は不適応的な側面さえ持ち得る（森尾・山口, 2007）
  例）Baumeister, Heatherton, & Tice（1993），Baumeister, Smart, & Boden（1996）等
  ⇒自尊感情は怒りや攻撃性，自己愛傾向や自律性のなさ等と関連する
  例）伊藤・小玉（2005），Kernis, Grannemann, & Barclay（1989），小塩（2001）
  ⇒自尊感情を一義的に適応的な指標と考えるのは限界がある可能性（Kernis, 2003）
  ⇒自尊感情尺度は肯定的な自己評価を広くとらえていて，自己愛（特に誇大的側面）と関連する，過度な自己評価の範囲を含んでいることが予想される（中山, 2008b）

- 第二の限界点は一次元的な自尊感情ではとらえきれない自己評価の要素

⇒自尊感情の不安定性など（小塩，2001）

⇒自尊感情の高低以外に，自己評価の不安定性・脆弱性に着目する必要

例）坪田（1993），Zeigler-Hill et al.（2015）では自己評価の不安定性が嫉妬
　　傾向に影響

- 総合して，一次元的な自尊感情の測定には自己愛的な自己評価との重複の限
　界，自己評価の不安定性や脆弱性を検討できない限界が考えられる

【自己愛的観点からの検討】

- 自己評価の高さ，自己評価の不安定性を検討するため自己愛に着目
- 自己愛は Raskin & Hall（1979）による Narcissistic Personality Inventory
　（NPI）の開発以降，パーソナリティ特性としても研究が活発に
- Gabbard（1994/1997）の無関心型（oblivious）と過敏型（hypervigilant）
　⇒無関心型は他人に無関心で攻撃的，高い有能感と傷つきへの鈍感さ
　⇒過敏型は自己評価が低く他者に過敏で内向的
　⇒無関心型と過敏型は「自己評価を維持したい」強い動機づけが共通
- 近年ではこれらの特徴は自己愛の「誇大性」「過敏性」等と呼称

【自己愛の誇大性】

〈自己愛の誇大性と自尊感情の関連〉

- 日本語版の NPI（小塩，1998）やその短縮版 NPI-S（小塩，1999）は「優越
　感・有能感」「自己主張性」「注目・賞賛欲求」の 3 因子構造
　⇒誇大性は「優越感・有能感」「自己主張性」などで測定される
- 自己愛の誇大性と自尊感情の共通点
　⇒自己を価値あるものとする（森尾・山口，2007）
　⇒「肯定的自己評価」（中山，2008b）
　⇒実際に誇大な自己愛と自尊感情はおおむね正の関係を示す（小塩，2001）
- 自己愛の誇大性と自尊感情の相違点（中山，2008a，2008b）
　⇒過度な肯定的自己評価（誇大的な自己愛）をもつ者は高揚された自己評価を
　　維持するために（個人にとって重要な側面に対する）ネガティブな情報に自
　　我脅威を感じやすく，様々な自己調整機能を働かせる
　⇒現実に根ざした肯定的な自己評価をもつ者はネガティブな情報を自我脅威
　　として結び付けにくく，極端な態度をとりにくい

〈自己愛の誇大性・自尊感情と嫉妬傾向〉

- 恋愛関係上でも，誇大的な自己愛者は，恋人の浮気等，自我脅威となる明確
　な拒絶は現実的なレベルから高揚された自己評価の維持が困難になるため，

✐ チェックポイント

研究の重要な論点に出てく
る引用文献には目を通し，
読んでいる論文の主張の背
景を知る

✐ チェックポイント

中ボックスと小ボックスの
区別をつけることを意識す
る

✐チェックポイント

研究者が「理論的にこうだ
ろう」と指摘したことと，
実際に「こうなりました」
と分析結果として示された
ことを区別しておく

自己愛的な調整機能を働かせるのではないか

⇒自己充足的な個人に比べ誇大的な自己愛者が高い嫉妬傾向を示す可能性

- Gabbard（1994/1997）が「無関心型」とするように誇大的な自己愛者は他者
からの評価を気にしない可能性があるため，単純に自己愛の誇大性と嫉妬傾
向が正の関連を示すかは疑問がある

⇒NPI-S の「有能感・優越感」「自己主張性」は社会的関係の嫉妬に有意な影
響を示さず「注目・賞賛欲求」のみが有意な正の影響を示した（堤，2006）

⇒嫉妬深い恋愛傾向である Mania 得点とドイツ語版 NPI 得点が有意な関連
を示さなかった（Rohmann, Neumann, Herner, & Bierhoff, 2012）

- 総合して，概念的な重複を考慮しない場合には自己愛の誇大性，自尊感情は
ともに嫉妬傾向と明確な関連を示さない可能性

- 誇大的な自己愛と自尊感情の概念的な重複に配慮して，両者を統制し合うこ
とで自尊感情の測定する状態・内容の曖昧さに関する限界に配慮できる

例）Bushman & Baumeister（1998），川崎・小玉（2007），加藤・五十嵐
（2016）などから

【自己愛の過敏性】

- 自らが無価値であると見抜かれるのではないかと怖れ，他者からの無関心及
び否定的な反応に敏感で傷つきやすく落ち込みやすい（小松，2004）

⇒自己評価が外的な評価によって変動する不安定さ，脆弱さ

⇒対人関係上の自分へのネガティブなフィードバック・兆候に過敏という点
で自己愛の過敏性と嫉妬傾向（特に情動的側面）は正の関係にある

⇒浮気場面への否定的な感情反応に対し，過敏な自己愛傾向から有意な正の
影響（Besser & Priel, 2009）

⇒Mania 傾向と脆弱な自己愛傾向が有意な正の関連（Rohmann et al., 2012）

- 嫉妬傾向と自尊感情の関連について，自尊感情の第二の限界点である外的な
評価に脆弱で不安定な自己評価の性質について自己愛の過敏性を考慮するこ
とで配慮できる

プラスα

本研究では「自尊感情」と
しているが，仁平（2015）
などでは，Rosenberg を
参照して「自尊感情」より
「態度」「評価」「信念」を
含む「自尊心」が Self-es-
teem の訳として適切とさ
れている

【自己愛の注目・賞賛欲求】
〈誇大性・過敏性との距離〉

- 他者から注目されたい，賞賛されたいという自己愛的な側面

- 日本語版 NPI-S（小塩，1999）の「注目・賞賛欲求」や Narcissistic Person-
ality Scale（NPS；谷，2004a，2004b，2006a による）の「注目・賞賛欲求」等
で測定される（項目内容，構成概念が異なることに留意）

- 自己愛の誇大性・過敏性と異なる結果（小塩，2004；谷，2004b）

⇒谷（2006b）では NPS の 5 下位尺度得点を因子分析にかけ，「誇大性」「過

✐チェックポイント

重要そうな尺度の話が出て
きたら，迷わず文献を探し
てみる。具体的にどういっ
た概念をどんな項目で測定
しているかを知ろう

敏性」を抽出したが，「注目・賞賛欲求」は両因子に負荷

⇒落合（2009）では NPI-S と自己愛的脆弱性尺度（上地・宮下，2005），自尊感情尺度（山本・松井・山成，1982），Social Avoidance and Distress Scale 日本語版（石川・佐々木・福井，1992）の尺度得点でクラスター分析すると，NPI-S「注目・賞賛欲求」，自己愛的脆弱性尺度「潜在的特権意識」，「承認・賞賛への過敏さ」が誇大性・過敏性から独立して抽出

⇒「注目・賞賛欲求」は自己愛の誇大性，過敏性の間に存在する可能性

〈注目・賞賛欲求と嫉妬傾向〉

• 注目・賞賛欲求が高い者は自分に対する評価に非常に敏感（小塩，2001）

　⇒恋人の裏切りにも反応しやすく，嫉妬深い可能性

　⇒堤（2006）では NPI-S の「注目・賞賛欲求」のみが社会的関係の嫉妬に有意な正の影響，小塩（2001）では NPI-S の「注目・賞賛欲求」のみ自己像の不安定性に正の影響

• 本研究では「注目・賞賛欲求」は自己愛の誇大性・過敏性のどちらとも判別しがたい概念として独立して考慮

【本研究の目的】

• 自尊感情と嫉妬傾向との関連について，嫉妬を多次元的にとらえ自己愛の考慮で混乱した知見を整理しなおすこと

チェックポイント
新たに見つけた解決すべき問い

• 現実的な交際関係に基づいた知見を得るため交際経験者が分析対象

• 相関分析の予測：

　⇒嫉妬傾向と自尊感情は無相関～弱い負の関連

チェックポイント
仮説の内容に着目

　⇒自己愛の過敏性や「注目・賞賛欲求」は正の関連

チェックポイント
尺度開発なのか尺度関連なのかを確認

• 階層的重回帰分析の予測：

　⇒各嫉妬傾向に対し，自尊感情は負の，誇大性は正の影響を示す

　⇒概念的な類似や先行研究から，過敏性は誇大性に比べより強い正の影響

方法

【調査協力者と手続き】

• 質問紙調査を実施し，現在・過去数年以内に恋愛関係を経験した18〜23歳の大学生160名（男性75名，女性85名，平均19.84歳，$SD=1.11$）が分析対象

チェックポイント
対象の人数と属性

【調査内容】

①多次元恋愛関係嫉妬尺度（神野，2016）

チェックポイント
使用している尺度の数や下位尺度をチェック

• 「猜疑的認知（誰かに X さんをとられるかもしれないと考えることがある）」「排他的感情（X さんが誰かといちゃいちゃしていたら，不機嫌になる）」「警戒行動（X

さんに，誰と何をしていたのか，何を話していたのかを聞くことが多い)」の3下位
尺度各5項目7段階評定

②自尊感情尺度（山本ほか，1982）

- 項目8「もっと自分自身を尊敬できるようになりたい」は他の項目から異質
である可能性（谷，2001）のため除外し，9項目，5段階評定

③Narcissistic Personality Scale（NPS）短縮版（谷，2006a）

- 自己愛を誇大性，過敏性，注目・賞賛欲求に分けて測定する
- 誇大性の「有能感・優越感（私は，周りの人達より，優れた才能を持っていると
思う)」，「自己主張性・自己中心性（私は，自分の考えをはっきり言う人間だと思
う)」，過敏性の「自己愛性抑うつ（自分の話を熱心に聞いてくれないと，自信が
なくなる)」，「自己愛的憤怒（自分の意見を少しでも否定されると，すぐ頭に来
る)」，「注目・賞賛欲求（私には，みんなの注目を集めてみたいという気持ちがあ
る)」の5下位尺度各5項目，7段階評定

結果

【基礎統計量・相関分析】（Table 1）

- 各尺度に対する探索的因子分析の結果，先行研究とおおむね一致
- 各尺度の α 係数，平均値と標準偏差，相関係数は Table 1 参照
    ⇒多次元恋愛関係嫉妬尺度の各下位尺度と自尊感情尺度はほぼ無相関（$r=-$
    $.11-.04$, *n.s.*）
    ⇒誇大性はほぼ無相関（「有能感・優越感」と「警戒行動」のみ $r=.16$, $p<.05$）
    ⇒「注目・賞賛欲求」はすべて有意な正の相関（$r=.18-.33$, $p<.05-.001$）
    ⇒過敏性はほぼ有意な正の相関（$r=.15-.42$, $p<.10-.001$）

【階層的重回帰分析】（Table 2）

- 多次元恋愛関係嫉妬尺度の各下位尺度を従属変数とし，独立変数として，
ステップ1では「性別（男性1，女性0のダミー変数)」
ステップ2では「自尊感情」
ステップ3では「有能感・優越感」「自己主張性・自己中心性」
ステップ4では「自己愛性抑うつ」「自己愛的憤怒」
ステップ5では「注目・賞賛欲求」，を順に投入
- VIF は最高で 2.61 で，多重共線性の問題は認められないと判断

〈「猜疑的認知」の結果〉

- ステップ2〜3，ステップ3〜4にかけて有意／有意傾向の決定係数が増加

Table 1　各変数の α 係数，平均値，標準偏差および相関行列

	α	Mean	SD	2	3	4	5	6	7	8	9
1.　猜疑的認知	.90	3.23	1.55	.57***	.44***	−.07	.11	−.05	.25**	.19**	.22**
2.　排他的感情	.86	4.75	1.41	—	.38***	−.11	.13	.03	.42***	.33***	.32***
3.　警戒行動	.80	2.96	1.26		—	.04	.16*	.01	.16*	.15†	.18*
4.　自尊感情	.87	3.20	0.74			—	.66***	.35***	−.19*	−.15†	.20**
5.　有能感・優越感（誇大性）	.88	3.75	1.25				—	.41***	.20*	.23**	.46***
6.　自己主張性・自己中心性 　　（誇大性）	.78	3.91	1.14					—	.01	.18*	.35***
7.　自己愛性抑うつ（過敏性）	.77	4.34	1.13						—	.55***	.54***
8.　自己愛的憤怒（過敏性）	.83	3.23	1.16							—	.32***
9.　注目・賞賛欲求	.91	4.57	1.33								—

†$p<.10$,　*$p<.05$,　**$p<.01$,　***$p<.001$

Table 2　多次元恋愛関係嫉妬尺度の各下位尺度を従属変数とした階層的重回帰分析の結果

投入の順序	変数	猜疑的認知				排他的感情				警戒行動			
		R^2	ΔR^2	B	β	R^2	ΔR^2	B	β	R^2	ΔR^2	B	β
ステップ 1	性別	.03*		.53	.17*	.00		−.05	−.02	.01		.19	.08
ステップ 2	性別	.04*	.01	.59	.19*	.01	.01	.02	.01	.01	.00	.18	.07
	自尊感情			−.17	−.11			−.16	−.11			.03	.02
ステップ 3	性別	.08*	.04*	.46	.15†	.09**	.08**	−.08	−.06	.04	.03†	.04	.03
	自尊感情			−.52	−.25*			−.49	−.35***			−.15	−.12
	有能感・優越感（誇大性）			.34	.27*			.52	.37***			.32	.25*
	自己主張性・自己中心性 （誇大性）			−.13	−.10			.01	.01			−.06	−.05
ステップ 4	性別	.11**	.03†	.47	.15†	.20***	.11***	−.17	−.06	.05	.01	.07	.03
	自尊感情			−.28	−.14			−.19	−.10			−.06	−.03
	有能感・優越感（誇大性）			.19	.15			.14	.12			.17	.17
	自己主張性・自己中心性 （誇大性）			−.13	−.09			−.01	.00			−.07	−.06
	自己愛性抑うつ（過敏性）			.25	.18†			.39	.31***			.09	.08
	自己愛的憤怒（過敏性）			.03	.02			.15	.13			.08	.07
ステップ 5	性別	.12**	.01	.40	.13	.22***	.02*	−.27	−.10	.06	.01	.02	.01
	自尊感情			−.30	−.14			−.21	−.11			−.07	−.04
	有能感・優越感（誇大性）			.16	.13			.09	.08			.15	.15
	自己主張性・自己中心性 （誇大性）			−.17	−.13			−.07	−.06			−.10	−.09
	自己愛性抑うつ（過敏性）			.15	.11			.24	.20†			.02	.02
	自己愛的憤怒（過敏性）			.04	.03			.18	.14			.09	.08
	注目・賞賛欲求			.15	.13			.23	.21*			.10	.11

†$p<.10$,　*$p<.05$,　**$p<.01$,　***$p<.001$

（ステップ 3：$\Delta R^2=.04$, $p<.05$，ステップ 4；$\Delta R^2=.03$, $p<.10$）

- ステップ 4 まで「性別」が有意／有意傾向で，男性の得点が高い傾向
- ステップ 3 では「自尊感情」（$\beta=-.25$, $p<.05$）「有能感・優越感」（$\beta=.27$, $p<.05$）が有意な偏回帰係数

プラスα

重回帰分析とは，1つの従属変数（結果となるデータ）を複数の独立変数（原因となるデータ）からいかに予測・説明できるか，という分析。たとえば，売上金額（従属変数）を，従業員の数，宣伝費，来客人数（独立変数）から予測する，など。階層的重回帰分析は，回帰分析を複数のステップに分けて分析することで，どのステップで説明力が増加するかを確認する方法。独立変数の交互作用の検討を行いたいときにも使用される

⇒ステップ4では「性別」（$\beta=.15$, $p=<.10$）と「自己愛性抑うつ」（$\beta=.18$, $p=<.10$）のみ有意になる

⇒ステップ5では有意な偏回帰係数を示す変数は得られなかった

〈「排他的感情」の結果〉

- ステップ2〜3，ステップ3〜4，ステップ4〜5に有意な決定係数が増加（ステップ3：$\Delta R^2=.08$, $p<.01$, ステップ4：$\Delta R^2=.11$, $p<.001$, ステップ5：$\Delta R^2=.02$, $p<.05$）
- ステップ3では「自尊感情」（$\beta=-.35$, $p<.001$），「有能感・優越感」（$\beta=.37$, $p<.001$）が有意な偏回帰係数
- ステップ4では「自己愛性抑うつ」のみが有意（$\beta=.31$, $p<.001$）
- ステップ5では「自己愛性抑うつ」（$\beta=.20$, $p<.10$），「注目賞賛欲求」（$\beta=.21$, $p<.05$）が有意／有意傾向となり，決定係数は他の下位尺度と比べ最も高い値（$R^2=.22$, $p<.001$）

〈「警戒行動」の結果〉

- 決定係数，増分はほぼすべてのステップで有意とならなかった
- ステップ3で「有能感・優越感」のみ（$\beta=.25$, $p<.05$）で有意

考察

チェックポイント

本研究の目的の確認

【本研究の目的】

- 自尊感情と嫉妬傾向の関連を自己愛という観点から整理すること

チェックポイント

本論文で得られた結果＝事実は何か

【相関分析の結果から】

- 自尊感情は多次元恋愛関係嫉妬尺度の各下位尺度と直線的な関係にない
  ⇒坪田（1993）を支持する結果
  ⇒適応的な自己評価と自己愛の誇大的な側面が混同してとらえられたため？
- NPS短縮版と多次元恋愛関係嫉妬尺度の各下位尺度との関連では，「注目・賞賛欲求」および過敏性に相当する「自己愛性抑うつ」「自己愛的憤怒」がほぼ有意な正の関連，特に「排他的感情」で顕著な結果
  ⇒Besser & Priel（2009），堤（2006），Rohmann et al.（2012）と一致
  ⇒嫉妬喚起場面への不快反応は不安定な自己評価の側面と関与

チェックポイント

得られた結果をどう解釈するか

【階層的重回帰分析の結果から】

〈自尊感情と自己愛の誇大性を投入したステップ3〉

- ステップ3では「自尊感情」は「猜疑的認知」「排他的感情」に有意な負の偏回帰係数，「有能感・優越感」は有意な正の偏回帰係数を示した

⇒「有能感・優越感」が同程度の場合「自尊感情」が高いほど嫉妬傾向が抑制，「自尊感情」が同程度の場合「有能感・優越感」が高いほど促進

⇒先行研究の知見の混乱は，自尊感情を一次元的にとらえていたことによるものである可能性を示唆する重要な結果

〈「排他的感情」のステップ4およびステップ5〉

• 有意な決定係数の増加が確認され，それまで有意であった「自尊感情」「有能感・優越感」が有意でなくなったため，自己愛の過敏性と「注目・賞賛欲求」はより嫉妬傾向の情動的側面を規定する要因と考えられる

⇒不安定で脆い自己評価をもち，それでも周囲からのフィードバックで自己評価を高めようとする個人ほど感情的な嫉妬深さを経験する可能性

〈ステップ3〜4で「自尊感情」「有能感・優越感」の係数の変化〉

• ステップ3にて「有能感・優越感」，「自尊感情」はおおむね有意な影響を示したが，ステップ4以降では係数が低下し，有意でなくなった

⇒「自己評価」より自己愛的な脆さ・不安定さが嫉妬の規定因の可能性

〈その他〉

• 「猜疑的認知」「警戒行動」は「排他的感情」に比べると特に自己愛の過敏性や「注目・賞賛欲求」に規定される程度が低かった

⇒「日常的な相手への疑い」と「他者からのネガティブなフィードバックへの反応」では概念的な共通性が薄い？

• 「猜疑的認知」ではステップ4まで「性別」が有意

⇒男性がやや女性に比べ疑い深い可能性，追検討が必要

【本研究の意義と今後の課題】

〈本研究の意義〉

• 先行研究を整理したうえで，肯定的な自己評価の測定に関する限界が知見の混乱を招いた可能性を実証的に見出した点

• 自己評価の単純な高低というよりも，自己評価の脆さ・不安定さこそが嫉妬深さ（特に情動的側面）をより規定することを見出した点

〈今後の課題〉

• 調査協力者の少なさの解決

• 特に嫉妬の認知・行動的側面を規定する要因には触れられていない点

プラスα

ステップ3で，「自尊感情」「有能感・優越感」は相関係数よりも重回帰分析での偏回帰係数のほうが絶対値で言えば高い値が出たり，正負の符号が逆転したりしている。このような独立変数を「抑制変数」と表すことがあり，単純な相関ではわからなかった変数間の関係が示されることがある

チェックポイント

今後の課題は何か

まとめ

　神野（2018）は，先行研究で恋愛関係の嫉妬傾向と自尊感情との関連の知見が一貫しないため，自己愛の観点から捉えなおすことで整理を試みた。

　交際経験のある大学生160名を調査協力者とし，質問紙調査を行った。結果から，(1)「自尊感情」は嫉妬の三次元すべてと明確な直線的関係になく，(2)階層的重回帰分析にて嫉妬の情動的側面に対して「自尊感情」と自己愛の誇大性に相当する「有能感・優越感」を同時に投入した際には「自尊感情」が負の，「有能感・優越感」が正の有意な影響を示し，先行研究の混乱は自尊感情が自己愛の誇大性と弁別されていなかったために起こった可能性があること，(3)自己愛の過敏性や「注目・賞賛欲求」は自己評価の単純な高低よりも嫉妬の情動的側面に対し影響力を持ち得ること，が示唆された。

面白かった点

　本研究の面白さは一点ある。嫉妬研究の黎明期に多くの研究がなされても，一貫した知見が得られていなかった「嫉妬深さは自信のなさと関連するか」について，実証的なデータから説明した点が「面白かった点」と考えられる。もちろん先行研究で使用されていた嫉妬傾向・自己評価の尺度は双方とも統一されているとはいえず，結果が一貫してこなかった理由はほかにも様々な可能性が考えられる。しかし，自尊感情について近年取り上げられている限界点をもとに分析を行い，理論的な考察に一致した方向の結果が得られたことは，嫉妬研究のみならず他領域の研究にも転用可能な示唆となるだろう。

疑問点

　本研究への疑問点は一点ある。「自信がなくて嫉妬する」ことがどういった悪影響を及ぼし得るのか，本研究では十分な議論がなされていない点があげられる。たとえばIPV（Intimate Partner Violence）やデートDVの観点で言えば，嫉妬の認知的側面・行動的側面とIPV加害傾向は有意な正の関連，情動的側面とIPV加害傾向とは無関連（Rodriguez, Dibello, Øverup, Neighbors, 2015），嫉妬深さ（特に認知的側面）とデートDV被害との関連（越智・喜入・甲斐，2017）なども報告されている。Chin, Atkinson, Raheb, Harris, & Vernon（2016）では嫉妬傾向とダークトライアドの関連を自尊感情，特権意識が抑制するかについて検討がなされている。嫉妬のリスクに触れる議論もできていれば，本研究の論点がさらに明確になったように考えられる。

第9章　観察研究のまとめ方

○本章で紹介する論文とその論文を選んだ理由

 ・論文1

狗巻修司. (2013). 保育者のはたらきかけと自閉症幼児の反応の縦断的検討：共同注意の発達との関連から. 発達心理学研究, **24**(3), 295-307.

 ・論文2

長橋　聡. (2013). 子どものごっこ遊びにおける意味の生成と遊び空間の構成. 発達心理学研究, **24**(1), 88-98.

　観察研究について興味を持っていただくために，ここでは上記2つの論文について，あえてまとめて，比較しながら紹介していきたいと思います。まず，論文1・2には，3つの共通点があります。第1に「人間同士のコミュニケーションを観察していること」，第2に「保育施設をフィールドとしていること」，第3に「自然観察による研究であること」です。あなたが保育施設に行って，小さな子どもたちを対象に観察研究することをイメージしてみてください。きっと，楽しい調査になるに違いありませんよね。

　そして，そのイメージを保ったままで，2つの論文の中身を眺めてみてください。方法から結果の示し方まで，大きく違うことがわかるはずです。このバリエーションこそが，心理学における観察研究の奥深いところであり，かつ面白いところでもあります。

　論文1・2は，それぞれの研究目的に応じて以下のような相違点があります。第1に「観察対象は1～2人の行動か，それとも集団の行動か」，第2に「観察手法は時間見本法と事象見本法を組み合わせているか，事象見本法のみを用いているか」，第2に「結果の示し方は量的な統計結果ベースか，質的な文章・図の記述ベースか」です（いずれも前半が論文1，後半が論文2）。それぞれの論文で，「なぜそうした観察の仕方／結果の示し方をする必要があったのか？」を，ぜひ考えてみてください。

　論文を読んだ経験がまだ少ない方にとって，観察研究は情報量が多く，かつ中身に多様性があるので，きっと戸惑うこともあるかもしれません。でも，ポイントをつかんで一つひとつ論文の中身を追っていけば，きっと読み解けるはずです。ぜひコツをつかんで，あなたの論文読解に役立てていただければと思います。

9章・論文1　観察研究のまとめ方①

狗巻修司．（2013）．保育者のはたらきかけと自閉症幼児の反応の縦断的検討：共同注意の発達との関連から．*発達心理学研究*，**24**(3)，295-307.

【キーワード】

- 共同注意（joint attention）

　⇒特定の対象物に対して，他者と一緒に注意を向けること

　⇒おおよそ生後9ヶ月頃に生起・発達していく

　⇒自閉症幼児は，共同注意の発達に障害を示すことが指摘されている

問題と目的

【大きな領域】

乳幼児と他者との相互交渉の成立・発展

　⇒他者からの，子どもの発達に適したはたらきかけの重要性

【先行研究】

- 自閉症スペクトラム障害幼児（以下，自閉症幼児）と他者との相互交渉に関する研究が展開

　例）Jackson et al.（2003），Wetherby, Watt, Morgan, & Shumway（2007）など

　⇒自閉症幼児が他者との相互交渉で重篤な障害を示すことが明らかに

- 自閉症幼児は定型発達児に比べ，社会的な刺激に対して回避的

　例）Warreyn, Roeyers, & DeGroote（2005），Swetteham et al.（1998）

- のちに自閉症と診断される乳児は定型発達乳児や発達遅滞と診断される乳児に比べ，早期から相互交渉スキルに障害がみられる

　例）Clifford & Dissanayake（2008），Receveur et al.（2005），Osterling, Dawson, & Munson（2002）

- 自閉症幼児は発達遅滞幼児や定型発達幼児に比べ，他者からとられるはたらきかけが異なる

　例）Doussard-Roosevelt, Joe, Bazhenova, & Porges（2003），Meirsschaut, Royers, & Warreyn（2011）

チェックポイント

問題と目的は，「大きな領域→先行研究の問題点→研究目的」という一般的な構成を念頭に（**p. 12**参照）

【本研究の問題意識】

しかし，これまでの研究は自閉症幼児が示す障害に焦点化したものがほとんど

　⇒他者からのどういったはたらきかけに対して自閉症幼児がより多く反応を
　　示すかは検討不足

　⇒ここから，自閉症幼児の療育技法に関する先行研究を整理

⌗ チェックポイント

著者の先行研究に対する
ツッコミ（批判）は，著者
の主張を示す重要なポイン
ト

Hancock & Kaiser（2002），Mahoney & Perales（2003）

• 子どもに応答的／興味に寄り添うはたらきかけが，自閉症幼児からの応答を
　増加させることを示唆

　⇒しかし，検討されてきた他者からのはたらきかけは応答的に振る舞うこと
　　に限定

　⇒日々の相互交渉場面における他者からの多様なはたらきかけとそれに対す
　　る自閉症幼児の反応には多様性が認められるはず

Siller & Sigman（2002）

• 応答的に振る舞う養育者をもつ自閉症幼児は，1・10・16年後の言語・非言
　語スキルが有意に高い

• 幼児期における養育者のはたらきかけがコミュニケーションの発達に重要

　⇒しかし，自閉症幼児と養育者の相互交渉は研究開始時に観察されたのみ

　⇒自閉症幼児の発達的変化と養育者のはたらきかけの変化の縦断的検討が必
　　要

プラスα

ここで，観察の焦点が「自
閉症幼児と保育者のやりと
り」であるとわかる

【本研究の着眼点】

以上の検討に際して，その指標となるのが共同注意（Joint attention）

• 自閉症幼児が共同注意に固有の重篤な障害を示す

　例）Adamson, Deckner, & Bakeman（2010），Schietecatte, Roeyers, & War-
　　reyn（2012）

• 一方で，自閉症幼児も年長とともに共同注意の障害に改善がみられることや，
　療育的支援を受けることで共同注意の獲得が可能

• さらに，共同注意の量的・質的側面ともに言語獲得や表象スキル発達と関連
　することが明らかに

　例）Cotugno（2009），Kasari, Paparella, Freeman, & Jahromi（2008），Law-
　　ton & Kasari（2012）

　⇒しかし，先行研究では自閉症幼児の共同注意の発達に応じた他者からの働
　　きかけについて検討されず

⌗ チェックポイント

先行研究の示唆から，観察
内容を明確化している

【本研究の目的】

- 1名の自閉症幼児（A児）の共同注意の発達に着目する
- A児への保育者のはたらきかけと，そのはたらきかけに対するA児の反応について縦断的な分析を行う

- 共同注意を伴う相互交渉の発達段階（Carpenter, Nagell, & Tomasello, 1998）

  段階1：注意のチェック（Check attention）

  段階2：注意追従（Follow attention）…代表的な特徴として「他者の指さしの理解」

  段階3：注意定位（Direct attention）…代表的な特徴として「乳児自身の指さしの産出」

※とりわけ生後9〜18ヶ月に共同注意スキルが高次化

- 以上の発達段階をもとに，本研究の観察データを以下の3つの期間に分類

  1期：指さし理解・産出なし

  2期：指さし理解あり・産出なし

  3期：指さし理解あり・産出あり

  ⇒各時期における保育者からのはたらきかけと対象児の反応に質的な差異が認められるかについて検討することを目的とする

方法

【対象児】

200X年1月X日生まれの女児（A児）1名

- 出生体重2568g，周産期に異常なし
- 1歳8ヶ月健診で発達検査に取り組めず要観察となる
- 2：4（2歳4ヶ月のこと，以下同様）での発達検査で認知面の遅れと対人的コミュニケーションの問題が指摘されたことから，就学前通園施設S園に入園
- 3：7時点でDSM-Ⅳ-TRの基準を満たし，医療機関から「広汎性発達障害」と診断

A児を対象とした理由

⑴観察期間を通して保育者と相互交渉が成立しにくい特徴がみられつつも，その相互交渉の質に変化がみられたこと

⑵3：9で「指さしの理解」が，4：11で「指さしの産出」がみられる等，共同注意に変化がみられたこと

  ⇒A児の全体的な発達と障害の様相はTable 1を参照

Table 1.　各時期における A 児の発達の様相

時期区分	発達検査結果 （新版 K 式発達検査）		CARS 得点（平均） （N は評定者数）
1 期 （2：10〜3：4）	〈2：10〉 姿勢・運動　1：8　　認知・適応　1：1 言語・社会　0：10　　全領域　1：1		〈3：2〉　　38.8（N=5）
2 期 （3：9〜4：5）			〈3：11〉　40.3（N=4） 〈4：5〉　40.5（N=5）
3 期 （4：11〜5：5）	〈4：11〉 姿勢・運動　2：4　　認知・適応　1：7 言語・社会　1：3　　全領域　1：8		〈5：2〉　37.25（N=6）

注　〈　〉は実施時期。

【観察手続き】

- 観察期間は A 児が 2：10〜6：2 までの 3 年 4 ヶ月
- 1〜2 週間おきに，平日午前中に筆者が S 園を訪問し保育場面を観察・録画（1 回あたり 2 時間程度）
- 筆者が保育室に同室し，A 児と保育者の相互交渉を撮影
- 遊びの道具や内容等は一切指示せず，A 児と相互交渉を行う保育者がともに入る位置から撮影
- 全観察回数94回
- 観察時，A 児を含むクラスの子どもに積極的にはたらきかけることは避けたが，子どもからのはたらきかけには不自然にならない程度に応じた

チェックポイント

フィールドでどんな対象や場面を・どのくらい・どのように観察して全観察記録を得たか？

【時期区分】

全観察データについて，以下の基準をもとに時期区分を行った

①指さし理解あり：1 日の観察を通して 5 回以上の指さし理解がみられる

②指さし産出あり：1 日の観察を通して 3 回以上の指さし産出がみられる

　⇒結果，以下のようにデータが分類された

　　1 期（指さし理解・産出なし）…2：10〜3：4

　　2 期（指さし理解あり・産出なし）…3：9〜4：5

　　3 期（指さし理解あり・産出あり）…4：11〜5：5

　　※各時期の間は基準を満たさなかったため分析から除外

　　※5：6 以後は指さし以外のスキルの発達的な影響を避けるために除外

チェックポイント

観察対象となる行動の定義の明確化①（共同注意の発達）

【分析データ】

- 3 つの時期に該当する録画データから，自由遊び場面を分析の対象とした
- 自由遊び場面は「ままごと」を中心に道具操作を目的とした活動だった
- 録画データの中間点から前後 3 分間，計 6 分間を分析データとした
- 1 場面（1 期）のみ他児からの関与が過剰にみられたため分析から除外

プラスα

全観察記録から，「時間見本法」の手続きをもとに分析対象となるデータを抽出している（→計 6 分／場面）

⇒分析対象となるのは，1期21場面，2期22場面，3期22場面の計65場面（390分）

【評定項目と評定の手続き】

〈評定項目について〉

- Doussard-Roosevelt et al.（2003）と矢藤（2000）を参考に，すべての保育者のはたらきかけと，そのはたらきかけに対するA児の反応を評定
  ⇒Table 2に評定のカテゴリと定義

チェックポイント

観察・分析対象となる行動の定義の明確化②（保育者の働きかけ＋A児の反応）

Table 2. 本研究での分析カテゴリと定義

	カテゴリの名称		定義と下位カテゴリ
保育者に関する分析項目	手段 $\kappa=.88$	社会的はたらきかけ	表情，ジェスチャー，または言語を用いたはたらきかけ（身体接触や道具操作が伴わないはたらきかけ）
		身体的接近・接触	身体的接近，または身体接触を伴ったはたらきかけ
		モノを用いたはたらきかけ	道具の提示や道具操作のモデルを伴ったはたらきかけ
	形態 $\kappa=.71$	維持	子どもが興味や関心・要求を示す遊び道具を用いてはたらきかけたり，子どもの要求した遊びを行う
		発展	子どもの興味や関心・要求を解釈し，相互交渉に新たなものを持ち込んだり，遊び方を変える
		転換	子どもの興味や関心・要求とは無関係なモノや場所へ子どもの注意を向けさせ，新たな相互交渉を開始しようとする
A児に関する分析項目	反応 $\kappa=.92$	受容（下位カテゴリ：$\kappa=.84$）	受容-Low Level：保育者からのはたらきかけを受け入れるが，快の情動表出が伴わない
			受容-High Level：保育者からのはたらきかけを受け入れ，快の情動表出が伴う
		受容以外（下位カテゴリ：$\kappa=.79$）	無視：保育者からのはたらきかけに対して明確な反応がみられない（保育者のはたらきかけを認識していない反応）
			拒否：保育者からのはたらきかけに対して明確な拒否を示す（はたらきかけられたことを認識した反応）
			（「拒否」の下位カテゴリ：$\kappa=.74$） 拒否-Low Level：保育者からのはたらきかけに対して明確な拒否を示すが，相互交渉自体を拒絶するわけではなく，その場に居続ける 拒否-High Level：保育者からのはたらきかけに対して明確な拒否を示し，加えて相互交渉自体を拒絶しその場から逃げ出す

プラスα

行動の定義の信頼性について，どのようにチェックしたかの説明

〈評定の手続き〉

- まず，2場面のみ筆者と第1評定者（発達心理学を専攻する訓練された1名の大学院生）により実施
- 残り63場面は第1評定者が単独で実施

〈評定の信頼性の確認（≒行動の定義が他者と共有できるかの確認）〉

- 筆者と第2評定者（大学生1名）が，評定の手順確認として，2場面の評定を共同で実施
- その後，2場面を除いた13場面（分析データの20％）の評定を独立して実施

- 第1評定者と第2評定者の評定について，概ね高い一致率が得られた（$\kappa =$ .71～.92）
- 一致しない箇所については協議の上修正を行った

　※2名の評定者に対し，評定前には本研究の目的や時期区分の詳細を伝えず，後に説明を実施

【分析】

以下の3点の検討を実施

①「保育者のはたらきかけの回数」
- 検討した理由 … 保育者のはたらきかけは常にことばかけや動作が伴う等，明示的であるため
- 分析方法 … 分析データでみられた保育者のA児へのはたらきかけの総数を，各時期の場面数で割ることで各時期の平均はたらきかけ数を算出し，各時期に差がみられるかを分析

②「保育者のはたらきかけの質」
- 検討した理由 … 自閉症幼児の指さし理解や産出の有無により，保育者のはたらきかけの質に差がみられると考えられるため
- 分析方法 … Table 2の定義に基づき，保育者のすべての働きかけを「手段」と「形態」ごとに分類し，「保育者による働きかけの質の差異」と「時期によるはたらきかけの質の差異」がみられるかを分析

③「A児の反応の質」
- 検討した理由 … 共同注意スキルの発達により，同一カテゴリに分類される保育者のはたらきかけに対する反応に質的な差がみられると考えられるため
- 分析方法 … Table 2の定義に基づき，A児が示したすべての反応を「受容」と「受容以外」，そして下位カテゴリに分類し，「時期による反応の差異」と「保育者によるはたらきかけの各カテゴリへの反応の差異」について分析

　※統計分析には統計ソフトウェア R version2.14.2を使用

【その他】
- 観察期間中に年度ごとのクラス編制が3度あり，クラスに在籍する他児や保育者の構成が若干異なる

　⇒分析対象となった保育者はのべ9名であった

結果

〈分析データについて〉
- 分析データの評定から，保育者のはたらきかけが計2416回生起
- しかし，撮影位置の問題で35回（1.4%）のはたらきかけでA児を評定できず

🔖チェックポイント

観察記録の何を・なぜ・どのように分析したかについて，項目ごとに簡潔に

プラスα

ここまでで，
(1)観察を実施
→(2)共同注意の発達をもとに縦断データを時期区分
→(3)保育者の働きかけとA児の反応を上位・下位カテゴリに定義し分析へ
……という流れをつかもう

⇒保育者のはたらきかけに関する分析では，2416回のはたらきかけを分析に
使用

⇒他のすべての分析では，2381回のはたらきかけと反応を分析の対象とした

⇒多重比較はすべて Ryan 法を用いた

以下，狗巻論文では4つの分析が行われている

【1．分析対象となる保育者のはたらきかけ方の差異と対象児の反応】

- 分析対象となった9名の保育者（A〜I）について，A児に対するはたらきか
けの「手段」の産出頻度の分析を行った結果（Table 3 参照），個人差はみら
れなかった（Fisher の直接確率法を使用）
- A児に対するはたらきかけの「形態」の産出頻度は，すべての時期で保育者
による差がみられた（χ^2 検定）
- しかし，それぞれのはたらきかけに対するA児の反応はすべての時期で差が
みられなかった（χ^2 検定）

⇒各保育者のはたらきかけの差が対象児の反応に与えた影響は認められな
かったため，以後，各時期について，A〜I保育者のはたらきかけをまと
めて扱うことに

【2．（保育者によるA児への）はたらきかけの回数の縦断的変化】

- 3つの時期における保育者の相互交渉場面でのはたらきかけの回数は，Ta-

チェックポイント

レジュメでは，何をいくつ
分析したのかを最初にまと
めておくと，聞き手にとっ
てわかりやすい

チェックポイント

見出しに補足が必要であれ
ば，積極的に追記する。こ
こでは（保育者による〜）
を追記した

Table 3. 3つの時期における各保育者のはたらきかけの手段と形態，保育者からのはたらきかけに対する
対象児の反応

時期	保育者	はたらきかけの手段			はたらきかけの形態			対象児の反応	
		社会的	接近・接触	モノを用いた	維持	発展	転換	受容	受容以外
1期	A	25	4	164	151	11	31	127	66
	B	16	5	131	115	11	26	90	62
	C	10	3	80	69	14	10	61	32
	D	20	2	80	73	6	23	61	41
	E	26	4	148	138	15	25	101	77
	F	36	8	181	163	1	61	149	76
2期	A	49	3	136	121	21	46	128	60
	C	25	4	65	68	13	13	65	29
	F	32	4	75	75	8	28	66	45
	G	16	5	71	69	12	11	59	33
	H	25	0	75	67	22	11	65	35
3期	A	34	8	94	96	11	29	101	35
	B	43	5	135	140	19	24	136	47
	C	52	5	136	157	26	10	153	40
	F	33	5	86	91	12	21	88	36
	H	27	5	70	70	15	17	66	36
	I	30	6	79	94	10	11	79	36

ble 4 参照

- データの分散が均一でないため（Fligner-Killeen 検定），Kruskal-Walis 検定を実施
- 3 つの時期に有意な差がみられたため，Mann-Whitney を用いた Ryan 法による多重比較を実施

　⇒ 1 期と 2 期，2 期と 3 期とで保育者のはたらきかけの数に有意な差がみられた（1 期 ≒ 3 期＞ 2 期，$p <.01$）

Table 4.　各時期におけるはたらきかけの数（平均）と多重比較

はたらきかけの数	1 期（$n=21$）	2 期（$n=22$）	3 期（$n=22$）	多重比較
平均	45.43	27.23	39.23	1 期＞ 2 期**
標準偏差	13.17	10.75	13.74	3 期＞ 2 期**

**$p <.01$

【3.　保育者のはたらきかけ方の縦断的変化と A 児の反応の発達的変化】

〈保育者のはたらきかけ方の縦断的変化〉

- 各時期における保育者のはたらきかけの詳細については Table 5 参照
- 「手段」と「形態」の頻度について 3 つの時期で差がみられるか検討

　⇒結果，「手段」と「形態」ともに有意な差がみられた

　⇒「手段」… 1 期に「モノを用いたはたらきかけ」が多く，2 期と 3 期で「社会的はたらきかけ」が多い

　⇒「形態」… 1 期に「転換」が多く，2 期で「発展」が多い

Table 5.　3 つの時期における保育者のはたらきかけの回数（上段）と調整された残差（下段）

時期	はたらきかけの手段			はたらきかけの方略		
	社会的	接近・接触	モノを用いた	維持	発展	転換
1 期	133	26	784	709	58	176
	−6.7**	−1.0	6.7**	1.3	−4.6**	2.1*
2 期	147	16	422	400	76	109
	2.9**	−.07	−2.4*	−3.4**	3.3**	1.5
3 期	219	34	600	648	93	112
	4.2**	1.6	−4.7**	1.8	1.7	−3.5**

**$p <.01$，*$p <.05$

〈A 児の反応の発達的変化〉

- 保育者からのはたらきかけに対する A 児の反応を Figure 1 に示す

　⇒ A 児は保育者のはたらきかけの半数以上を受容していた

　⇒ 3 つの時期を比較したところ，「受容」反応の産出頻度は 1 期 ≒ 2 期＜ 3 期

- 次に，「反応」の下位カテゴリについても検討（Figure 2）

　⇒「受容」の下位カテゴリについて，「受容-High Level」の産出は 1 期 ≒ 2 期＜ 3 期

　⇒「受容以外」では「拒否」の産出が 2 期と 3 期に増加（1 期＜ 2 期 ≒ 3 期）

チェックポイント

図表が多いときは，論述・分析の流れを意識しよう。狗巻論文では概ね，
(1)上位カテゴリの分析（たとえば「受容」）
→(2)下位カテゴリの分析（たとえば「受容 High-Level」）
というプロセスで一貫している

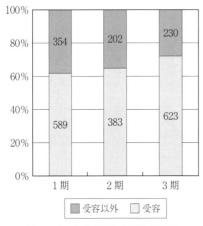

Figure 1. A児の反応の縦断的変化

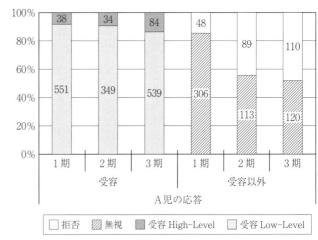

Figure 2. 各時期におけるA児の反応下位カテゴリの産出頻度（受容下位カテゴリの図左側に示す：受容-High Level と受容-Low Level／受容以外下位カテゴリは図右側に示す：拒否と無視）

Table 6. 2期と3期における拒否下位カテゴリの回数

時期	拒否下位カテゴリ	
	拒否-Low Level	拒否-High Level
2期	32	82
3期	56	54

⇒「拒否」の下位カテゴリの産出頻度を2期と3期で比較したところ，「拒否-High Level」の産出が2期＞3期（Table 6）

【4. 保育者のはたらきかけに対するA児の反応】

〈3つの時期を通じてみられたはたらきかけと反応の関係〉

• Figure 3 … 保育者のはたらきかけ（「手段」と「形態」）と，それに対するA児の反応

• 両者の関係を分析した結果，はたらきかけの種類に応じて，A児の「受容」反応数に有意な差

⇒「手段」…「社会的はたらきかけ」＜「身体的接近・接触」≒「モノを用いたはたらきかけ」

⇒「形態」…「転換」＜「維持」≒「発展」

• 次に，保育者のはたらきかけと，A児の反応の下位カテゴリの関係について検討（Figure 4 参照）

• 「受容」下位カテゴリ … 保育者のはたらきかけの「形態」のみに応じて，A児の反応数に有意な差

⇒多重比較の結果，A児の「受容-High Level」の反応数…「維持」≒「転

📎チェックポイント

ここまでで，
(1) 分析対象となった保育者9名のはたらきかけに個人差があったかを確認
(2) 保育者のはたらきかけ回数の変化の分析
(3) 保育者のはたらきかけ・A児の反応を個別に分析
(4) (3)における両者の関係を分析
……という流れをつかみたい

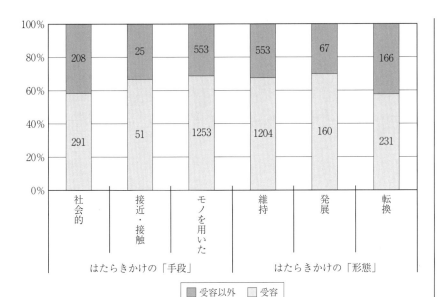

Figure 3. 保育者のはたらきかけ（手段と形態）とA児の反応の関連（手段は図左側に，形態は図右側に示す）

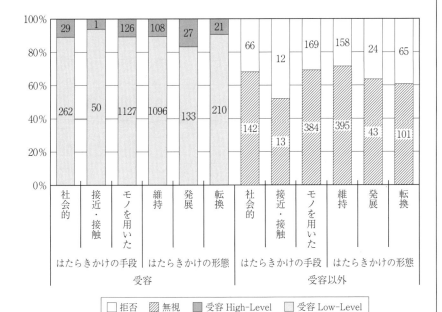

Figure 4. 保育者のはたらきかけ（手段と形態）とA児の反応下位カテゴリの関連（受容下位カテゴリは図左側に示す：受容-High Level と受容-Low Level／受容以外下位カテゴリは図右側に示す：拒否と無視）

換」＜「発展」

- 「受容以外」下位カテゴリ … 保育者のはたらきかけの「形態」のみに応じて，A児の反応数に有意な差

⇒多重比較の結果，A児の「拒否」反応数…「維持」＜「転換」

〈各時期におけるはたらきかけと反応の関係〉

- 最後に，共同注意の発達レベルにより保育者からのはたらきかけに対するＡ児の反応に差があるか検討

- 各時期における「手段」へのＡ児の反応を Table 7 に示す

- 上記を検討した結果，1期と3期で有意な差がみられた

    ⇒多重比較の結果，1期におけるＡ児の「受容」反応数…「社会的はたらきかけ」＜「身体的接触・接近」≒「モノを用いたはたらきかけ」

    ⇒しかし，3期では3つの手段による「受容」反応比率に差はみられず

- 次に，各時期における「形態」へのＡ児の反応を Table 8 に示す

- 上記を検討した結果，1期と3期で有意な差がみられた

    ⇒多重比較の結果，1期におけるＡ児の「受容」反応比率…「転換」＜「維持」

    ⇒同様に，3期におけるＡ児の「受容」反応比率…「転換」＜「維持」≒「発展」

📎 チェックポイント

この本では紙面の関係上，一部の図を小さくしている。自分で図表を作成するときは，レジュメの読み手が見やすい大きさを意識する

Table 7. 各時期での保育者のはたらきかけの手段への反応の回数と多重比較

時期	手段	子どもの反応 受容	受容以外	比率の差の検定	多重比較（Ryan 法）（受容反応の比率）
1期	社会的	61	72	$\chi^2(2, N=943)=20.97$	接近・接触＞社会的 モノを用いた＞社会的
	接近・接触	21	5		
	モノを用いた	507	277		
2期	社会的	90	57	$\chi^2(2, N=585)=1.71$	n.s.
	接近・接触	10	6		
	モノを用いた	283	139		
3期	社会的	140	79	$\chi^2(2, N=853)=17.91$	n.s.
	接近・接触	20	14		
	モノを用いた	463	137		

Table 8. 各時期での保育者のはたらきかけの形態への反応の回数と多重比較

時期	方略	子どもの反応 受容	受容以外	比率の差の検定	多重比較（Ryan 法）（受容反応の比率）
1期	維持	454	255	$\chi^2(2, N=943)=5.03$	維持＞転換
	発展	38	20		
	転換	97	79		
2期	維持	265	135	$\chi^2(2, N=585)=0.97$	n.s.
	発展	51	25		
	転換	67	42		
3期	維持	485	163	$\chi^2(2, N=853)=11.53$	維持＞転換 発展＞転換
	発展	71	22		
	転換	67	45		

考察

📎 チェックポイント

研究目的を再確認しよう

〈研究目的〉

　保育者からのはたらきかけと，それに対する自閉症幼児の反応について，共

同注意行動の発達レベルと関連させて検討すること

【保育者のはたらきかけと子どもの反応の縦断的・発達的変化】
〈全体の傾向〉
- 保育者のはたらきかけの回数は年長・発達・療育経験年数によって必ずしも直線的に増加しない

〈保育者によるはたらきかけの数と質〉
2 期における保育者からのはたらきかけ回数の減少について，
- 特に，2 期において保育者のはたらきかけ回数が減少した
- その原因は A 児が「拒否-High Level」を多く示したため。「拒否-High Level」の反応は，保育者からのはたらきかけの拒否および相互交渉からの回避行動

チェックポイント
考察では，結果を振り返りながら，観察された行動の解釈を試みている

解釈（どうしてこのような行動が生じたのか？）
- 本研究では，2 期の指標を「他者からの指さしの理解」の出現としたが，自閉症幼児は，他者を「意図を有する主体」として理解することなしに他者の指さしを理解する
  例）定型発達；Tomasello（2008），自閉症；別府（1996）
  ⇒ 2 期の A 児は，保育者のはたらきかけの意図をうまく読み取れず適切に反応できなかったのでは？
- 「拒否-High Level」の反応は，自ら指さしを産出し他者の意図や注意を操作する 3 期で減少
  ⇒一過的な現象だったと考えられる

〈各時期における保育者のはたらきかけの特徴について〉
- 1 期において，保育者は「モノを用いたはたらきかけ」と「転換」を多用
  ⇒ A 児に共同注意がみられない段階で，保育者が対象物を積極的に操作し注意を引きつけることを意図したはたらきかけであったと考えられる（同質の結果の例として，常田，2007）
- 2 期において，保育者は「発展」を有意に多く用いた（3 期では同様の傾向がみられず）
  ⇒ 2 期のはたらきかけは，二項的相互交渉を三項的相互交渉に導くために用いられていた可能性
  ⇒ 3 期のはたらきかけが増加したのは，二項的相互交渉を経ることなく三項的相互交渉が可能になったからではないか

【A児の発達的変化と保育者のはたらきかけの関係】

- 結果，保育者のはたらきかけとA児の反応について以下のことが明らかとなった

　⇒「手段」では「モノを用いたはたらきかけ」と「身体的接近・接触」がA児の「受容」反応を引き起こす

　⇒「形態」では「維持」または「発展」がA児の「受容」反応を引き起こす

〈上記結果の重要性について〉

1点目：自閉症幼児へのはたらきかけを検討した先行研究の結果を支持したこと

　例）Doussard-Roosevelt et al.（2003），伊藤・西村（1999），Leekman & Ramsden（2006）

- また，この結果は定型発達幼児との共通性も認められる

　例）矢藤（2000）

　⇒保育者が子どもの興味・関心に寄り添うかたちで遊び道具を操作したり，身体的な接触などにより直接的にはたらきかけることが，自閉症幼児・定型発達幼児ともに重要

2点目：A児の共同注意スキルの発達により，保育者のはたらきかけに対する反応の質が変化したこと

　⇒時期ごとに相互交渉の質が異なることを意味する

- 従来の研究では，自閉症幼児の発達的変化が考慮されてこなかった

　例）Meirsschaut et al.（2011），Watson（1998）

- 保育者は共同注意の発達的変化に応じてA児へのはたらきかけを変化させていたと考えられる

【本研究のまとめと残された課題】

- 本研究の結果は，自閉症幼児への保育・療育実践に重要な示唆を与えると考えられる
- しかし，本研究は自閉症幼児1名を対象としたものであり，サンプルを増やして共通性と障害固有性を検討する必要がある
- 自閉症幼児の「受容」反応を引き起こすはたらきかけが，保育者にどの程度意識化されていたかについての検討が必要
- 1〜3期の同一時期内にみられた保育者のはたらきかけのばらつきが生じる原因についての検討の必要性

　　　　　　　　　　　　　　まとめ

狗巻（2013）は，自閉症幼児の共同注意の発達に基づいて観察時期を3つに

✐ **チェックポイント**

論文では最後に，問題と目的で触れた先行研究と対比することで，本研究の意義と限界を説明することが多い

✐ **チェックポイント**

最後に論文内容を簡潔にまとめることで，聞き手の理解を促す（**p. 23** 参照）

区分したうえで，それぞれの時期における保育者のはたらきかけとそれに対する対象児の反応について縦断的に検討した。対象児は，「広汎性発達障害」と診断を受けたA児であった。観察期間は2：10〜6：2までの3年4ヶ月であった。

　結果，以下の2点が示唆された。第1に，自閉症幼児は，自身の興味・関心に寄り添うかたちでの，遊び道具の操作や身体的接触といった保育者のはたらきかけに対して「受容」反応を示すことが示唆された。第2に，共同注意の発達に応じて，A児の反応だけでなく，保育者がはたらきかけを変容させていることが示唆された。以上の結果から，保育者が自閉症幼児に対して，子どもの示す興味や関心に寄り添うこと，そして子どもの発達的なレベルに応じてはたらきかけの質を変化させていくことの重要性が考えられた。

面白かった点

　本研究の面白かった点は，障害特性論との関係から以下の2点をあげることができる。第1に，他者からのはたらきかけとその反応という関係的な視点から，自閉症幼児をとらえようとしている点である。自閉症幼児は，他者とのコミュニケーションに重篤な障害を示すことが知られている。だからこそ，自閉症幼児の姿を，個人の特性に還元するのではなく，身近な大人との関わりからとらえようとした観察の着眼点は興味深い。これと関連して，第2に，障害を抱えた幼児に対する保育者の専門性を示唆している点である。狗巻論文が刊行された2013年から10年近く経つ現在，「個別の障害特性に応じた支援」に関する議論が盛んである。そうした中，自閉症という障害の特性というよりも，むしろ子ども一人ひとりの生活や発達に寄り添うことの重要性や意義を指摘したほか，それを達成しようと日々奮闘している保育者の専門性を示唆した点は，今尚強調されるべき当該研究の意義であり，面白いポイントであると考えられる。

疑問点

　狗巻論文に対する疑問点は，以下の2点があげられる。第1に，今後の課題の一つとして触れられているとおり，保育者のはたらきかけの意図が十分に検討されていない点である。というのも，保育者が最初からA児の発達を見通したうえではたらきかけを変えていたのか，それとも日々の相互交渉によるA児と保育者の両者の調整によって"結果的に"観察結果のように収束していったのかについては議論がなされていない。第2に，A児が在籍し，本研究のフィールドとなった就学前通園施設S園に関する情報がやや不足している。S園がどのような特徴を有する園かによって，そこに所属する保育者の意図やはたらきかけのあり方は多分に異なると考えられる。ゆえに，A児の選定理由と同時に，S園についても一定の議論が必要であったと考える。

✐ チェックポイント

面白かった点はいくつあるか，それは何か。率直に感じたこと・考えたことを書こう

✐ チェックポイント

疑問点はいくつあるか，それは何か。ぜひ，率直に感じたこと・考えたことを書いて共有しよう

9章・論文2　観察研究のまとめ方②

論文タイトル

長橋　聡. (2013). 子どものごっこ遊びにおける意味の生成と遊び空間の構成. *発達心理学研究*, **24**(1), 88-98.

【キーワード】

• 協同遊び（cooperative play）

⇒幼児が 4 〜 5 歳頃に顕著に展開していく，複数の子どもが力を合わせて取り組む遊びのこと

⇒論文内で論じられているごっこ遊び（たとえば「病院ごっこ」）も協同遊びに含まれる

問題と目的

【1. 子どもの遊びをとらえる視点】

• 幼児期の遊びは，複数の子どもたちによる協同遊びとして展開されることがほとんど

• Piaget（1945/1988）の指摘…幼児のごっこ遊びを可能にしているものは象徴行動とその発達

⇒これについて，子どもの協同遊びを個人の表象能力から説明することは困難であるとの批判から，社会的相互作用や会話が交わされる過程へ注目が集まってきた（例：Garvey, 1977/1980；Giffin, 1984；Sawyer, 1997）

• しかしこれらの研究は，仲間との協同遊びにおける意味や内容の生成を扱っているが，子どものごっこを支えているモノとの行為的関わりや空間配置に言及していない

⇒子どもの周りにあるモノとの行為的関わりに注目して遊び論を展開したのが Vygotsky（ヴィゴツキー）

【2. Vygotsky のごっこ遊び論とその特徴】

Vygotsky（1933/1989）は，子どものごっこ遊びについて以下のことを考えた

• 子どものごっこ遊びを支える想像力や空想は，モノやそれを用いた行為から生まれると考えた

• モノについて，物理的，視覚的特徴から意味的側面へ注目する「比率（ratio）」を変化させることで子どもはごっこ遊びの世界を意味的に構成してい

チェックポイント

観察研究の場合，論文内のどのような現象がキーワードと関連するかも書いておくとよい

プラスα

最初の節にて，この論文が，幼児同士のごっこ遊び（協同遊び）とモノ・空間との関係に関心をもっていることがわかる

チェックポイント

先行研究に対する著者のツッコミ（批判）は重要ポイント

く（Hedegaad, 2007）

【3. Vygotsky のごっこ遊び論の課題と本研究の目的】

本研究では Vygotsky のごっこ遊び論のなかでも，以下の点に注目する

- 幼児がモノとの行為的関わりを通してモノを意味化していくこと
- その意味の共有化によって協同的遊びが成立していく過程
- Vygotsky のごっこ遊び論の課題…子どもの周りにあるモノだけを単独に取り上げている

　⇒モノと，モノが置かれている空間との配置関係を扱っていない

　⇒子ども自身が遊び空間を構成していく活動を通してモノを意味づけていく活動を扱っていない

〈空間が子どもの遊びに与える影響について扱った先行研究〉

- 秋田・増田（2001）：ままごとコーナーでの遊びにおける役の成立／不成立について検討
- 榎沢（2004）：「意味づけられた空間」が子どもの気持ちや活動性に大きく影響していることを指摘
- 加藤（1995）：意味化された空間と人間の行動の結びつきを検討する必要性を指摘

　⇒しかし，幼児期の遊びは空間に規定されるだけでなく，子どもたち自身がモノとの身体的関わりを通して能動的に意味空間を作り出す活動である

　例）Holzman（2009, 2010），John-Steiner, Connery, & Marjanovic-Share（2010）

　⇒本研究では，具体的なモノや行為から意味空間をみる視点から総合的にごっこ遊びを分析する

　⇒この分析は，ヴィゴツキーのごっこ遊び論を補強し，幼児期の遊びの発達的意義を明確化すると考えられる

〈研究目的〉

子どもたちの遊びの世界の構成過程におけるモノ，子どもの行為，意味空間の相互連関を明らかにすることを目的とする

方法

【調査フィールド（S市内H園）の特徴】

- 2年保育を実施（4〜5歳児の年少クラス／5〜6歳児の年長クラス，各10数名）
- 異年齢保育を実施していた

> **チェックポイント**
> 研究で解決すべき新たな問い＝幼児期のごっこ遊びにおいて，モノ・空間・行為はどのような連関関係にあるか

【観察方法】

• 観察者は日常的に保育に参加していた

• 観察日にも意図的な状況設定をしなかった（自然観察）

• 記録にはビデオカメラを用いた

• 子どもたちが気にする等により遊びに支障をきたしそうになった際はカメラを遠くに置いたり，撮影を中止したりした

【分析データの選定】

• 映像データから発話プロトコルデータを作成

• 2006年9～10月にかけて，2ヶ月にわたり実施された「病院ごっこ」を分析対象として事例を抽出

• 観察対象（病院ごっこ）の選定理由 … 遊びの過程の追跡およびつながりを分析の視点としていることから適切と判断

【倫理的配慮】

• 保育現場に参与し観察を行うこと，また収集したデータを学術誌等に公表する可能性を保育者および保護者に説明した

• 公表の際にはプライバシー保護を遵守することを説明し，同意を得た

結果と考察

【観察結果の概要】

• 観察日数は18日間（各1時間）

• 観察された協同遊びは19事例，そのうち「病院ごっこ」に関連するとみられる遊びは10事例

• Table 1：「病院ごっこ」について，行為展開の仕方と空間構成等の側面から3段階に区別

phase 1（9月1日～15日）：「病院ごっこ」が継続的に行われるテーマとなっていない段階

phase 2（9月22日～10月4日）：「病院ごっこ」が遊びの中心となり，空間を有機的に結びつけつつ行為が展開していった段階

phase 3（10月10日～25日）：「病院ごっこ」以外の遊びが多くなることで遊びの中心から外れて簡略化していった段階

⇒本論文では主に，以下の3点を分析する

① phase 1 から phase 2 への移行過程

② phase 2 の空間配置の細分化と連関

③ phase 2 から phase 3 への移行

Table 1.　観察された遊び一覧

	日付	行為内容	「病院」のメンバー	患者	特徴的な配置
phase 1	**9月1日**	診察，薬を渡す	シンヤ，アツシ，ユウト	保育者	主に長椅子の上
	9月4日	鬼ごっこ，積木遊び			
	9月5日	鬼ごっこ			
	9月8日	ままごと遊び			
	9月12日	診察，薬を渡す	アツシ，ユウト，ヨウスケ，アカネ，エリカ	観察者，保育者	大型積木の囲い
	9月15日	診察，薬を渡す	アカネ，ヨウコ	観察者，園児	巧技台のカウンター
phase 2	**9月22日**	受付→診察→薬を渡す	スズカ，ミナミ，エリカ，トモコ	保育者	大型積木の囲い内部の仕切り
	9月25日	鬼ごっこ			
	9月26日	鬼ごっこ			
	9月28日	受付→診察→（入院，薬を渡す，レントゲン）	スズカ，ミナミ，ユウカ，レイコ，サクヤ，ヤヨイ，エリカ	観察者，保育者，園児	大型積木の囲い，レントゲン，長椅子
	9月29日	受付→診察→（入院，薬を渡す，レントゲン）	スズカ，ミナミ，ユウカ，レイコ，サクヤ，ヤヨイ，エリカ，トモコ，ユズ	観察者，保育者，園児	大型積木の囲い，レントゲン，長椅子
	10月2日	受付→診察→（入院，薬を渡す，レントゲン）	エリカ，トモコ，ユズ，ユウト	保育者，園児	大型積木の囲い，レントゲン，長椅子，「おうち」を併設
	10月4日	受付→診察→（入院，薬を渡す，レントゲン）	エリカ，トモコ，ユズ，アツシ	保育者，園児	大型積木の囲い，レントゲン，長椅子，「おうち」を併設
phase 3	10月10日	鬼ごっこ			
	10月11日	鬼ごっこ			
	10月16日	診察，薬を渡す	トモコ，カナ	保育者，園児	大型積木の囲い，「おうち」を併設
	10月20日	鬼ごっこ			
	10月25日	「病院」を作るが，別の遊びに移る	スズカ，ミナミ，マリエ，トモコ，ユズ		巧技台の囲い

注1．「病院ごっこ」の事例をゴシック体で表記した。
注2．医師，看護師，薬剤師を総称して "「病院」のメンバー" と表記。グレーの網掛けは年少クラスの子ども。

【1．遊び空間の構成と行為展開の相互連関】

病院ごっこの最初期から遊び空間を完成させていく過程と遊び活動の関連を分析

（1）空間構成の初期段階

病院ごっこの初期段階（phase 1）の例を，事例1-1（Table 2），事例1-2（Table 3）に示す

〈事例1-1について〉

・役割分担は特にみられない

・子どもたち全員が，医師や看護師，薬剤師など，病院に関わる行為を混在させている

📎 **チェックポイント**

文章の事例については別記するとして，内容・考察を簡潔にまとめよう。

今回のレジュメでは〈事例1-1について〉等のように項目ごとに整理し，各見出しの最後に〈分析のまとめ〉を置いている

Table 2. 事例 1 - 1：構造化以前の「病院ごっこ」遊び

白衣を着たヨウスケ，アツシ，アカネが大型積木で囲いを作り，その中に既製品の医者道具の玩具の入ったカバンと薬の袋や瓶が入ったカゴを置いて座っている。そこにユウトが加わる。ユウトが「お医者さんです。次の方。」と言うと，患者（観察者）が来る。ユウトが患者（観察者）に「お薬です」と言いながら薬の袋を渡したり体温計の玩具を患者に渡して熱を測らせたり，注射器の玩具を腕に当てたりする。その間にも他の三人はそれぞれが患者（観察者）に注射をしたり薬を渡す。

Table 3. 事例 1 - 2：遊び空間の構造化が希薄な段階

ユウト，アカネは事例 1 - 1 と同じ場所にいて，そこにエリカが加わる。アツシとヨウスケは囲いの中にいるがユウトたちとは離れている。そこに患者（保育者）がやって来る。保育者はユウトたちに「ここは何病院ですか？」と尋ねる。ユウトは「天使病院」と答える。続けて保育者が離れているヨウスケたちに同じ質問をすると，ヨウスケも「天使病院」と答える。保育者が「違う名前にして」と言うと，ユウトは「繋がってるんです」と答える。すると，保育者はユウトたちに「何科ですか？」と尋ねる。するとユウトは「ふし科（Ｓ市内にある「伏古病院」のいい間違いと思われる）」と答え，保育者はヨウスケたちに「そちらは何科ですか？」と尋ねる。エリカが「耳鼻科でも良いし」と言うと，保育者は「耳鼻科だってそこ」と言う。それから，保育者が質問し，各々がそれに答えながら薬を渡すというやりとりが繰り返された。

- 「病院」の遊び空間についても大づかみ

〈事例 1 - 2 について〉
- 保育者が患者として遊びに参加し「何病院ですか？」と尋ねると，男児 2 人が「天使病院」と返答
- 同様に保育者が「ここは何科ですか？」と尋ねると，ユウト「ふし科」エリカ「耳鼻科」
- しかし，こうした発話は遊びの展開の変化と結びつかず

〈分析のまとめ〉
  ⇒空間の意味づけによって行為展開が進んだり役割分担が生じたりすることはなかった
  ⇒子どもたちは自身の周りの具体的な事物や経験をもとにしてイメージを立ち上げ行為を展開し空間を意味づけようとしている

（2）空間の細分化と遊び活動の構造化
- phase 2 に入ると，「受付⇒診察⇒薬を渡す」という構造化された流れのなかで遊びが展開するようになった
- こうした遊びの活動の構造化とストーリー化の背景には，遊び空間の細分化があげられる

Table 4. 事例2-1：遊び空間の区切りと意味づけ

ミナミ，スズカ，エリカが大型積木を並べている。①積木の側には窓口が置かれ，その脇に医者道具の玩具や薬のカゴ（事例1-1，事例1-2と同じもの）が置いてある。囲いを作り終え，スズカがそれを保育者に見せると，保育者は「広い病院だ。診察室と待合室も作ってね。わたし待合室で待つから。看護師さんが注射するところも作ってね」と言って去る。

積木と窓口を使って外の囲いを作り終えると，スズカは②「これ椅子」③「ここが検査するところで，ここ入り口だからね」④「ここが入院するところ」などとミナミや観察者に言いながら，中を区切るように積木を並べる。そして窓口の前に⑤「これ椅子」と言って立方体の積木を置く。エリカは白衣を取ってきた後スズカとミナミの様子を見ながら「病院」作りを手伝う。その後ミナミは「病院」の外に出ておはじきや貼り紙を取ってくる。積木を並べ終えた頃トモコが加わる。スズカがトモコに「エリカちゃんと一緒に薬屋さんやって」と言うと，エリカとトモコは窓口付近の積木に座る。スズカとミナミは患者（保育者）を呼びに行く。

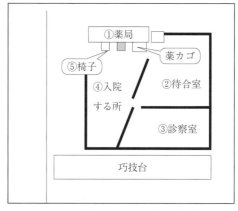

Figure 1. 事例2-1での空間の意味づけ

1）空間の意味づけによる遊びの構造化

phase 2のはじまりである9月22日の遊びについて，2つの場面に分けて分析を行う

　　⇒事例2-1（Table 4）：主に遊びの空間づくりを行っている場面
　　⇒事例2-2（Table 5）：「病院ごっこ」が本格的に展開している場面

〈事例2-1の概要〉

• 保育者の発話を受けて病院のなかを区切り，「ここが診察するところ」等のようにスペースを意味づけ

• 事例2-1で作られた「病院」の概略図はFigure 1のとおり（①～⑤は事例2-1内の記述に対応）

〈事例2-2の概要〉

• Figure 2に，事例2-2の子どもの動きと患者（保育者）の位置関係や動きを記載（⑥～⑨は事例2-2内の記述に対応）

• 「受付⇒診察⇒薬をもらう」という構造化された流れのなかで遊びが展開

• 役割分担がみられる（phase 1では参加者全員がすべての役をこなそうとしていた）

　スズカ…看護師として患者を案内

　ミナミ…患者を診断（診察室）

　トモコとエリカ…受付や薬の受け渡し（窓口）

プラスα

図をまとめて同じページに載せることで「病院ごっこ」の変化をわかりやすく聞き手に提示するのも，レジュメ作成の一案

Table 5. 事例2−2：遊びの役割やストーリー性を伴った「病院ごっこ」

スズカは保育者を連れてきて「待合室」の中に座らせる。保育者が「受付どこ？」と言うと，スズカは「受付って？」と保育者に聞き，保育者は説明をする。スズカは窓口を示し「ここの前で…」と言うと，保育者は別室からスタンプと紙を持ってきて，⑥トモコとエリカに渡し，「ここに判子押してもらえませんか」と言って紙に判子を押してもらう。その後，スズカは⑦保育者を座らせ，体温計の玩具を渡し，保育者はそれを脇に挟んだ後にスズカに返す。スズカはミナミのいる場所に戻り，ミナミに聴診器の玩具を渡し，患者（保育者）の名前を呼ぶ。⑧患者（保育者）はミナミの前に行って診察を受け，⑨窓口で薬の袋（薬）をもらって去る。

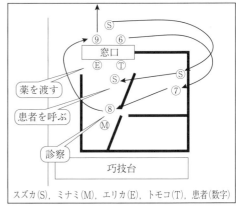

スズカ(S)，ミナミ(M)，エリカ(E)，トモコ(T)，患者(数字)

Figure 2. 事例2−2の見取り図と患者（保育者）および子どもの動き

〈分析のまとめ〉

• 空間が細分化され意味づけられることで，それぞれの場所に子どもたちが身を置き，分担された役割を演じて「病院ごっこ」が展開

• 事例1−1・1−2と事例2−1・2−2を比較すると，子どもたちが遊びの行動の流れを方向づけ，支えていくような空間を作ろうとした

　⇒子どもの遊びがストーリーとして明確になっていったことと遊び空間の構成の仕方とは相互に連関

2）意味空間の成立とそれを生み出していくモノの配置

遊び空間の意味づけを細分化・具体化していくことを支えた「病院」の窓口に注目（Figure 2 参照）

〈事例2−1における窓口（薬局）〉

• スズカは「薬局」という意味空間を具体化すべく，窓口そばに薬のカゴと椅子（積木）を配置

• スズカはモノを配置してから，エリカとトモコに「薬屋さんやって」と発言し，エリカとトモコは戸惑うことなく椅子（積木）に着席

　⇒「薬局」という共有された意味空間を支えていたのが，薬のカゴや「薬局」の場所を示す椅子の配置

〈事例2−2における窓口（薬局 兼 受付）〉

• 保育者の「受付どこ？」という発話が始まり（当初は子どもたちに想定されず）

• 保育者は，別室からスタンプと紙（診察券）を持ってきて窓口のエリカとトモコに渡した

• 最初は診察券にスタンプを押してもらい，診察が終わって患者が窓口に来るとエリカとトモコは薬を手渡す（Table 5 下線部⑥・⑨）

Table 6.　事例 3：新しい「病院」作りと遊びの展開

「病院ごっこ」をしていると，保育者が人体の骨格の絵が描かれた「レントゲン写真」を持ってきて壁に掛ける。それから保育者も一緒になって積木を並べたり長椅子を運んできたりして「病院」を作り直す。窓口には「うけつけ　かいけい」と書かれた紙と「くすりや」と書かれた紙が貼られる。その後，診察券を持った男児が患者として訪れ，窓口で受付を行った後，聴診器を当てられた後にレントゲンを撮影され（壁に掛けられた人体の骨格の絵の前に立つ），入院した後に診察室で包帯を巻かれて退院していった。

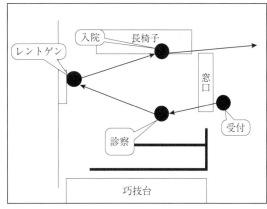

Figure 3.　事例 3 の概略図と患者の動き

⇒診察券やスタンプといったモノが登場し，診察券にスタンプを押すという行為が行われることで，窓口が「薬局」と「受付」に分かれ，2 つの意味空間が作られていった

【2.　空間構成によるストーリーの具体化】

モノや空間，ストーリーが密接に関連することで遊びがどのように展開していたかを検討

〈「レントゲン」の導入〉

• 事例 2-1，2-2 の 6 日後の 9 月28日に行われた病院ごっこが，事例 3（Table 6 および Figure 3）

• 患者（男児）は，「受付⇒診察⇒レントゲン⇒入院⇒退院」と遊びが展開

• その他の患者も，「受付⇒（受付横で）待つ⇒診察を受ける（⇒薬をもらう）⇒帰る」という流れ

•「レントゲン」という要素は，保育者が持ってきた人体骨格の絵が下支えしていた

　⇒事例 2-2 の「受付」と同様に，モノが配置されることで新しい行為が導入され，空間構成が細分化された具体的な例である

〈遊びの空間構成やストーリーの安定性や再現性〉

• 事例 3 で作られた「病院」のための大型積木が片付けられた翌日，「違うよ」と言って位置を修正してまで事例 3 の空間配置を再現しようとする子どもたち

• 同時に，その構造は遊びの展開でさらに変化し発展する可塑性も有している

• 具体例として，事例 4（Table 7）とその空間配置（Figure 4）

　遊び空間：「受付」「待合室」「診察室」「レントゲン」「手術室」という細分化したものに

Table 7. 事例 4：高度に構造化された「病院ごっこ」

男児が患者としてやってくる。患者は①窓口で診察券を出し，少し座って待った後，ミナミに連れられて診察室に入る。②診察室に座っていたユズが患者を診察し，患者をレントゲンの前に立たせる。ユズが「レントゲン取ってもらえますか？」とサクヤを呼ぶと，③サクヤが来てレントゲンを撮り，患者を診察室の椅子に座らせる。サクヤはユズに何か話した後レントゲン写真を渡す。④ユズはレントゲン写真を受け取って患者に怪我の説明をする。その後，⑤ヤヨイが患者を長椅子に寝せ，薬を飲ませて手術をする。手術が終わると「サクヤさん，レントゲンお願いします」と言うが，サクヤが先に来ていた患者（保育者）に説明をしていたので⑥ヤヨイが代わりにレントゲンを撮り，⑦患者の足に包帯を巻き，松葉杖代わりの大型積木を渡し，「気をつけて帰ってください」と送り出す。

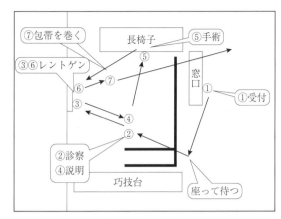

Figure 4. 事例 4 の概略図と患者の動き

子どもたちの役割：

ミナミ…患者を案内

ユズ…診察や怪我の説明

サクヤ…レントゲン

ヤヨイ…手術

〈分析のまとめ〉

• モノや空間の配置の再現により，事例 4 にみられる個々の行為と空間構成は事例 3 とほぼ共通

• 一方，事例 4 ではレントゲン写真を用いて怪我の説明をする等の新しい行為が生成し遊びが複雑化

⇒遊びのなかで作られたモノや空間の配置は遊びの構造を下支えすると同時に，新しいモノや行為の流れが加わることで構造が変化するという循環的な過程があることが，phase 2 の遊びから示唆

⇒しかし，構造化が進むことで遊びが安定することは，同時に遊びを閉塞的にもする

【3. 安定した遊び空間とその変遷】

新しい遊び（おうち）が加わっていくことで「病院ごっこ」が変化していく過程を分析

〈「おうち」を作る遊び〉

• phase 2 に属する最後の 2 回の遊び（10月 2 日，4 日）において，事例 4 と同構造でありつつ，「病院」の外に「おうち」を作るというかたちで遊びが展開

Table 8.　事例5：「病院ごっこ」の簡略化

ままごとコーナーで保育者と子どもたち数人が遊んでいる。子どもたちはご飯を食べた後，「お仕事行って来るね」と言ってどこかに行く。その後，「おうち」にいたマリエが保育者を「病院」に連れ出す。患者（保育者・マリエ）たちが「病院」に行くと，医者は患者たちを椅子に座らせ，患者たちの座っている場所に来て診察と治療を行う。治療が終わると患者は「病院」から出ていく。その後も数度「病院」に出かけるが，薬の受け渡しが行われるだけであった。

- その後，phase 3 の10月16日の事例5（Table 8）では，「おうち」と「病院」が並列した遊びが展開（Table 8 参照）

〈「おうち」と並列した「病院」について〉
- 事例5における「病院」での行為は，患者が「病院」に入って診察を受けて帰るだけ
- その後も薬の受け渡ししか行われず，「受付」「レントゲン」といった要素や，複雑な行為展開はなし
  ⇒「病院」内部の空間構成や行為展開が簡略化
  ⇒「病院」内部に新奇さを楽しむための新たな要素を加える余地がなくなり，子どもたちの関心が「おうち」に移ったと考えられる

【4.「病院」のメンバー構成の変化】
Table 1 に示されている "「病院」のメンバー" に注目して遊びの変化を分析

〈phase 1 のメンバー〉
- 主に年少児で構成されていた
- ストーリー性はみられず
- 9月22日以降，年長児のスズカやミナミが中心に

〈phase 2 のメンバー〉
- 他の年長児も加わり始め，年長児が「病院」のメンバーの大半を占めるように
- エリカやトモコ，ユズといった年少児も「病院」メンバーとして参加
- phase 2 の最後2回は年少児のみで構成されていたが，phase 1 とは異なり役割やストーリー性を含んでいた

〈分析のまとめ〉
  ⇒年長児や保育者との協同的な遊びは，年少児にとって空間構成や役割といった遊びを具体化する手段を引き継ぎ，自分たちで遊びを作り出すための手がかりとなっていた

チェックポイント

「病院ごっこ」のメンバー構成について考察することで，目的達成へ向けた議論の補強をしている。どうして最後にこの結果・考察を提示する必要があったのか，ぜひ考えてみよう

総合考察

チェックポイント

論文内に記載はないが，レジュメでは念のためもう一度，研究目的を確認しておこう

〈研究目的〉

子どもたちの遊びの世界の構成過程におけるモノ，子どもの行為，意味空間の相互連関を明らかにすること

【1．意味空間の構成と行為展開の連関】

- 本論文で取り上げた「病院ごっこ」は，比較的長期にわたって同一テーマで行われた遊び
- 子どもたちは毎回の「病院」の作成に際して，行き当たりばったりではなく，以前の経験を踏まえて空間やモノの配置を決定
- 「受付」「薬局」といった個々の要素の配置を，「病院」というまとまりとしてとらえ遊びに利用していた

  ⇒従来の遊び研究がストーリーと呼んできたものの内実は，具体的な行為やモノから切り離せない

  ⇒子どもの遊びは以下のダイナミックな循環過程にある

チェックポイント

聞き手に論文内容がより伝わるように，必要であれば作図などをして説明しよう。今回は長橋論文 p. 96 右段17行目〜の説明を図にしている

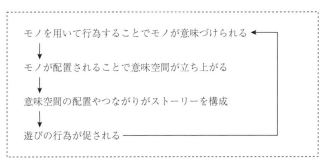

遊びにおけるストーリーと行為・モノとの循環関係（長橋（2013）をもとに作成）

【2．意味空間とモノ・行為との相互連関】

- 本論文では「病院ごっこ」の窓口に注目し意味空間の変遷過程をみてきた
- 窓口に「受付」という意味空間が立ち上がる過程で重要だったのが，スタンプや紙といったモノと，それを用いた行為であった
- それに対して窓口の「薬局」は，行為に先立って「病院ごっこ」の準備時点からあり，意味空間を具体化するためにモノの配置の仕方や発話が機能

  ⇒人とモノと空間とが，遊びという出来事のなかで相互に結びつくことで意味的世界が形成・展開

  ⇒遊びの行為展開の構造が解体していく過程もまた，モノの配置や空間構成に表れている

【3.　意味世界の行為的生成】

〈子どもの遊びにおける意味的世界の生成をとらえる意義〉

現象学者 Merleau-Ponty（メルロ゠ポンティ）は，『行動の構造』（1949/1964）内でゲシュタルトを3つの次元（「物理的秩序」「生命的秩序」「人間的秩序」）に措定

- 特にモノや空間につけられた意味の構造である「人間的秩序」は，他の動物にはない人間独特の精神を形作るとされる

  ⇒能動的な意味的世界の生成は，子どもの遊びの特質としてだけでなく，人間一般の精神の構造にとって重要な学際的な問題といえる

  ⇒子どもの遊びを意味生成の原初としてとらえ分析することは，人間一般の心理構造に迫る足がかりとして有効である

〈遊びを下支えする保育者の関わり〉

- 保育者は「病院ごっこ」の展開に応じて新しいモノを用意したり質問したりすることで，「病院」のイメージを具体化したり新しい展開を促したりしていた

- 保育者は患者役となることで「病院ごっこ」のストーリー作りを「下支え」し具体化する働きをしていた

  ⇒ここから，Vygotsky のいう「発達の最近接領域」としての保育者の役割がみられる

  ⇒子ども同士でも，年長児との協同により，年少児にとっての「発達の最近接領域」が形成されていた

  ⇒ごっこ遊びのなかには能動的な意味生成を支える発達の契機がいくつも存在

〈残された課題〉

- モノと行為と空間という要素の関係を取り上げたが，それぞれの要素の分析も密にすることが可能

- そうした分析を1つのシステムとして統合することで，子どもの遊びの世界の動的な過程を詳細に分析可能となる

  ⇒Vygotsky のごっこ遊び論のさらなる発展へ

まとめ

　長橋（2013）は，Vygotsky のごっこ遊び論に空間構成という観点を加えて，2ヶ月にわたる幼児たちの「病院ごっこ」の生成および空間の構成過程を分析したものである。結果，「病院ごっこ」の発展は3つの phase に分類された。まず，初期の「病院ごっこ」には役割分担やストーリー性はみられなかった。その後，子どもたちが遊びのなかで新しいモノを加えたり，空間構成を作り変

チェックポイント

総合考察内で新たな議論（本研究の示唆）が2点，展開されている。いずれも大事な中身なので，焦らず理解し，レジュメにまとめていこう

プラスα

長橋論文は，これまでのごっこ遊び研究の考え方に対して一石を投じる観察研究である。もし，まとめを書いていて「つまりどういうこと？」となったら，先行研究の議論にどんな限界があったのか，もう一度確認してみよう

えたりすることで，「病院ごっこ」の内容は役割分担やストーリー性を伴う複雑なものになっていった。そして最終的に，子どもたちの興味が他の遊びに移ることで，「病院」の空間配置と行為は簡素化されていった。以上のプロセスを微視的に分析することで，幼児たちはモノを用いるだけでなく，そのモノを一定の場所に配置するなどして能動的に空間構成を行いつつ，ごっこ遊びを発展させていることを指摘し，遊びにおけるモノ・空間・行為展開の相互連関を明らかにした。以上の議論は，幼児たちの遊びが空間に規定されるだけでなく，それを意味空間として構成していくことを指摘し，従来のごっこ遊び研究および Vygotsky のごっこ遊び論に一石を投じるものであった。

面白かった点

　長橋論文の面白さとして，1点，子どもの環境に対する主体性を示唆している点をあげることができる。私たちは子どもと環境の関係をとらえるとき，どうしても環境を独立変数として，「環境が子どもに影響を及ぼす」という構図でとらえがちである。確かに，この構図は保育・教育にとって大変わかりやすい。たとえば，素敵なごっこ遊びのコーナー（たとえば，おままごとコーナー）を保育室に用意してあげることが，子どもたちの遊びを発展させることに貢献することは想像がつく。しかし，この構図に過度に傾倒して子どもの姿や遊びをとらえてしまうと，「環境に左右される子ども・遊び」といったかたちで，子どもの環境に対する主体性を見失わせてしまう。この点において長橋論文は，モノ・空間・行為展開の連関という視点から子どもたちの「病院ごっこ」を分析し，子ども自らが遊びの環境を能動的に作り変え，そこに新たな意味を付与し仲間と共有していくという，遊びにおける子どもたちの環境に対する主体性を示唆している点は大変興味深く，面白い点である。

疑問点

　長橋論文に対する疑問は，以下の2点があげられる。第1に，phase 2の途中から言及されている「おうち」と「病院」の関係からみる，「空間」概念の定義である。長橋論文の分析対象が「病院ごっこ」だったために，「おうち」については言及が少なく，基本的には子どもたちの興味の移行先という，別の遊びとして扱われている。しかし，子どもたちの意味世界において「おうち」と「病院」は必ずしも排他的な関係ではないだろう（たとえば，「おうち」で風邪をひいたら「病院」に行く等）。つまり，子どもたちの遊びにおける意味世界の生成をとらえる際，長橋論文が提起した「空間」概念が，1つのごっこ遊びに収めるべきものか，それとも複数の遊びを包摂し得るものかについては検討の余地があると考える。

　第2に，ごっこ遊びにおいて意味を「生成」する主体が，子どもか，それと

も大人かという議論の曖昧さである。というのも，「病院ごっこ」における「レントゲン」や「受付」は，保育者が用意したモノ（レントゲン写真やスタンプ），また保育者からの発話が引き金となって生成している。つまり，長橋論文で観察対象となった「病院ごっこ」は，保育者の下支えというよりも，むしろ保育者の手によって生じた印象を与えるものである。この点については「発達の最近接領域」に関連させつつ論じられている。

　しかし，長橋論文内での議論の細部，特にメルロ＝ポンティを参照した議論をもとにすれば，子どもも保育者と対等に，空間における意味生成の主体としてとらえることが可能である。そのように考えれば，子どもたちの能動的なモノ・空間・行為を関連づけた意味生成により，むしろ保育者が「ハッ」とさせられる瞬間があっても不思議ではない。つまり，幼児をごっこ遊びにおける意味生成の主体としてとらえるためには，大人も驚くような子どもたちの遊びにおける意味生成の過程についても論じ，議論を補強していく必要があるのではないだろうか。このことは，大人の指導に注目して議論を展開した Vygotsky (1934/2009) の「発達の最近接領域」論のさらなる発展を生む可能性を示唆していると考えられる（関連する諸研究として，たとえば松井（2017）の，幼児による物的環境の想定外の利用に関わる研究がある）。

For a treatise on psychology ▶▶▶ 10

第 **10** 章　面接研究のまとめ方

〇本章で紹介する論文とその論文を選んだ理由

 • 論文 1

大島聖美.（2013）. 中年期母親の子育て体験による成長の構造：成功と失敗の主観的語りから. *発達心理学研究*, **24**(1), 22-32.

　本論文は J-stage などの論文検索エンジンにて全文を入手できる状態となっており，学生たちにとって手に取りやすいものです。そしてなにより，親子という身近なテーマを用いながら，質的研究だからこそ味わうことのできる生の"声"の魅力を感じることのできる論文です。また，子どもと大人のはざまである青年期を生きる学生らにとって，子どもの成長や自立をめぐる親たちの願いと苦悩や，大人である親たちの揺らぎと成長の軌跡について，子どもと大人のどちらの立場にも関わる多くの示唆が含まれています。本論文を通して，親子について，親準備性や親としての成長について，関心をもつきっかけとなることを願っています。

 • 論文 2

榊原久直.（2013）. 前言語期の West 症候群のある子どもへの心理臨床的関りへの一考察. *心理臨床学研究*, **31**(3), 421-432.

　本論文は臨床心理学を学ぶ者や対人援助専門職に就く者が所属する学会の学会誌に収められているものであり，学生にとっては必ずしも入手しやすいものではありません。というのも事例というプライバシーに関わる情報を多分に含む論文は，守秘義務の観点から公開が難しいからです。そこで本著書では筆者自身の論文を素材とすることで，事例の特徴を損なわないかたちで内容を一部修正し，プライバシーにより配慮できるかたちとして刊行することを目的に本論文を選出しました。また手前味噌になりますが，本論文は West 症候群という特定の障碍のある子どもとその家族の変化や成長に焦点を当てたものであると同時に，重い障碍を抱える親子の支援に広く通底する内容が含まれており，障碍臨床の魅力を少しでも触れるきっかけとなればと願っています。

論文タイトル

大島聖美．（2013）．中年期母親の子育て体験による成長の構造：成功と失敗の主観的語りから．発達心理学研究，**24**(1)，22-32.

【キーワード】

・生涯発達

⇒子どもから大人になる過程だけでなく，大人になってからの変化や老年期の衰退を中心とした変化などを含めて人の人生の一生涯にわたる発達過程をとらえる考え方

⇒良い方向への変化に限らず，変わらないことや失われていくことにも価値を置いて検討する

・グラウンデッド・セオリー・アプローチ

⇒主に語りや観察記録などの質的な分析に用いられる分析手法で，個別具体的なデータに密着しつつ人間の行動の複雑さを記述しながらも，同時に，より一般化された理論や仮説を生成することが可能な手法

⇒実践的活用を促す理論を生成可能であり，人間の行動の説明だけでなく，予測を立てるのに役立つとされている

⇒主に，オープン・コーディング（カテゴリーを把握し，命名するまでの作業），アキシャル・コーディング（カテゴリー同士の関連性を検討し，カテゴリー関連図を作成する），セレクティブ・コーディング（把握されたいくつかの現象に基づき，より抽象度の高い現象を把握する）の3つの作業により分析を行う

⇒データをまとまりごとに区切りつつ，プロパティ（データをどの角度から見たのかを示す情報：観点）と，ディメンション（特定のプロパティから見たときのデータの位置づけを示す情報：ある観点から見た特徴）を意識しながら分析作業を行うことで，概念化する際に分析者によるバイアスがかかってしまうことを最小限にしている

問題と目的

【大きな領域】

・母子研究へのこれまでの批判

例）子どもの発達を中心に扱い，母親自身の主観を考慮していないこと

✐チェックポイント

分析方法は自分の興味関心のあるテーマに限らず，その分析方法を用いた他の論文に少しだけ目を通しておくと，イメージがつきやすい

プラスα

分析方法は質的研究をより客観性のあるものとするための工夫であるが，同時に，得られたデータをどのように切り分け，どのようにまとめ上げるかという，結果に直接的に影響を与えるものである

✐チェックポイント

研究の背景となる現象

例）母性神話の影響を受けたものが多く，理想の母親像を目指しつつもそうあれない母親の葛藤を引き起こしてしまうことに加担してきたこと

例）子どもから母親への影響を扱ってこなかったこと

例）母親を取り巻く文脈（周囲の人間関係や環境，文化，思想など）の影響を無視してきたこと

⇒母親の視点に立った研究を行っていくことが必要

⇒母親が，親となることや，子育てを通して，"成長"することが明らかになりつつある

【先行研究】

• 「親となる」ことにより自身の変化を実感すること

例）柏木・若松（1994）

⇒柔軟性や自己抑制，視野の広がり，自己の強さ，生きがいなどの人格の様々な面が成長する

• 子育てに対する意味づけにおいて"成長"というキーワードが語られること

例）徳田（2004）

⇒子育て中の母親への面接調査において，「自明で肯定的なものとしての子育て」，「成長課題としての子育て」，「小休止としての現在」，「個人的成長としての現在」，「模索される子育ての意味づけ」という5つの意味づけが子育てになされていた

【本研究の問題意識①】

〈親としての成長はいかにして生じるのか〉

• 「子どもの自立」を肯定的に受け止めることで自身の成長へと至る母親の存在

例）子どもの自立により子育ての達成感をもっている母親のほうが，アイデンティティは発達に向かう（清水，2004）

例）子どもへの悩みに対して，積極的に他の資源を活用し，子どもの味方として支持的な対応をすることで，後にこれらの体験をよかったこととして肯定でき，人間的に成長したという意識を促進する（成田，2008）

⇒自らの子育てをある程度肯定的に受け止められることは，母親の子育て後の成長にとっても重要であると考えられる

⇒（本研究における目的1）子育て中のどのような体験が，母親の成長を促進するのだろうか

✐チェックポイント

先行研究で明らかになっていること

✐チェックポイント

これまでの研究の問題点の指摘

プラスα

筆者のもつ問題意識は面接研究おいて，何をどのようにインタビューするのかという"聞き方"に影響するものであり，調査方法に記されるインタビューする内容（インタビューガイド）と照らし合わせて読み込むことが大切である

✐チェックポイント

目的が一つひとつ分けて書かれていることもある

【本研究の問題意識②】

〈親としての成長に伴う痛み〉

- 「子どもの自立」を肯定的に受け止められない母親の存在
  ⇒「子どもの自立」をなかなか受け止められず，苦しむ母親が存在する

  例）「空の巣症候群」という現象
- 子どもが自立した後に，自身の生きがいや存在価値を見失う母親の存在

  例）「親離れ」をめぐる川畑・本田（2009）の知見
- 子どもが成人期になっても自立してくれないと悩む母親が存在すること
  ⇒その背景には「子離れ」しようとしない親側の問題も存在する可能性がある（岡本，2004）

  ⇒（本研究における目的２）中年期の母親の成長はどのように進んでいくのか

【本研究の問題意識③】

〈質的研究を行うことの意義①〉

- 母親の子育ての現実をとらえることの難しさ
  ⇒多様な要因が絡み合っていること
  例）母親自身の発達，子ども側の要因，夫婦関係
  ⇒研究者側から要因を考慮するよりも，母親の主観的子育て体験をもとに，
    そのような要因をまずはとらえる必要がある

〈質的研究を行うことの意義②〉

- 主観的体験は個人により異なり，きわめて複雑であり多様であること
  ⇒より現実に近づいて現象をとらえるためには多元的な視点を明らかにする
    必要がある
  ⇒「変動する社会に対応する上で必要な柔軟性を保ちながら，その中で起こ
    る現象を理解する（Frick, 1995/2002）」ことに適した質的研究法である，グ
    ラウンデッド・セオリー・アプローチ（GTA）を用いることの有用性
  ⇒GTA に含まれる切片化という工程が，研究対象の理解を限界づけてしま
    うことになるという批判が存在する（木下，2003 など）
  ⇒切片化を行わず，分析ワークシートを作成しながらデータに密着した概念
    生成を行う修正版グラウンデッド・セオリー・アプローチ（M-GTA）を
    用いる

✐ チェックポイント

ナラティブ研究なのか事例研究なのかを確認

プラスα

なぜ特定の分析方法が選ばれたのか，その長所（や短所）は何かという点に注目しておくと，自分の研究でどの方法を用いるかが考えやすくなる

【まとめ】

- 主観的子育て体験の語りの質的分析から，母親の成長要因とそのプロセスを明らかにする

〈インタビューする内容〉

①子育ての成功・失敗体験として母親が考えているものは何か

②子育てで印象的だった体験は何か

③母親の子への関わりの背景には何があるのか

④母親の成長が母親のなかでどのように統合されているのか

- 対象者は中年期の母親

⇒子育てへの満足感は，健やかな中年期を過ごすことや，子育て後の母親の成長にとっても重要であると考えられているため

⇒子どもの自立を肯定的にとらえるという母親個人の成長に有益なはずの体験を肯定的にとらえられる母親とそうではない母親が存在する理由を明らかにする

チェックポイント

新たに見つけた解決すべき問い

チェックポイント

研究を行う意義・重要性

方法

【対象者】（Table 1）

- 20代から30代前半の子どもをもつ母親22名

⇒52〜62歳，平均年齢56.05歳，$SD = 3.48$

チェックポイント

対象の人数と属性

Table 1.　対象者の属性

ID	年齢	職業	学歴	子の性別と数	夫の職業
A	59	自営業	短大卒	M（3）	自営業
B	52	会社員	高卒	F（3）	会社員
C	60	会社員	短大卒	M（2）	自営業
D	54	その他	大学院卒	F（2）	その他
E	52	パート	大卒	F（2）	会社員
F	58	パート	高卒	M（1）	会社員
G	58	パート	大学中退	M（2）F（1）	会社員
H	61	専業主婦	短大卒	F（3）	会社員
I	57	専業主婦	高卒	M（2）	会社員
J	52	パート	大卒	M（1）F（1）	会社員
K	57	専業主婦	高卒	M（2）	無職
L	52	会社員	専門学校	M（1）F（1）	会社員
M	53	パート	高卒	F（2）	会社員
N	52	自営業	高卒	M（1）F（3）	自営業
O	54	その他	大卒	F（2）	公務員
P	57	その他	高卒	M（1）F（1）	公務員
Q	60	自営業	高卒	M（1）F（1）	自営業
R	58	会社員	高卒	M（1）F（1）	会社員
S	52	会社員	短大卒	M（1）F（1）	会社員
T	60	パート	大卒	M（1）F（1）	会社員
U	62	パート	高卒	M（1）F（1）	無職
V	53	専業主婦	大卒	F（2）	会社員

プラスα

何が語られたのかだけでなく，どのような人から語られたのかという情報も同じくらい重要である

【調査方法】

- 30～70分の半構造化面接
- なるべく母親の語りの流れを損なわないようにしつつ，以下の5点を尋ねた
  - ①子どもへの具体的な関わり
  - ②子育ての失敗体験
  - ③子どもに関して印象的だった出来事
  - ④母親の養育スタイルの背景（特に夫婦関係）
  - ⑤母親の成長
- 筆者（インタビュアー）が20代独身女性であったため，先輩である母親たちから子育てについて教えてもらうというかたちでのインタビューを行った
- 面接の場所は調査対象者との合意にて決定した
- 面接過程はテープもしくはICレコーダーで録音した
- 文字起こしは筆者自身が行った

【倫理的配慮】

- 以下の内容を説明し，了解を得ている
  - ⇒研究の主旨，質問に対する拒否の自由，データは研究目的でのみ使用すること，引用する場合は個人を特定できないよう細心の注意を払うこと

【分析の手続き】

- 木下（2003）のM-GTAの手法に習い，以下の手順で行った
① データに密着した分析を進めるため，分析テーマを設定し，その体験の主体を分析焦点者とする
  - ⇒先行研究および数名の対象者の語りから「成長」のキーワードが得られたため，分析テーマを「母親の子育てに関する主観的成長体験」とする。分析焦点者は，「20～30代の子どもをもつ，夫が健在な50～60代の母親」とする。
② 分析テーマと分析焦点者に照らして，データの関連箇所に注目し，それを1個の具体例として，概念名と定義をともに分析ワークシートに記入する
③ 他の部分や他のデータに類似例がないか検討し，随時分析ワークシートに追加する
  - ⇒概念を生成する際には同時にそれと関係しそうな概念の可能性を考えることで，相互の関連を検討する。
④ ②と③の作業を繰り返しながらデータ分析を繰り返す
  - ⇒具体例が豊富に出てこない場合は，その概念は有効ではないと判断する
⑤ 概念としての完成度をあげ，解釈が恣意的になるのを防ぐため，類似例のチェックと並行して，対極例の検討を行う

⑥生成した概念と他の概念との関係を個々の概念ごとに検討する

⑦複数の概念の関係からなるカテゴリーを生成し，カテゴリー相互の関係から
　成る分析結果をまとめ，結果図を作成する

結果と考察

【※注記】

- M-GTA の分析方法上，データとの確認を継続的に行いながら解釈を決定
　していくため，分析プロセスのなかに自動的に考察的な要素が含まれる（木
　下，2003）
　⇒結果と考察をまとめて報告している

> 📎 **チェックポイント**
> ナラティブ研究では結果（事実）と考察（解釈）が同時に語られることがある

【本研究の目的】

- 母親から子どもへの関わりに注目しつつ，母親が過去の子育てを通して得た
　主観的体験を明らかにしようとした

> 📎 **チェックポイント**
> 本研究の目的を確認

【生成されたカテゴリーと概念について】

- M-GTAの分析の結果，8つのカテゴリー，34 の概念が生成された
　⇒概念の定義，語りの数，該当者数は Table 2 に示す。

> 📎 **チェックポイント**
> 本論文で得られた結果＝事実は何か

【カテゴリーや概念間の関係性とストーリーラインについて】

※ " " は概念名，〔 〕はカテゴリー名を示す

- 中年期の母親の子育て体験による成長の構造
　⇒Figure 1 に示す

> 📎 **チェックポイント**
> 図表を入れるとわかりやすい

- 〔理想の母親像〕の生成
　⇒母親になる前から自身の被養育体験や映画などから "母親モデルの蓄積"
　　をしていた
　⇒自身の失敗経験などを振り返りながら自分の子どもには最善をなしてあげ
　　たいという "子に良かれという思い" をもっていた
　⇒それらに加えて，"子の自立を意識する母親" を理想としていた
　⇒こうした母親像を抱きながら母親は子育てを開始，継続していた

> 📎 **チェックポイント**
> 結果を説明する際にも，文章を読み上げるよりも，図や表を見てもらいながら，かいつまんだ説明を聞いてもらうほうが聞き手に内容をイメージしてもらいやすい

- 〔子本位の関わり〕を行うこと
　（〔理想の母親像〕を構成する）"子に良かれという思い" を背景としながら
　⇒自分より "子を優先する" 関わりを行い，"食事作り"，"子と一緒に楽し
　　む"，"子から与えられる課題に対応" していた
　⇒子どもが悪いことをすれば "一緒に謝りに行く" ことや "子と一緒に考え

> 📎 **チェックポイント**
> 得られた結果（事実）を筆者がどう解釈（考察）しているのかということを，両者を区別しながら紹介していくことが大切である

Table 2. カテゴリーと概念名

カテゴリー	概念名	定義	語りの数	該当者数
理想の母親像	母親モデルの蓄積	自身の被養育体験や映画などから，母親としてのモデルを自らの中に取り込むこと。	4	4
	子に良かれという思い	自分の経験から，子にとって良いだろうと思い，率先して行うこと。	6	6
	子の自立を意識する母親	子が成長して，自分で考え，自立して歩む将来を意識すること。	8	5
子本位の関わり	子を優先する	日常生活の様々な側面で，自分よりも子を優先して行動すること。	5	5
	食事作り	子の身体面，精神面の成長のために，食事を作ること。	4	4
	子と一緒に楽しむ	子と一緒に遊んだり，活動することを楽しむこと。	13	8
	子から与えられる課題への対応	子が学校などで問題にぶつかったり，自分の思惑を超えた行動をしたりした時にその問題に精一杯対応していくこと。	24	12
	一緒に謝りに行く	子が何か悪いことをした時に，一緒に相手に謝りに行くこと。	3	3
	子と一緒に考える	子と一緒に問題に対する解決策を考えること。	12	8
	子に寄り添う	子が辛そうな時，心配しつつも，積極的に手や口は出さずに，見守ること。	9	7
	子の味方でいる	どんな時でも子の味方であり，子を愛しているという態度を持っていること。	7	6
	父子間の調整	子のために父親と子どもの関係の調整役を果たすこと。	11	6
気がつけば自分本位の関わり	親中心の子育てで失敗	子育ての際に，親の気持ちを優先しすぎてしまい，失敗したと感じたこと。	11	7
	進路を誘導	子の進路を，自分の望む方向に誘導すること。	8	8
	一方的に叱る	感情に任せて，一方的に子を叱ること。	7	4
	子を手放せない	子の親離れが始まり，子離れしなくてはいけないと思いつつも，できない自分に悩むこと。	5	4
	子の未熟さに目がいく	子が自分の考えるところまで成長していないと感じ，子に対する責めの気持ちも感じること。	4	4
子育てへの義務感	子育ての義務感	自分が子をきちんと育てなくてはいけないという義務感を感じていること。	4	3
	周囲からのプレッシャー	周囲から親としてこうするべきだという圧力を受けること。	4	3
	一人で子育てしている感覚	一人で子育ての責任を引き受け，負担に感じていたこと。	4	4
身近な人からの子育て協力	地域の人からのサポート	先生や友人などの身近な人たちが，子育てをサポートしてくれたこと。	17	9
	心の支えとしての夫	夫が味方でいてくれたり，相談にのってくれたりと，夫の思いやりを感じることにより，精神面での支えを得ること。	12	11
	いざという時の夫	いざという時に，登場して解決してくれる夫を頼りにしていること。	6	5
	夫が一緒に子育て	夫が育児や家事などを手伝ってくれ，一緒に子育てをしてきたと感じていること。	7	7
子から学ぶ	子に指摘される	子に自分の間違いなどを指摘されること。	14	12
	子とかみ合わない	こちらが一生懸命になっていても，子は反抗したり，嫌がったりして，子とうまくかみあっていない感じを抱くこと。	9	6
	子の話を聴く	子の話に注意を向け，理解しようとじっくり聴くこと。	9	7
	子の気持ちに注目する	親の思いよりも，子どもの立場に立って考え，子を理解しようとすること。	8	5
	子の力に気づく	子が様々な力を持っていることに気づき，そこから教えられること。	7	5
離れて見守れる	子に決定を任せる	子が自分の進みたい道に行くように，子の自主性を尊重すること。	16	15
	子をありのまま受容	自分の理想通りとはならなかったが，現在の子の状態を認め，ありのまま受け入れている様子。	6	6
心理的ゆとり	利他心の発達	子育てにより，他者を思いやる心が成長すること。	3	3
	視野が広がる	子育てにより，地域や社会へと視野が広がること。	3	3
	自分の生き方を意識	子に影響を与える存在として自分を捉え，自分なりに一生懸命に生き，その姿を見せていこうと意識すること。	4	3

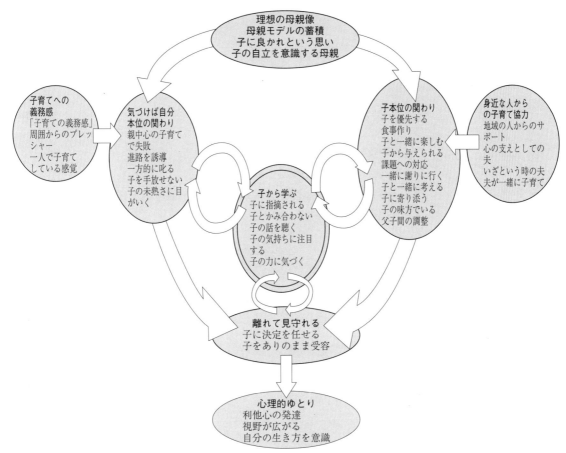

Figure 1.　中年期母親の子育て体験による成長の構造

る"こと，"子に寄り添う"，"子の味方でいる"ことをしていた

⇒時に"父子間の調整"を果たしていた

・〔身近な人からの子育て協力〕の重要性

〔子本位の関わり〕を促すもの

　⇒"地域の人からのサポート"

　⇒特に重要なのが夫からのサポート。"心の支えとしての夫"，"いざという

　　時の夫"，"夫が一緒に子育て"してくれること

・〔気づけば自分本位の関わり〕になってしまうこと

　⇒子に良かれという思いを抱きつつも，子の気持ちを考えずに結局は自分の

　　やりたいようにやってしまったという"親中心の子育てで失敗"すること

　　や，子どもの"進路を誘導"すること，"一方的に叱る"ことが多くあっ

　　た

　⇒次第に子どもが自立し始めると，"子を手放せない"ことや，"子の未熟さ

　　に目がいく"という，描いていた理想とのギャップに失望することがある

　　　　ようであった

- 母親が自分本位になってしまうことの背景にある〔子育てへの義務感〕
  ⇒"周囲からのプレッシャー"や，"一人で子育てしている感覚"などが影響していた

- 〔子から学ぶ〕体験とその結果としての〔離れて見守れる〕ようになること
  ⇒母親は子どもとの関わりを通して，"子に指摘される"ことや"子とかみ合わない"ことを経験したり，"子の話を聴く"ことや"子の気持ちに注目する"ことを通して，"子の力に気づく"ことができるようになることを得るようになる
  ⇒こうして自分本位の関わりになっていることに気づき，子本位の関わりが増加していく
  ⇒そして"子に決定を任せる"ことや，"子をありのまま受容"することが増え，〔離れて見守れる〕ようになっていく
  ⇒この二つの体験・変化は良循環を生む

- 〔心理的ゆとり〕の経験
  ⇒子どもを離れて見守ることで今まで子どもに向いていた視線を外に向けるようになり，母親自身の"利他心の発達"や"視野が広がる"ことになる
  ⇒子の模範として"自分の生き方を意識"することになる

総合考察

✎チェックポイント
本研究の目的の確認

【本研究の目的】

- 中年期の母親が振り返る主観的子育て体験について，主に以下の4点について注目し，母親の成長につながるものを明らかにすること
  ①子育ての成功・失敗体験として母親が考えているものは何か
  ②子育てで印象的だった体験は何か
  ③母親の子どもへの関わりの背景には何があるのか
  ④母親の成長が母親のなかでどのように統合されているのか

【子育ての成功・失敗体験として母親が考えているもの】

- 〔子本位の関わり〕を子育ての成功体験としてとらえていた
- 〔気づけば自分本位の関わり〕を失敗体験としてとらえていた
  ⇒これらの背景には，〔子育てへの義務感〕があり，先行研究同様，理想の母親にならなければならないというプレッシャーが関連していることがうかがわれた

⇒こうしたプレッシャーは，近所の人や義理の親など，近しい人たちからも
たらされやすいことが示唆された

例：義理の親からの「孫を良い学校に入れてほしい」という期待

- 〔身近な人からの子育て協力〕が，孤立感を解消し，子育てに対する責任感
を分散させ，こうしたプレッシャーから母親を守ることに貢献している

- 〔気づけば自分本位の関わり〕が，当初は〔理想の母親像〕における"子に
良かれという思い"から行っていた関わりであった場合が多いことに注意す
る必要がある

【子育てで印象的だった体験】
- 〔子から学ぶ〕体験を多くの母親があげていた
⇒自身の関わりが自分本位のものになっていたことに気づかせてくれる体験
⇒自分が育ててあげる存在だった子どもが，自分を教え育ててくれる存在で
あったことに気づく体験
⇒母親の視点を大きく変化させ，後の母親自身の成長へと導いてくれるもの

【母親の子どもへの関わりの背景にあるもの】
- 〔子本位の関わり〕をする姿は母親が抱く〔理想の母親像〕と一致するもの
⇒母親自身にとって受けいれやすく，母親の自信にもつながりやすく，〔子
から学ぶ〕機会を増加させている
⇒〔子本位の関わり〕は〔身近な人からの子育て協力〕によって促進される

【母親の成長が母親のなかでどのように統合されているのか】
- 母親は〔子から学ぶ〕ことを通して，子どもへの信頼を深める過程のなかで，
〔離れて見守れる〕という子どもへの態度の成長が生じる
⇒これは子どもが自立へと向かう時期に生じる体験であり，中年期の母親に
特徴的な体験である
⇒〔離れて見守れる〕ようになることで子どもとの関係中心だったところか
ら，家庭の外へと目が向いていくことで〔心理的ゆとり〕の獲得という，
母親自身の内面的成長が生じる

【今後の課題】
- 夫が健在であり，子育てに対して協力的な態度をもっている母親を対象とし
ており，比較的似た特徴をもつ対象者からの結果となっていること
⇒片親家庭や再婚家庭など他の条件下にある母親とは異なる体験である可能

プラスα

この研究の協力者だけの話ではなく，同じような状況にある他の人たちや，表面的には別の状況におかれているようにみえる人たちにも，今回の知見が共通して言えることがないかを想像してみることも大切である

チェックポイント

ここに書かれていることが，今後の自分の研究のヒントだと思ってまとめる

性がある

- 母親の子育て体験のみを中心に取り扱っていること
　⇒母親が子育て以外に体験する，仕事や夫婦関係，義理の親との関係など，
　　様々な問題との関連性を検討することが必要である

- 少数サンプルに基づく仮説生成段階の研究であること
　⇒大規模な量的データを用いた，仮説検証を行うことが必要である

まとめ

📎チェックポイント

まとめは「誰が」「何を目的に」「誰を対象に」「どんな方法で」「どんな結果が得られ」「それをどう考えるのか」の要素を書く（p. 23〜参照）

　大島（2013）は，母親の主観的な子育て体験の語りの質的な分析を通して，母親としての成長に関係する要因やそのプロセスを明らかにすることを試みた。
　20代から30代前半の子どもをもつ母親22名（52〜62歳，平均年齢56.05歳，$SD =$ 3.48）を対象に，自身の子育てを振り返ってもらい，①子どもへの具体的な関わり，②子育ての失敗体験，③子どもに関して印象的だった出来事，④母親の養育スタイルの背景（特に夫婦関係），⑤母親の成長，の5点について尋ね，そのデータを文字起こしし，修正版グラウンデッド・セオリー・アプローチの手法を用いて分析した。
　その結果，8つのカテゴリー，34の概念が生成された。8つのカテゴリーは互いに関連しあいながら，母親としての成長過程を指し示すものであった。母親は〔理想の母親像〕に基づき，〔身近な人からの子育て協力〕によって支えられながら，〔子本位の関わり〕を行っていった。しかし時に〔子育てへの義務感〕の影響を受けながら〔気づけば自分本位の関わり〕に陥ることがあるようであった。しかし成長していく〔子から学ぶ〕という体験を通して，その誤りに気づき，同時に子どもを信頼し，子どもから〔離れて見守れる〕ようになっていく。それは母親が子どもとの関係中心だったところから，家庭の外へと目を向け，視野の広がりや自分の生き方を意識するようになるなど，母親自身の〔心理的ゆとり〕の獲得へと寄与するものでもあることが示唆された。

面白かった点

📎チェックポイント

面白かった点はいくつあるか，それは何か

📎チェックポイント

レジュメを見返したときにその面白さが読み手に伝わるために必要な情報が漏れなくかけているかを確認してみよう

　本研究で面白かった点は2点ある。第一に，子どもが成長することではなく，子育てを通して育てる側の存在である母親が成長するという事実を，具体的に示した点である。これは親子関係が，成熟した大人が，未成熟な子どもを育てるという一方向的なものではなく，互いに影響を与え合いながら，ともに育ち合う関係性であることを示す知見であり，親も完璧でなくてよい，迷うこと，間違うことがあってもよいのだということを教えてくれるものであり，これから親になる者，今現在子育てに苦悩している者にとって勇気を与えてくれる知

見であると考えられる。第二に，具体的な親としての成長過程とそこに影響す
る要因を示した点にある。それは親自身にとっては自身の親としての発達の現
在地と次のステップを確認することに役立つものであり，子育て支援を行うも
のにとっては同様に支援の過程の見取り図となるものであると考えられる。ま
た影響する要因の知見は，多角的な視点から子育てをとらえ，その支援のヒン
トを与えるものであると考えられる。

疑問点

　本研究の疑問点は 2 点ある。第一に，M-GTA によって生成された概念名
を見たときに，その抽象度に差が見受けられる点である。具体的な関わりが概
念名として書かれているものもあれば，抽象的な関わりが概念名として書かれ
ているものもあり，それらを再整理することで，新たなカテゴリーや概念が生
まれる可能性ははたしてなかったのだろうか。もしそれで新たなものが生まれ
るのであれば，それはまた母親としての発達もしくは母親支援にとっての大事
なヒントとなるのではないだろうか。第二に，20代から30代前半の子どもをも
つ中年期の母親を対象としているが，はたして〔子から学ぶ〕という体験は，
子どもの自立がなされる時期においてのみ生じる母親の成長過程なのであろう
か。

✐ **チェックポイント**

疑問点はいくつあるか，そ
れは何か

10章・論文2　面接研究のまとめ方②

論文タイトル

榊原久直.（2013）．前言語期の West 症候群のある子どもへの心理臨床的関りへの一考察．*心理臨床学研究*, **31**(3), 421-432.

※臨床事例につき，本誌では学術誌に掲載されている事例の概要と経過を，事例の本質を損なわない範囲で再度加工した情報を記している

【キーワード】

• West 症候群（点頭てんかん：以下 WS と略記）

⇒1歳未満，遅くとも3歳までに発症するてんかん症候群

⇒発症期に発達の退行がみられたり，感覚神経機能の低下，精神活動の障碍（あやし笑いをしない，周囲への無関心，不機嫌など）がみられる

⇒予後は他の難治性てんかんに移行しやすく，早期治療と発作の改善がなされない限りは，知能の予後は基本的に不良であるとされる

⇒25％は，自閉症と多動症状を呈するようになり，WS の診断後，自閉症に類する状態をとるようになる

〈本研究の根幹となる視点①〉

• 関係発達

⇒人間の発達は，周囲の人との関係性のなかで生まれ変容するものであるという発達観

〈本研究の根幹となる視点②〉

• 関係障碍

⇒子どもに何らかの障碍がある場合，その対人関係はネガティブな様相を呈しやすく，その否定的な体験の蓄積により，信頼関係や自己肯定感が育たず，様々な発達のチャンスを失うことになる

⇒一人の障碍児（者）の呈する障碍特性や"問題行動"や症状と呼ばれるような否定的な姿のなかに含まれる，生得的にもっていた部分ではなく，後天的に形成された部分をさして"関係障碍"と呼ぶ

⇒対人関係の障碍を抱える自閉症児者は特にこの部分を大きく有することが考えられている

プラスα

特定の疾患や障碍については，ネット上の動画サイトなどを見るとドキュメンタリー映像などで実際の様子を見ることができる

プラスα

面接研究では，本文中（特に問題と目的）に書かれている筆者の関心や問題意識，専門知識が，関わり手側の背景情報となり，介入や観察に直接的もしくは間接的に影響を与える重要な情報となる

・象徴機能

　⇒目の前にない物事を，他のものに置き換えて表現する働き

　⇒子どもの心理療法では，子どものこの機能により，子どもの心の世界が遊びのなかに表現されるという理解を有している

問題と目的

【大きな領域】

・てんかん発作を伴う疾患への治療に薬物治療以外の支援も有効である可能性

　⇒発作に関する精神的因子や，発作のために起こる精神的葛藤，社会的不適応などには心理療法を併用することが有用である

　⇒特に小児の場合，家族を対象とした援助の有効性が高い（阿部・山田・大嶺，1966）

　⇒しかし，てんかんのある子ども，特にWS児に対する心理療法や家族を含めた包括的ケアの知見はほとんどみられない

⌗ **チェックポイント**
研究の背景となる現象

【臨床の知見】

・てんかんのある子どもには特異な心理的影響や存在様式が存在する（木村，1980）

・てんかんのある子どもに心理療法による支援を行うことが必要である（吉野，1993）

・てんかんのある子どもへの心理療法の有効性を検証した研究は少なく，心的世界に関する理解も不十分である（波多江，2007）

⌗ **チェックポイント**
先行研究で明らかになっていること

【本研究の問題意識①】

・障碍のある子どもの障碍特性や状態像をすべて生得的な障碍に帰属させることへの疑義

　⇒関係発達の視点による"関係障碍"のとらえ方に立つと，子どもが生まれながらに有していると考えられている障碍特性や症状のなかに，後天的に形成された部分があることが考えられる（小林・鯨岡，2005）

　⇒子どもの個体側に確かな障碍があったとしても，そうした部分に関しては，周囲の関わりによって予防や改善の余地があると考えられる

　⇒子ども個人だけでなく，その養育者や，両者の関係性そのものを援助の対象として認識する視点が重要

⌗ **チェックポイント**
これまでの研究の問題点の指摘

⌗ **チェックポイント**
①②など項目をたてるとわかりやすい

【本研究の問題意識②】

・重度の障碍をもつ子どもへの支援において心理療法の枠組みの修正が必要であること

⇒子どもに発達上の問題がある場合，セラピスト（以下，Th.）が子どもの自由な遊びを尊重することにより，子どもが心理的なテーマや葛藤を表現し，自己治癒の過程を歩むことが期待できるとは限らない

例）従来の象徴機能を前提とした心理療法ではなく，象徴化作用の促進そのものに焦点づけた心理療法による，子どもの心の発達の補完の必要性（平井，2008）

例）遊びにくさを有する子どもに対し，セラピストが時にリードするかたちでともに遊びを築き上げることの必要性（滝川，2004）

例）言葉や身振りなどの象徴的コミュニケーションではなく，それ以前の水準である情動的コミュニケーションの水準での関わり合いの必要性（小林，2004）

⇒互いに主体として生きながら，相手を主体として受け止めるという相互主体的な関係のなかにおいて，相手に「いつも，すでに」気持ちを向けていることで（情動の舌を伸ばす状態），相手の「そこ」を生きる（間主観的に理解する）ことが可能になる（鯨岡，1999）

【まとめ】

- WS を取り巻く個人や関係性の問題を理解し，その援助への手がかりを得る
- より広く，発達促進的な関係性を提供するセラピストの存在が，子ども個人への援助や，養育者との関係支援の双方にどのような影響をもたらすのかを検討する
- 分析対象は，前言語期にある WS 児との面接過程の記録，発達検査の結果
- 分析は関係発達の観点から行う

⇒WS 児とその養育者固有の困難さを検討する

⇒子どもと養育者に対するセラピストの存在の影響を検証する

⇒象徴機能を有する以前の発達水準にある子どもを含め，障碍のある子どもに対する心理療法の可能性を再検討する

事例の提示（≒方法）

【クライエント】

- 5歳10ヶ月の女児（以下，A児）
- West 症候群と最重度の知的発達症（知的障害）の診断を受けている
- 面接開始1年前の発達検査（新版K式発達検査2001）

⇒DQ19，DA1：0，CA4：11〔姿勢・運動面 DQ25，DA1：3，認知・適応面 DQ18，DA0：11，言語・社会面 DQ12，DA0：7〕

⇒検査時も家でも発声がなく，人への関心も低下してきているとのこと

✐チェックポイント

新たに見つけた解決すべき問い

プラスα

ナラティブ研究なのか事例研究なのかの確認

プラスα

事例研究では「方法」ではなくどのような関わりであったのかの事例が提示されることがある

プラスα

専門用語と同じく略語も発表時に説明ができるように準備しておくことが大切である
例　DQ 発達指数，DA 発達年齢，CA 生活年齢，○：○　○歳○ヶ月

- A児の臨床像

　⇒虚ろな眼差しであちこちに顔を向けるが，周囲が見えているのかわからないような様子をしている。いつ転んでもおかしくないような様子でふらふらと歩く。発声や表情の変化がほとんどなく，他者への関心もなく自閉状態が顕著であった

【家族構成】

- A児，妹（3歳），母親（Mo. 40代），父親（Fa. 40代）の4人家族
- 母親の臨床像

　⇒穏やかに微笑みながら話すが，疲れの色が顕著にうかがわれる。A児の話を聞くと，てんかんの話と，できないことの話が多くでる

プラスα

事例研究ではどのような人か（属性）が重要な意味をもつ

【両親の主訴】

- 発達の遅れがある。てんかんの発作が頻出し，その強度も強い。これといった遊びをせずにふらふらと歩くだけであり，危ない

【A児の成育歴】

- 正常分娩，在胎週数，出生時体重に問題はみられなかった
- 生後半年月頃より点頭てんかんが生じ始めた
- 親にはよく甘え，他児への関心も示したり，単語も数語話せていたが，1歳半以降に発作の頻度が増え，入院治療を行うものの症状は安定せず，その後，発語が消失した
- その後，多動や他児を叩く他害行動が顕著になった
- 5歳頃にはジャルゴン（無意味な音の集まり）すら発することがなくなり，他害行動もなくなる反面，他児への関心も希薄となり，多動で自閉的な姿が顕著になった

プラスα

○○障碍児としてではなく，個別具体性のあるひとりの子どもとして理解するために，成育歴や現象歴といった情報は重要である

【面接構造】

- 公立の児童センターにおける公的な無料の療育活動として半年間の関わりを行った
- 1回45分の子どもへのプレイセラピー，5分の親へのコンサルテーションを全11回実施
- 様々な感覚遊具が多数設置されたプレイルームを使用
- 1回のセッションに，3家族が同時に入室する集団療法形式だが，一人の子どもにつきセラピスト二人（主指導と副指導）がつき，個別の関わりを行った
- 面接中，保護者は同室の隅に用意された椅子に腰かけ，子どもの様子を眺めたり，保護者同士で自由に話して過ごすことができる

【見立てと方針】

* A児への見立て

⇒周囲の人に対して関心を払わず、虚ろで感情の表出が乏しい。対象の認知が進んでおらず、親を含めて、人を"人"と認識できない状態にある様子

⇒遊具で遊べず触覚刺激に没頭する姿からは、低緊張（筋緊張が低い状態）の存在と一般的な遊具に対する運動企画（体の動かし方をイメージする力）の未形成が考えられた

* Mo. への見立て

⇒育児の疲れとA児が"無力"だという意識が顕著

⇒何をしているかわかりにくく、いつ倒れて怪我をするかわからないA児を見守り続けるためか、Mo. にとってA児の存在は、穏やかに眺める対象ではなく、危機管理の対象という状態にあるように感じられる

* 方針

⇒A児が没頭する感覚世界に寄り添い、A児の幼い主体性に寄り添い・補うようにした対人・対物の交流経験を積み重ねる

⇒そのなかで"人"として Th.（セラピスト）がAに体験されることを目指す

⇒Mo. には Th. なりのA児の理解を伝えることや、Th. らとA児との間で日常動作や家族とできるような遊びを築き上げていくことで、A児と Mo. との関係性の発達的変容を促す

面接経過（≒結果）

※考察で触れられている代表的なエピソードを抜粋して紹介する
※「」は Mo.、『』はA児、〈〉は Th.、'' はその他の発言を示す

【第Ⅰ期：Th. への関心の乏しさと虚ろな表情での多動や感覚世界への没入】

#1：…（中略）…Aは Mo. に腕を引かれて入室。周囲が見えているのかわからない虚ろな表情。ふらふらと歩き回ってはマットに座り込み床を撫でる。Th. の傍を通るときも進行方向上の物という感じで押しのける。遊具で遊ばないがボールプールではボールを掴んだり中に手を入れる。表情はないが関心はある様子。Th. がボールを差し出すと視線は合わせず手からボールを取る。ボールを両手でこね、口に触れる。〈ちょうだい〉と手を出すも見向きもしない。リズムやイントネーションを変えて笑顔で〈Aちゃん、ちょ～うだいっ！〉。返そうとする明確な意図はみられずタイミングも合わないが、微かにだが返そうとするかのように腕が上がる。〈ありがとう〉と受け取り、Aの興味が失われないうちに直ぐボールを〈どうぞ〉。…（中略）…帰り際、呼びかけも届かず明後日のほうを見るAを Mo.

は腕の付け根を掴んで帰る。

・この時期の両親の語り

　⇒発作による怪我や通院により「ずっと大変だった」と疲れた笑みを浮かべる。

　⇒'遊びらしいあそびをしない'と Fa. は諦めの浮かぶ声色で語る。

【第II期：Th. への関心の萌芽と感情表出や外界との関わりの多様化】

#5：…（中略）…滑り台のそば〈するするする～〉と斜面を手で撫でて過ごした後，抱えて上げて滑らせると少し笑顔になる。繰り返すと益々気持ちが向くようで斜面を自分から登ろうとする。Th. らが慎重に後ろからAを支えて登りまた滑る。階段へと移動し，両手を伸ばし"滑るぞ"という意欲をみせる。しかし階段を登る動きは伴わず，補助をしてあげても膝を曲げて段に座ってしまう。結局は Th. らが抱え上げて滑る。…（中略）…
#7：…（中略）…床に落ちていたクッション製のバットを手渡すと，Aは微かに興味をもった表情でバットを転がしたり咥えたり振ったりと，バットそのものを試すかのよう。Th. がAの動きに合わせてボールを転がし，バットに当たると〈カキーン〉と笑顔で音を付けてみるも，興味は抱かなかった様子。

・この時期の両親の語り

　⇒Aを理解できず心配そうに「床を触ったりする行動はどういう意味が？」と尋ねる姿がみられた。様々な刺激と触れ合うという"遊び"のなかで，色々な物を少しずつ理解する段階にあるのかもしれないと Th. は伝えた（#4）。

　⇒投薬に変化はないが，発作が少なくなったとの報告が家族よりある（#7）。

【第III期：Th. への関心の高まりと養育者への愛着行動の生起】

#10：Th. がAに熱があることに気づき水を飲ませる。マットに座り表面を撫でたり叩いたりしてゆったりと過ごすと，Aはおもむろに Th. の腕に自分の手を振り下す。偶然と思いつつもAが悪戯をしたかのように，少し笑って〈イテテ，Aちゃ～ん〉とたしなめる様な顔でAへと顔を近づける。するとAも顔を近づけペシッと Th. の頬を両手で挟む。微かにニッと笑みを浮かべたAは何事もなかったかのように歩き出す。少し疲れた顔で辺りを見ながら歩くと，部屋の隅で座る両親に僅かに笑顔を浮かべて歩み寄る。Mo. の腰に抱きつき休むように体を預ける。Mo. は急なことに戸惑い

ながらも「あらあら，疲れちゃったんか？」と微笑みかけ，Aが顔を上げて再びどこかへ歩いて行ってしまうまで抱き留め続ける。

#11：…（中略）…妹が Mo. とトランポリンを跳んでいると，Aは Th. らの元を離れ Mo. の腰に身を寄せる。Aも Mo. に乗せてもらうが，妹はMo. を独り占めしたいようで両手をつなごうとし，Mo. の取り合いに敗れたAはうなだれて座り込む。二人に求められる Mo. の苦労を労うと「Aは私のことわかってないと思ってたんだけど，最近はわかってくれてるのかなぁ」と苦笑する。悲しげにトランポリンを撫でるAを〈一緒にしたかったんやなぁ〉と慰め，傍に座って体ごとネットを揺らして過ごす。そのままの時間が過ぎた後，Aは顔を上げて Th. に笑みを向ける。全体で簡単な卒業式を行い，別れのときが来るとAはふと立ち止まって振り返る。ほんの僅かな瞬間ではあるがAは Th. ら二人をじっと見つめ，そして母親と手をつないで歩き出す。

- この時期の両親の語り
  ⇒「Aが笑うことが増えた」。Aは気持ちが高ぶっているときや怒っているときに『アーモウ！』と発するようになった（#8）。
  ⇒「どういうときにかは，わからない」が Mo. の頬を軽く叩くことがある（#10）。

【その後】

✐ **チェックポイント**

語りや面接記録に加えて，事前事後に検査やアンケートなどのより客観的な指標の結果が添えられていることがある

- 面接終了後1週間後の発達検査（新版K式発達検査2001）
  ⇒DQ16，DA1：0，CA6：3〔姿勢・運動面 DQ37，DA2：4，認知・適応面 DQ13，DA0：10，言語・社会面 DQ12，DA0：9〕
  ⇒喃語など声をよく出して笑う。検査道具やボールを検査者へ渡す行動がみられた。面接時，「言葉を話していた頃のAに戻るだろうか…」と苦悩する母親の姿がみられた。
- フォローアップの母親との電話
  ⇒その後も発作は減少してきている。体力も少しついてきて活発になったことを報告し嬉しそうに語る。加えて，一層「表情が豊かになってきて」，喜怒哀楽がわかりやすくなった。「ゆっくりとしか変化しない」Aで「毎日大変です」と笑う姿があった。

考察

✐ **チェックポイント**

本研究の目的の確認

【本研究の目的】

- WS という疾患が医学的にもたらす影響以外に，WS 児と養育者との間に与え得る影響を関係障碍の観点から考察すること
- A児と Th. の関係性の発達におけるA児の発達的変容を検証すること

- 前言語期にある子どもとセラピストの関わりやその関係性を，早期の母子関係との類似点から考察すること

【WS児とその養育者を取り巻く "関係障碍"】

- WS発症後の発達的な退行や，その後の他害行動や多動症状の生起という過程は，自閉症児の "折れ線型" と呼ばれる発達過程と共通するものであった
  ⇒子どもの障碍は周囲の人との関わりのなかで，子どもの心の問題を形成し，それが行動に跳ね返ることで一見したところの症状・問題行動となって表れる（小林・鯨岡, 2005）
  ⇒A児の "問題行動" と呼ばれる行動は，病変によって直接的に生じる部分に加えて，能力的退行が外界との関係性に影響を及ぼした結果生じた部分もあるかもしれない

- 他害行動の消失後，他者への関係も希薄化し，発声そのものがなくなる変化
  ⇒負の対人経験の蓄積の果てに，能力を発揮する意欲，コミュニケーションの意欲，ひいては他者を認識する能力を失っていったのかもしれない
  ⇒障碍を起点とした負の波及，連鎖がA児を取り巻く関係障碍の様相の一側面（Figure 1）

✐チェックポイント
どのような時系列でどのような変化があったか

✐チェックポイント
今回の研究がどのような理論と接続するのか

✐チェックポイント
図表を入れるとわかりやすい

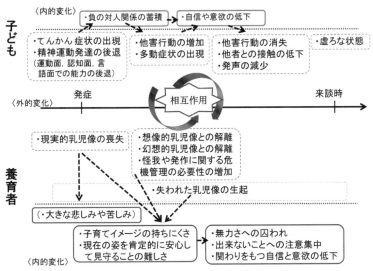

Figure 1. 関係障碍の形成過程

- 母親が子育てにおいて抱く3つの表象（Lebovici, 1988）
①現実的乳児像：目の前の子どもに関する現実的な内的表象
②想像的乳児像：子どもの生前から抱いていた，こうであって欲しい姿
③幻想的乳児像：自分の過去の現実体験が投影されるもの
  ⇒WS発症後，母親は現実的乳児像を喪失した

⇒発症後のA児の姿は，想像的乳児像とも幻想的乳児像とも重ね難かった

⇒これらに加えて，Mo. は"失われた乳児像（かつての子ども像）"に苦悩していた

- WS 児の養育特有の困難さ

⇒多動傾向と，知的な制約による危険予測の困難さ，発作症状の併存により，親には常に怪我の心配が付きまとう

⇒発作と怪我の危機から管理すべき対象として子どもを見ざるを得なくなる

⇒子どもの主体的な動きを，肯定的に温かく受け入れることが難しくなる

【子どもの発達の場としての「関係発達」】

- A児と Th. との関係性による時期区分と，子どもや母子関係の特徴の変化（Table 1）

🖉 チェックポイント

事例研究では事例のまとめをしている情報は必ずチェックする

- 子どもと Th. の関係性の発達がもたらす変化

⇒情動表出，物との関わり，人との関わり，養育者との関係性の変化・発達

- 子どもの発達の危機について

⇒幼い子どもの存在は関わり手の身体的・情緒的な支えのなかで形成され発達されるが，支えの失敗は主体的な発達を中断させ，後の発達を妨げる（Winnicott, 1965）

⇒発作による意識の断絶や，障碍ゆえの関わり合いの齟齬は子どもの発達の危機であると考えられる

⇒A児のおぼろげな意識や思考を Th. がつなぎ，拡充し，意志ある存在として主体性を受け止めることで生じた，育ち直しの過程として面接過程をとらえられる

プラスα

事例研究の場合，症状や行動の発生や変化がどのような理論や先行研究の知見から説明でき得るのかという点の情報が重要になる

- Mo. のA児に対する危機管理の役割を Th. が一時的に肩代わりすること

⇒A児の姿を安全で安心な状態で見つめるとき

⇒現実的乳児像の再構成の機会になったと考えられる

【関係発達を支える関わり手という主体の動き：成り込みと巻き込み】

- #1 でみられたボールをめぐる疑似的なやりとり

①客観的にはみられないような，主体性の幼いA児の意欲や意図のようなものを，より成熟した主体である Th. が感じ取り，それに応じるかたちで関わる

②それへのA児の反応を，さらに意欲や意図をもったかたちで理解し受け止める

⇒対象児優先の養護的な関与：自らの主体性を譲るかたちで，相手の振る舞

Table 1.　関係発達に伴う変容

		第Ⅰ期	第Ⅱ期	第Ⅲ期
Th. との関係性		関心が乏しく他者としての認識が見られない	他者としての認識が見られ始める	関心が高まり，自ら求めてやり取りをする場面が生じ始める
		・物のように押しのける(#1) ・同じマットを撫でる Th. の手を掴んで動かす(#2)	・再会時に微かに表情が緩む(#4) ・声かけを受けて，ふと顔をあげる(#4)	・Th. を目標にして斜面を登ってくる(#9) ・顔を近づけ，Th. の頬を掴んで微笑む(#10)
情動の表出		無表情で虚ろな目をしている	少しずつ表情が豊かになる	表情や感情がはっきりとしてくる
		・物を手に取るが表情の変化がない(#1) ・どこか嬉しそうに『きー』と声を出す(#3)	・繰り返し滑り台を触って過ごした後に，実際に滑ると少し笑顔になる(#5)	・やり取り遊びの中で，少し驚いたような表情になりながらも笑みを浮かべる(#8)
外界との関わり	物	手先や口元の感覚への没入，多動	物を操作する活動の増加	物を介した他者との遊びの出現
		・ふらふらと歩きまわっては座り込む(#1) ・ラミネートを咥えたり，ひらひらと弄ぶ(#2)	・コーンを叩いたり倒したりを繰り返す(#6) ・バットを転がしたり，振ったりする(#7)	・バットの両端を持って揺らしたり引っ張り合いを繰り返す(#8)
	人	虚ろな表情でまどろんでいるのみ	周囲の人を見渡す	周囲の人に関心を向ける
			・きょろきょろと周囲へ視線を送る(#4)	・周囲の人と目が合う(#10)
養育者との関係性		関心が乏しく他者としての認識が見られない	周囲の人の一人として見渡す	愛着対象として求める
		・Mo. の呼びかけに無反応(#1) ・腕の付け根を掴んで引っ張って連れて帰らざるをえない(#1, 2)	・きょろきょろと周囲へ視線を送る(#4)	・Mo. の腰に抱きつき身を預ける(#10) ・妹と遊ぶ Mo. に近寄ってしがみつく(#11)

いを理解し共有し援助しようとする関与（榊原，2011）

・言語獲得以前の子どもとのコミュニケーション

　⇒成り込み（鯨岡，1997）：相手が現に生きつつあることを己のこととして，つまり己を相手に重ね合わせて相手を生きようとする様態

①相手の"そこ"に気持ちが引き込まれて生じる「引き込まれ＝成り込み」

②相手にこうさせたり，こうしてほしいなどの期待感がある際に，その行為が先取り的に現れる「先取り的成り込み」

　⇒言語獲得以前の子どもや障碍により種々の感覚が機能しない子どもとの間でも通じ合う

- 指示的でありながらも相手の主体性に寄り添う関わりとしての「巻き込み（鯨岡，1997）」

　⇒養育的関わりにおける養育する人の意図する方向に子どもを誘う関わり

　⇒子どもの主体性に寄り添う構えがある場合に生じる，相手に合わせつつ相手を巻き込み，相手を巻き込みつつ相手に合わせる相互作用

　⇒一般的なプレイセラピーにおける関与と比べるとある意味では指示的でもあるが，子どもの内面に寄り添い援助しようとするうえでは本質的には共通項を有している

　⇒前言語水準および重度の障碍児とのセラピーにおいて，子どものコミュニケーション水準や主体性が変化していくまでの期間において特に心理療法的な意味をもつ姿勢であると考えられる

【おわりに（≒総合考察）】

チェックポイント

なぜ事例のような変化が起こったのかの考察

- 重い障碍のなかでまとまらずに生起しては一瞬で途切れていく微かな子どもの情動や身体の動きをセラピストがつなぎ合わせ，意図や意欲としてとらえることを基盤としたやりとりの積み重ねとしての面接過程（Figure 2）

　⇒子どもとの関係性のみならず，子ども個人の情緒や能力の発達，他者や物など外界との関わりの変化につながる

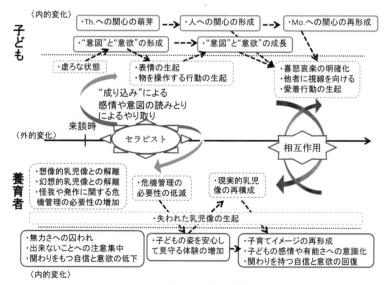

Figure 2. 関係障碍の変容過程

⇒発達最早期の水準にある者へのセラピーの可能性を示すもの

【今後の課題】

- 子どもの主体性の変化が，より高次な認知的操作へと波及していくかどうか を，継続した援助のなかで検討すること
- 原初的水準のコミュニケーションや相互主体的関係性の視点から，WS 児や その他の障碍児とその家族援助について再検討していくこと
- セラピスト側，子ども側のリズム同期や模倣行動を治療過程や効果を検討す るうえで指標とすること

まとめ

　榊原（2013）は，前言語期にある WS 児との面接過程を関係発達とそのなか での個体発達視点から検討することや，重度の障碍をもつ子どもとの心理療法 におけるコミュニケーションの特徴の検討を目的とした事例研究であった。

　WS と重度の知的障碍を有する 5 歳10ヶ月の女児との半年間での11回の面接 過程や，その前後になされた発達検査の結果を臨床素材とし，関係障碍の形成 過程やその変容過程を描き出すとともに，子どもとセラピストとの関係性の変 容を軸として，子どもの情緒表出，物や他者との関係性，母親との関係性の変 容について分析がなされた。

　その結果，A児と母親との関係障碍の形成には，子どもの WS 発症や知的 発達の退行を契機として，子ども側の負の関係性の蓄積による問題行動の生起 がみられるものの，以降，自身の能力を行使することへの自信と意欲の低下， ひいては他者への関心や認識の低下といった一連の変化が見受けられた。また， 養育者がもつとされる 3 つの乳児像と発症後のわが子の姿との齟齬や，折れ線 型の発達を示したわが子に対する過去の記憶（失われた乳児像）の影響が見受け られた。面接が進むなかでは，Th. が成り込みや巻き込みと呼ばれる原初的な コミュニケーションを交えてA児の微かな情動や身体の動きをつなぎ合わせて， より意図や意欲のある存在としてとらえるという関わりのなかで，両者の関係 性が発達し，それに連動するかたちで，子どもの情緒表出，物や他者との関係 性，母子関係にも発達的変容が確認された。こうした関わりやその変容過程は， 重度の障碍のある子どもや，発達の最早期にある子どもへの関わりや心理療法 への可能性を示唆するものであった。

面白かった点

　本研究で面白かった点は 2 点ある。第一に，障碍をそのすべてを固定的なも のととらえない視点である。障碍と聞くと，専門書に書かれているような障碍 特性や問題行動なるものが頭に浮かぶとともに，〇〇障碍だからそういったこ

📎 チェックポイント

ここに書かれていることが， 紹介されている事例を別の 角度から考察する切り口と なったり，また別の介入・ 支援を行っていく際に大事 な点となったり，今後の研 究をするうえでの課題とな る

📎 チェックポイント

まとめは「誰が」「何を目 的に」「誰を対象に」「どん な方法で」「どんな結果が 得られ」「それをどう考え るのか」の要素を書く（p. 23〜参照）

📎 チェックポイント

面白かった点はいくつある か，それは何か

✐ チェックポイント

レジュメを見返したときに
その面白さが読み手に伝わ
るために必要な情報が漏れ
なく書けているかを確認し
てみよう

とをするのだという単純な結び付けを行ってしまうが，もしかするとそういっ
た固定的なものとしてとらえられやすい障碍の特性や特有の行動にも，子ども
なりの意図や表現が含まれており，予防や改善の可能性があるのではないかと
とらえることができ，視野と希望が広がる体験をした。第二に，重い障碍のあ
る子どもの細かな成長ややりとりの機微を事例を通して感じたり想像すること
ができた点である。重い障碍のある子どもと関わる機会はなかなかなく，また
あったとしても彼らがいったいどのようなことを感じているのか，どのような
関わりをもてばよいのかということが想像できずにいたが，事例のなかのやり
とりを目にすることで，そういった子どもたちの振る舞いに込められているか
もしれない意図や意欲を想像したり，関わり方のモデルを学ぶことができた。

疑問点

✐ チェックポイント

疑問点はいくつあるか，そ
れは何か

　本研究の疑問点は2点ある。第一に，客観的な指標による測定がなされてい
ない点である。本研究で示されている変化は基本的にすべてが関わり手である
セラピストの主観的体験に基づくものであり，客観的にみても子ども自身や子
どもと他者との関係性が変化しているかどうかは必ずしも示されていない。そ
のため，より客観的な指標を用いて，こうした変化を検証していくことが必要
になると考えられる。第二に，この事例を通して描かれている関わり手（セラ
ピスト）の理解や体験を，実際にA児の母親に伝えると，どういった反応を得
ることができるのかが気になった。A児の発達であったり，A児と母親との関
係性の変容を，母親の視点に立ってとらえたとき，そこにどのような異同がみ
られるかを検討することも，親子の支援を考えたときに有益な情報となるので
はないだろうか。

付記

本事例の情報はご家族の方
より教育目的での使用を論
文化の時点で得てはいるも
のの，改めて使用許可を得
ることが望ましいが，個人
情報の保管期限を過ぎてし
まっており，今回の論文の
使用は著者の全責任の下に
行っている。

引 用 文 献

第 2 章

近藤龍彰．（2014）．幼児は「他者の情動はわからない」ことがわかるのか：両義的状況手がかり課題を用いて．*発達心理学研究*, **25**, 242-250.

酒井聡樹．（2015）．*これから論文を書く若者のために　究極の大改訂版*. 共立出版．

浦上昌則・脇田貴文．（2008）．*心理学・社会科学研究のための調査系論文の読み方*. 東京図書．

第 4 章

山田剛史・村井潤一郎．（2004）．*よくわかる心理統計*. ミネルヴァ書房．

第 5 章

神野　雄．（2016）．多次元恋愛関係嫉妬尺度の作成と信頼性・妥当性の検討．*パーソナリティ研究*, **25**, 86-88.

尾崎幸謙・荘島宏二郎．（2014）．*パーソナリティ心理学のための統計学*. 誠信書房．

豊田秀樹．（1998）．*共分散構造分析［入門編］*. 朝倉書店．

豊田秀樹（編著）．（2007）．*共分散構造分析［Amos 編］*. 東京図書．

対馬栄輝．（2016）．*SPSS で学ぶ医療系データ解析第 2 版*. 東京図書．

第 6 章

赤木和重．（2003）．青年期自閉症者における鏡像自己認知：健常幼児との比較を通して．*発達心理学研究*, **14**, 149-160.

第 7 章

〈Doebel & Munakata（2018）のレジュメで紹介された論文〉

Bernier, A., Carlson, S. M., & Whipple, N. (2010). From external regulation to self-regulation : Early parenting precursors of young children's executive functioning. *Child Development*, **81**, 326-339.

Bigler, R. S., Jones, L. C., & Lobliner, D. B. (1997). Social categorization and the formation of intergroup attitudes in children. *Child Development*, **68**, 530-543.

Billig, M., & Tajfel, H. (1973). Social categorization and similarity in intergroup behaviour. *European Journal of Social Psychology*, **3**, 27-52.

Bunge, S. A., & Zelazo, P. D. (2006). A brain-based account of the development of rule use in childhood. *Current Directions in Psychological Science*, **15**, 118-121.

Cox, D. R. (1972). Regression models and life-tables. *Journal of the Royal Statistical Society. Series B (Methodological)*, **34**, 187-220.

Diamond, A., & Lee, K. (2011). Interventions shown to aid executive function development in children 4 to 12 years old. *Science*, **333**, 959-964.

Duckworth, A. L., Tsukayama, E., & Kirby, T. A. (2013). Is it really self-control? Examining the predictive power of the delay of gratification task. *Personality and Social Psychology Bulletin*, **39**, 843-855.

Dunham, Y., Baron, A. S., & Carey, S. (2011). Consequences of "minimal" group affiliations in children. *Child Development*, **82**, 793-811.

Hackman, D. A., Gallop, R., Evans, G. W., & Farah, M. J. (2015). Socioeconomic status and executive function : Developmental trajectories and mediation. *Developmental Science*, **18**, 686-702.

Kinzler, K. D., Corriveau, K. H., & Harris, P. L. (2011). Children's selective trust in native-accented speakers. *Developmental Science*, **14**, 106-111.

Lee, W. S. C., & Carlson, S. M. (2015). Knowing when to be "rational" : Flexible economic decision making and executive function in preschool children. *Child Development*, **86**, 1434-1448.

Michaelson, L. E., & Munakata, Y. (2016). Trust matters : Seeing how an adult treats another person influences preschoolers' willingness to delay gratification. *Developmental Science*, **19**, 1011-1019.

Mischel, W., Shoda, Y., & Rodriguez, M. I. (1989). Delay of gratification in children. *Science*, **244**, 933-938.

Moffitt, T. E., Arseneault, L., Belsky, D., Dickson, N., Hancox, R. J., Harrington, H., ... Sears, M. R. (2011). A gradient of childhood self-control predicts health, wealth, and public safety. *Proceedings of the National Academy of Sciences, USA*, **108**, 2693-2698.

Xiao, N. G., Wu, R., Quinn, P. C., Liu, S., Tummeltshammer, K. S., Kirkham, N. Z., ... & Lee, K. (2018). Infants rely more on gaze cues from own-race than other-race adults for learning under uncertainty. *Child Development*, **89**, 229-244.

〈松田&山本（2019）のレジュメで紹介された論文〉

Barlow, D. H., Nock, M., & Hersen, M. (2009). *Single case experimental designs : Strategies for studying behavior change* (3rd ed.). Boston, MA : Pearson Education Inc.

Carbone, V. J., O'Brien, L., Sweeney-Kerwin, E. J., & Albert, K. M. (2013). Teaching eye contact to children with autism : A conceptual analysis and single case study. *Education and Treatment of Children*, **36**, 139-159.

Charlop, M. H., Dennis, B., Carpenter, M. H., & Greenberg, A. L. (2010). Teaching socially expressive behaviors to children with autism through video modeling. *Education and Treatment of Children*, **33**, 371-393.

Cook, J. L., Rapp, J. T., Mann, K. R., McHugh, C., Burji, C., & Nuta, R. (2017). A practitioner model for increasing eye contact in children with autism. *Behavior Modification*, **41**, 382-404.

Cooke, T. P., & Apolloni, T. (1976). Developing positive social-emotional behaviors : A study of training and generalization effects. *Journal of Applied Behavior Analysis*, **9**, 65-78.

Dawson, G., Hill, D., Spencer, A., Galpert, L., & Watson, L. (1990). Affective exchanges between young autistic children and their mothers. *Journal of Abnormal Psychology*, **18**, 335-345.

Field, T., Field, T., Sanders, C., & Nadel, J. (2001). Children with autism display more social behaviors after repeated imitation sessions. *Autism*, **5**, 317-323.

Foxx, R. M. (1977). Attention training : The use of overcorrection avoidance to increase the eye contact of autistic and retarded children. *Journal of Applied Behavior Analysis*, **10**, 489-499.

Howlin, P., Moss, P., Savage, S., & Rutter, M. (2013). Social outcomes in mid- to later adulthood among individuals diagnosed with autism and average nonverbal IQ as children. *Journal of the American Academy of Child & Adolescent Psychiatry*, **52**, 572-581.

生澤雅夫・松下 裕・中瀬 淳（編）.（2002）. *新版K式発達検査 2001 実施手引書*. 京都国際社会福祉センター.

Koegel, R. L., Vernon, T. W., & Koegel, L. K. (2009). Improving social initiations in young children with autism using reinforcers with embedded social interactions. *Journal of Autism and Developmental Disorders*, **39**, 1240-1251.

Lyons, V., & Fitzgerald, M. (2004). Humor in autism and Asperger syndrome. *Journal of Autism and Developmental Disorders*, **34**, 521-531.

Ninci, J., Lang, R., Davenport, K., Lee, A., Garner, J., Moore, M., ... Lancioni, G. (2013). An analysis of the generalization and maintenance of eye contact taught during play. *Developmental Neurorehabilitation*, **16**, 301-307.

Reddy, V., Williams, E., & Vaughan, A. (2002). Sharing humour and laughter in autism and Down's syndrome. *British Journal of Psychology*, **93**, 219-242.

Schreibman, L., Dawson, G., Stahmer, A. C., Landa, R., Rogers, S. J., McGee, G. G., ... Halladay, A. (2015). Naturalistic developmental behavioral interventions : Empirically validated treatments for autism spectrum disorder. *Journal of Autism and Developmental Disorders*, **25**, 2411-2428.

上野一彦・名越斉子・小貫 悟.（2008）. *PVT-R 絵画語い発達検査手引*. 日本文化科学社.

Williams, J. A., Koegel, R. L., & Egel, A. L. (1981). Response-reinforcer relationships and improved learning in autistic children. *Journal of Applied Behavior Analysis*, **14**, 53-60.

第8章

〈谷（2001）のレジュメで紹介された論文〉

Dignan, M. H. (1965). Ego identity and maternal identification. *Journal of Personality and Social Psychology*, **1**, 476-483.

Erikson, E. H. (1973). *自我同一性*（小此木啓吾，訳編）．誠信書房．（Erikson, E. H. (1959). *Identity and the life cycle*. New York: W. W. Norton & Company.）

Erikson, E. H. (1973). アイデンティティ（岩瀬庸理，訳）．金沢文庫．（Erikson, E. H. (1968). *Identity: Youth and crisis*. New York: W. W. Norton & Company.）

原田　新. (2012). 発達的移行における自己愛と自我同一性との関連の変化．*発達心理学研究*, **23**, 95-104.

畑野　快. (2010). 青年期後期におけるコミュニケーションに対する自信とアイデンティティとの関連性．*教育心理学研究*, **58**, 404-413.

畑野　快・原田　新. (2015). 大学生のアイデンティティの変化と主体的な学習態度の変化の関連：大学新入生の前期課程に着目して．*発達心理学研究*, **26**, 98-106.

稲垣実果. (2013). 思春期・青年期における自己愛的甘えの発達的変化：自我同一性との関連から．*教育心理学研究*, **61**, 56-66.

神村栄一. (1999). パーソナリティ．中島義明他（編）．*心理学辞典*（pp. 686-687）．有斐閣．

加藤　厚. (1986). 同一性測定における2アプローチの比較検討．*心理学研究*, **56**, 357-360.

古澤頼雄. (1968). 青年期における自我同一性と親子関係．依田新（編）．*現代青年の人格形成*（pp. 67-85）．金子書房．

Marcia, J. E. (1966). Development and validation of ego identity status. *Journal of Personality and Social Psychology*, **3**, 551-558.

松井　豊. (2010). *改訂新版　心理学論文の書き方：卒業論文や修士論文を書くために*．河出書房新社．

宮下一博. (1987). Rasmussen の自我同一性尺度の日本語版の検討．*教育心理学研究*, **35**, 253-258.

中西信男・佐方哲彦. (1993). EPSI エリクソン心理社会的段階目録検査．上里一郎（監修）．*心理アセスメントハンドブック*（pp. 419-431）．西村書店．

西山　修・富田昌平・田爪宏二. (2007). 保育者養成校に通う学生のアイデンティティと職業認知の構造．*発達心理学研究*, **18**, 196-205.

Ochse, R., & Plug, C. (1986). Cross-cultural investigation of the validity of Erikson's theory of personality development. *Journal of Personality and Social Psychology*, **50**, 1240-1252.

大野　久. (1984). 現代青年の充実感に関する一研究：現代日本青年の心情モデルについての検討．*教育心理学研究*, **32**, 100-109.

Rasmussen, J. E. (1964). relationship of ego identity to psychosocial effectiveness. *Psychological Reports*, **15**, 815-825.

Rosenthal, D. A., Gurney, R. M., & Moore, S. M. (1981). From trust to intimacy: A new inventory for examining Erikson's stages of psychosocial development. *Journal of Youth and Adolescence*, **10**, 525-537.

佐久間路子・無藤　隆. (2003). 大学生における関係的自己の可変性と自尊感情との関連．*教育心理学研究*, **51**, 33-42.

柴田康順. (2020). 大学生におけるアイデンティティとレジリエンスの概念的関連性：アイデンティティの問題に対して有効な心理的援助の検討．*パーソナリティ研究*, **29**, 34-45.

下山晴彦. (1992). 大学生のモラトリアムの下位分類の研究：アイデンティティの発達との関連で．*教育心理学研究*, **40**, 121-129.

砂田良一. (1979). 自己像との関係からみた自我同一性．*教育心理学研究*, **27**, 215-220.

砂田良一. (1983). 価値という視点からみた自我同一性．*愛媛大学教育学部紀要第1部教育科学*, **29**, 287-300.

谷　冬彦. (1998). 青年期における基本的信頼感と時間的展望．*発達心理学研究*, **9**, 35-44.

谷　冬彦. (2004). アイデンティティの定義．谷　冬彦・宮下一博（編著）．*さまよえる青少年の心*（pp. 2-4）．北大路書房．

谷　冬彦. (2008). アイデンティティのとらえ方．岡田努・榎本博明（編）．*シリーズ自己心理学5 パーソナリティ心理学へのアプローチ*（pp. 6-21）．金子書房．

八木保樹. (1994). 類型論・特性論．重野　純（編）．*心理学*（pp. 292-301）．新曜社．

山本真理子・松井　豊・山成由紀子. (1982). 認知された自己の諸側面の構造．*教育心理学研究*, **30**, 64-68.

〈神野（2018）のレジュメで紹介された論文〉

Baumeister, R. F., Heatherton, T. F., & Tice, D. M. (1993). When ego threats lead to self-regulation failure: negative consequences of high self-esteem. *Journal of personality and social psychology*, **64**, 141-156.

Baumeister, R. F., Smart, L., & Boden, J. M. (1996). Relation of threatened egotism to violence and aggression : the dark side of high self-esteem. *Psychological review*, **103**, 5-33.

Besser, A., & Priel, B. (2009). Emotional responses to a romantic partner's imaginary rejection : The roles of attachment anxiety, covert narcissism, and self-evaluation. *Journal of personality*, **77**, 287-325.

Bringle, R. G. (1981). Conceptualizing jealousy as a disposition. *Alternative Lifestyles*, **4**, 274-290.

Bringle, R. G. (1991). Psychosocial aspects of jealousy : a transactional model. In P. Salovey (Ed.), *The psychology of jealousy and envy* (pp. 103-131). New York : The Guilford Press.

Bushman, B. J., & Baumeister, R. F. (1998). Threatened egotism, narcissism, self-esteem, and direct and displaced aggression : does self-love or self-hate lead to violence? *Journal of personality and social psychology*, **75**, 219-229.

Buunk, B. (1981). Jealousy in sexually open marriages. *Alternative Lifestyles*, **4**, 357-372.

Buunk, B. (1995). Sex, self-esteem, dependency and extradyadic sexual experience as related to jealousy responses. *Journal of Social and Personal Relationships*, **12**, 147-153.

Chin, K., Atkinson, B. E., Raheb, H., Harris, E., & Vernon, P. A. (2017). The dark side of romantic jealousy. *Personality and Individual Differences*, **115**, 23-29.

Elphinston, A. R., Feeney, A. J., & Noller, P. (2011). Measuring romantic jealousy : Validation of the multidimensional jealousy scale in Australian samples. *Australian Journal of Psychology*, **63**, 243-251.

Gabbard, G. O. (1997). *精神力動的精神医学③臨床篇：Ⅱ軸障害*（舘 哲朗，監訳）. 岩崎学術出版社.（Gabbard, G. O. (1994). *Psychodynamic psychiatry in clinical practice : TheDSM-Ⅳ edition*. Washington D. C. American Psychiatric Press.）

Harris, C. R., & Darby, R. S. (2010). Jealousy in adulthood. In S. L. Hart. & M. Legerstee. (Eds.), *Handbook of Jealousy -Theory, Research, and Multidisciplinary Approaches-* (pp. 547-571). West Suzzex, UK. Blackwell Publishing.

市村美帆.（2012）. 自尊感情の変動性の測定手法に関する検討. *パーソナリティ研究*, **20**, 204-216.

石川利江・佐々木和義・福井 至.（1992）. 社会的不安尺度 FNE・SADS の日本版標準化の試み. *行動療法研究*, **18**, 10-17.

石川 実.（2009）. 嫉妬と羨望の社会学. 世界思想社.

伊藤正哉・小玉正博.（2005）. 自分らしくある感覚（本来感）と自尊感情が well-being に及ぼす影響の検討. *日本教育心理学研究*, **53**, 74-85.

Jaremko, M. E., & Lindsey, R. (1979). Stress-coping abilities of individuals high and low in jealousy. *Psychological Reports*, **1644**, 547-553.

上地雄一郎・宮下一博.（2005）. コフートの自己心理学に基づく自己愛的脆弱性尺度の作成. *パーソナリティ研究*, **14**, 80-91.

神野 雄.（2015）. 嫉妬研究の概観と展望. *神戸大学発達・臨床心理学研究*, **14**, 18-28.

神野 雄.（2016）. 多次元恋愛関係嫉妬尺度の作成と信頼性・妥当性の検討. *パーソナリティ研究*, **25**, 86-88.

加藤 仁・五十嵐 祐.（2016）. 自己愛傾向と自尊心がゲームへの没入傾向に及ぼす影響. *心理学研究*, **87**, 1-11.

川崎直樹・小玉正博.（2007）. 親和動機のあり方から見た自己愛傾向と対人恐怖傾向. *パーソナリティ研究*, **15**, 301-312.

Kernis, M. H. (2003). Toward a conceptualization of optimal self-esteem. *Psychological Inquiry*, **14**, 1-26.

Kernis, M. H., Grannemann, B. D., & Barclay, L. C. (1989). Stability and level of self-esteem as predictors of anger arousal and hostility. *Journal of personality and social psychology*, **56**, 1013-1022.

小松貴弘.（2004）. 過敏で傷つきやすいタイプの状態像. 上地雄一郎・宮下一博（編著）. もろい青少年の心（pp. 55-61）. 北大路書房.

Mathes, E. W. (1991). A cognitive theory of jealousy. In P. Salovey (Ed.), *The psychology of jealousy and envy* (pp. 52-78). New York : The Guilford Press.

Mathes, E. W., & Severa, N. (1981). Jealousy, romantic love, and liking : Theoretical considerations and preliminary scale development. *Psychological Reports*, **49**, 23-31.

森尾博昭・山口 勧.（2007）. 自尊心の効果に対する調節変数としての自己概念の力動性：ナルシシズムとの関連から. *実験社会心理学研究*, **46**, 120-132.

中山留美子.（2008a）. 自己愛的自己調整プロセス：一般青年における自己愛の理解と今後の研究に向けて. *教育心理*

学研究, **56**, 127-141.

中山留美子. (2008b). 肯定的自己評価の諸側面：自尊感情と自己愛に関する研究の概観から. *名古屋大学大学院教育発達科学研究科紀要心理発達科学*, **55**, 105-125.

仁平義明. (2015). 「自尊感情」ではなく「自尊心」が "Self-esteem" の訳として適切な理由：Morris Rosenberg が自尊心研究で言いたかったこと. *白鴎大学教育学部論集*, **9**, 357-380.

落合萌子. (2009). ２種類の自己愛と自尊心, 対人不安との関係. パーソナリティ研究, **18**, 57-60.

小塩真司. (1998). 青年の自己愛傾向と自尊感情, 友人関係のあり方との関連. *日本教育心理学研究*, **46**, 280-290.

小塩真司. (1999). 高校生における自己愛傾向と友人関係のあり方との関連. *性格心理学研究*, **8**, 1-11.

小塩真司. (2001). 自己愛傾向が自己像の不安定性, 自尊感情のレベルおよび変動性に及ぼす影響. *性格心理学研究*, **10**, 35-44.

小塩真司. (2004). 自己愛傾向と大学生活不安の関連. *中部大学人文学部研究論集*, **12**, 67-78.

越智啓太・喜入　暁・甲斐恵利奈. (2017). 多面的嫉妬尺度の作成とデートバイオレンス・ハラスメントとの関連：改訂版デートバイオレンス・ハラスメント尺度の作成と分析（４）. *法政大学文学部紀要*, **74**, 119-127.

Pfeiffer, S. M., & Wong, P. T. P. (1989). Multidimensional jealousy. Journal of Social and *Personal Relationships*, **6**, 181-196.

Raskin, R. N., & Hall, C. S. (1979). A narcissistic personality inventory. *Psychological reports*, **45**, 590.

Rodriguez, L. M., Dibello, A. M., Øverup, C. S., & Neighbors, C. (2015). The price of distrust：Trust, anxious attachment, jealousy, and partner abuse. *Partner abuse*, **6**, 298-319.

Rohmann, E., Newmann, E., Herner, M. J., & Bierhoff, H. W. (2012). Grandiose and Vulnerable narcissism. *European Psychologist*, **17**, 279-290.

澤田匡人. (2010). 妬みの発達. *心理学評論*, **53**, 110-123.

Shettel-Neuber, J., Bryson, J. B., & Young, L. E. (1978). Physical attractivenesss of the "other person" and jealousy. *Personality and Social Psychology Bulletin*, **4**, 612-615.

Stewart, R. A., & Beatty, M. J. (1985). Jealousy and self-esteem. *Perceptual and motor skills*, **60**, 153-154.

谷　冬彦. (2001). 青年期における同一性の感覚の構造. *教育心理学研究*, **49**, 265-273.

谷　冬彦. (2004a). 新たなる自己愛人格尺度の作成（１）：因子構造と対人恐怖的心性との弁別妥当性の確認. *日本心理学会第68回大会発表論文集*, 69.

谷　冬彦. (2004b). 新たなる自己愛人格尺度の作成（２）：自我同一性と自尊心との関連から. *日本教育心理学会第46回総会発表論文集*, 52.

谷　冬彦. (2006a). 自己愛人格尺度（NPS）短縮版の作成. *日本教育心理学会第48回総会論文集*, 409.

谷　冬彦. (2006b). 自己愛人格と自己愛的甘えに関する研究. *日本心理学会第70回大会発表論文集*, 22.

坪田雄二. (1993). 自尊感情のレベルおよび安定性と嫉妬感情の関連性. *日本社会心理学会第34回大会発表論文集*, 228-229.

坪田雄二. (2011). 妬みの生起における予期の役割. *対人社会心理学研究*, **11**, 101-108.

堤　雅雄. (2006). 嫉妬と自己愛：自己愛欲求が嫉妬感情を喚起させるのか. *島根大学教育学部紀要（人文社会科学）*, **39**, 39-43.

White, G. L., & Mullen, P. E. (1989). *Jealousy：Theory, research, and clinical strategies*. New York：The Guilford Press.

山本真理子・松井　豊・山成由紀子. (1982). 認知された自己の諸側面の構造. *教育心理学研究*, **30**, 64-68.

Zeigler-Hill, V., Britton, M., Holden, C. J., & Besser, A. (2015). How will I love you? Self-esteem instability moderates the association between self-esteem level and romantic love styles. *Self and Identity*, **14**, 118-134.

第９章

〈狗巻（2013）のレジュメで紹介された論文〉

Adamson, L.B., Deckner, D.F., & Bakeman, R. (2010). Early interests and joint engagement in typical development, autism, and Down syndrome. *Journal of Autism and Developmental Disorders*, **40**, 665-676.

別府　哲. (1996). 自閉症児におけるジョイントアテンション行動としての指さし理解の発達：健常乳幼児との比較を通して. *発達心理学研究*, **7**, 128-137.

Carpenter, M., Nagell, K., & Tomasello, M. (1998). Social cognition, joint attention, and communicative competence from 9 to 15 months of age. *Monographs of the Society for Research in Child Development*, **63**, 4 (Serial No. 255).

Clifford, S.M., & Dissanayake, C. (2008). The early development of joint attention in infants with autistic disorder using home video observation and parental interview. *Journal of Autism and Developmental Disorders*, **38**, 791–805.

Cotugno, A. J. (2009). Social competence and social skills training and intervention for children with autism spectrum disorders. *Journal of Autism and Developmental Disorders*, **39**, 1268-1277.

Doussard-Roosevelt, J. A., Joe, C. M., Bazhenova, O. V., & Porges, S. W. (2003). Mother-child interaction in autistic and nonautistic children : Characteristic of maternal approach behaviors and child social responses. *Development and Psychopathology*, **15**, 277-295.

Hancock, T. B., & Kaiser, A. P. (2002). The effects of trainer-implemented enhanced milieu teaching on the social communication of children with autism. *Topics in Early Childhood Special Education*, **22**, 39-54.

伊藤恵子・西村章次. (1999). 自閉性障害を伴う子どもの相互作用成立要因に関する分析的研究. 発達障害研究, **20**, 316-330.

Jackson, C. T., Fein, D., Wolf, J., Jones, G., Hauck, M., Waterhouse, L., & Feinstein, C. (2003). Responses and sustained interactions in children with mental retardation and autism. *Journal of Autism and Developmental Disorders*, **33**, 115-121.

Kasari, C., Paparella, T., Freeman, S., & Jahromi, L. B. (2008). Language outcome in autism : Randomized comparison of joint attention and play interventions. *Journal of Consulting and Clinical Psychology*, **76**, 125-137.

Lawton, K., & Kasari, C. (2012). Longitudinal improvements in the quality of joint attention in preschool children with autism. *Journal of Autism and Developmental Disorders*, **42**, 307-312.

Leekman, S. R., & Ramsden, C. A. H. (2006). Dyadic orienting and joint attention in preschool children with autism. *Journal of Autism and Developmental Disorders*, **36**, 185-197.

Mahoney, G., & Perales, F. (2003). Using relationship-focused intervention to enhance the social-emotional functioning of young children with autism spectrum disorders. *Topics in Early Childhood Special Education*, **23**, 77-89.

Meirsschaut, M., Roeyers, H., & Warreyn, P. (2011). The social interactive behavior of young children with autism spectrum disorder and their mothers. *Autism*, **15**, 43-64.

Receveur, C., Lenoir, P., Desombre, H., Roux, S., Barthelemy, C., & Malvy, J. (2005). Interaction and imitation deficits from infancy to 4 years of age in children with autism. *Autism*, **9**, 69-82.

Schietecatte, I., Roeyers, H., & Warreyn, P. (2012). Exploring the nature of joint attention impairments in young children with autism spectrum disorder : Associated social and cognitive skills. *Journal of Autism and Developmental Disorders*, **42**, 1-12.

Siller, M., & Sigman, M. (2002). The behaviors of parents of children with autism predict the subsequent development of their children's communication. *Journal of Autism and Developmental Disorders*, **32**, 77-89.

Swettenham, J., Bron-Cohen, S., Charman, T., Cox, A., Baird, G., Drew, A., Rees, L., & Wheelwright, S. (1998). The frequency and distribution of spontaneous attention shifts between social and nonsocial stimuli in autistic, typically developing, and nonautistic developmentally delayed infants. *Journal of Child Psychology and Psychiatry*, **39**, 747-753.

Tomasello, M. (2008). *Origins of human communication*. London : The MIT Press.

常田美穂. (2007). 乳児期の共同注意の発達における母親の支持的行動の役割. 発達心理学研究, **18**, 97-108.

Warreyn, P., Roeyers, H., & DeGroote, I. (2005). Early social communicative behaviors of preschoolers with autism spectrum disorder during interaction with their mothers. *Autism*, **9**, 342-361.

Watson, L. R. (1998). Following the child's lead : Mothers' interactions with children with autism. *Journal of Autism and Developmental Disorders*, **28**, 51-59.

Wetherby, A. M., Watt, N., Morgan, L., & Shumway, S. (2007). Social communication profiles of children with autism spectrum disorders late in the second year of life. *Journal of Autism and Developmental Disorders*, **37**, 960-975.

矢藤優子. (2000). 子どもとの注意を共有するための母親の注意喚起行動：おもちゃ遊び場面の分析から. 発達心理学研究, **11**, 153-162.

〈長橋（2013）のレジュメで紹介された論文〉

秋田喜代美・増田時枝.（2001）. ごっこコーナーにおける「役」の生成・成立の発達過程. *東京大学大学院教育学研究科紀要*, **41**, 349-364.

榎沢良彦.（2004）. *生きられる保育空間：子どもと保育者の空間体験の解明*. 学文社.

Garvey, C.（1980）. ごっこの構造（髙橋たまき, 訳）. サイエンス社.（Garvey, C.（1977）. *Play*. London：Fontana/Open Books）

Giffin, H.（1984）. The coordination of meaning in the creation of shared make-believe reality. In I, Bretherton（Ed.）, *Symbolic play*（pp. 73-100）. Orland, Florida：Academic Press.

Hedegaard, M.（2007）. The development of children's conceptual relation to the world, with a focus on concept formation in preschool children's activity. In H. Daniels, M. Cole, & J. V. Wertsch（Eds.）, *The Cambridge companion to Vygotsky*（pp. 246-275）. New York：Cambridge University Press.

Holzman, L.（2009）. *Vygotsky at work and play*. New York：Routledge.

Holzman, L.（2010）. Without creating ZPDs there is no creativity. In M. C. Connery, V. Jhon-Steiner, & A, Marjanovic（Eds.）, *Vygotsky and creativity：A cultural-historical approach to play, meaning making and arts*（pp. 22-39）. New York：Peter Long.

John-Steiner, V., Connery, M. C., & Marjanovic-Share, A.（2010）. Dancing with the Muses：A cultural historical approach to play, meaning making and creativity. In M. C. Connery, V. Jhon-Steiner, & A, Marjanovic（Eds.）, *Vygotsky and creativity：A cultural-historical approach to play, meaning making and arts*（pp. 4-15）. New York：Peter Long.

加藤義信.（1995）. 空間認知研究の歴史と理論. 空間認知の発達研究会（編）. *空間に生きる：空間認知の発達的研究*（pp. 220-249）. 北大路書房.

松井愛奈.（2017）. 保育環境における想定外の使い方と遊びの発展：2歳児から4歳児までの3年間の縦断的検討. *保育学研究*, **55**, 64-72.

Merleau-Ponty, M.（1964）. *行動の構造*（木田　元, 訳）. みすず書房.（Merleau-Ponty, M.（1949）. *La structure du comportement*（2nd ed）. Paris：Presses Universitaires de France.）

Piaget, J.（1988）. 遊びの心理学（大伴　茂, 訳）. 黎明書房.（Piaget, J.（1945）. *La f ormation du symbole chez l'enfant：Imitation, jeu et rêve, image et representation*. Neuchâtel：Delachaux & Niestlé.）

Sawyer, R. K.（1997）. *Pretend play as improvisation*. Mahwah, NJ：Lawrence Erlbaum Associates.

Vygotsky, L. S.（1933/1989）. 子どもの心理発達における遊びとその役割（神谷栄司, 訳）. *ごっこ遊びの世界：虚構場面の創造と乳幼児の発達*（pp. 2-34）. 法政出版.

Vygotsky, L. S.（1934/2009）. *「発達の最近接領域」の理論：教授・学習過程における子どもの発達*（土井捷三・神谷栄司, 訳）. 三学出版.

第10章

〈大島（2013）のレジュメで紹介された論文〉

Frick, U.（2002）. *質的研究入門：〈人間科学〉のための方法論*（小田博志・山本則子・春日常・宮地尚子, 訳）, 春秋社.（Frick, U.（1995）. *Qualitative forschung*. Hamburg：Rwohlt Taschenbuch VerlaGmbH.）

柏木惠子・若松素子.（1994）. 「親となる」ことによる人格発達：生涯発達的視点から親を研究する試み. *発達心理学研究*, **5**, 72-83.

川畑真理子・本田晶子.（2009）. 「成人した子どもの自立」に悩む母親へのサポート：ジェンダーの視点に基づく相談実践. *国立女性教育会館研究ジャーナル*, **13**, 72-82.

木下康仁.（2003）. *グラウンデッド・セオリー・アプローチの実践：質的研究への誘い*. 弘文堂.

成田小百合.（2008）. 子どもへの悩みからみた中年期母親の成長. *新島学園短期大学紀要*, **28**, 151-163.

岡本祐子.（2004）. いつ起こる子離れ. 無藤隆・岡本祐子・大坪治彦（編）, *よくわかる発達心理学*（pp. 144-145）. ミネルヴァ書房.

清水紀子.（2004）. 中年期の女性における子の巣立ちとアイデンティティ. *発達心理学研究*, **15**, 52-64.

德田治子.（2004）. ナラティヴから捉える子育て期女性の意味づけ：生涯発達の視点から. *発達心理学研究*, **15**, 13-26.

〈榊原（2013）のレジュメで紹介された論文〉

阿部　正・山田隆久・大嶺繁二．（1966）．てんかんの心身医学的研究2：てんかんの精神療法．*精神身体医学*，**6**，223-228.

波多江洋介．（2007）．てんかん症児との遊戯療法過程．*日本芸術療法学会誌*，**38**，69-76.

平井正三．（2008）．精神分析の立場から．滝川一廣・小林隆児・杉山登志郎・青木省三（編）．*そだちの科学（自閉症とこころのそだち）*，**11**，48-53.

木村　敏（編）．（1980）．てんかんの存在構造．木村敏（編）．*てんかんの人間学*（pp. 59-100）．東京大学出版会.

小林隆児・鯨岡　峻．（2005）．*自閉症の関係発達臨床*．日本評論社.

小林隆児．（2004）．*自閉症とことばの成り立ち：関係発達臨床からみた原初的コミュニケーションの世界*．ミネルヴァ書房.

鯨岡　峻．（1997）．*原初的コミュニケーションの諸相*．ミネルヴァ書房.

鯨岡　峻．（1999）．*関係発達論の構築：間主観的アプローチによる*．ミネルヴァ書房.

Lebovici, S. (1988). Fantasmatic interaction and intergenerational transmission. *Infant Mental Health Journal*, **9**, 10-19.（小此木啓吾（訳）（1991）．幻想的な相互作用と世代間伝達．*精神分析研究*，**34**，285-292）.

榊原久直．（2011）．自閉症児と特定の他者とのあいだにおける関係障碍の発達的変容：相互主体的な関係の発達とその様相．*発達心理学研究*，**22**，75-86.

滝川一廣．（2004）．自閉症児の遊戯療法入門．*治療教育学研究*，**24**，21-43.

Winnicott, D. W. (1965). *The Maturational Processes and the Facilitating Environment*. London; The Hogarth Press Ltd.

おわりに

　最後まで読んでいただき，ありがとうございました。本書は，論文を読むための基礎知識を解説するのではなく，それらがどのようにつながっているのかを「解体」しよう，という本でした。内容として不十分な点，伝えきれていない点は多々ありますが，ひとまずの論文の「読み方」について，何かつかんでもらえたら何よりです。

　ただし，この本を単なる「ゼミの資料のまとめ方ハウツー本」として執筆したかったわけではありません。この本を通して，学生さんにいくつかの願いを届けたいというのが，この本の裏テーマとしてありました。最後に，この本を通して，どのようなことを学生さんに願っているかという本書の裏テーマを述べて，本書を締めたいと思います。

　第一の願いは「情報をまとめるクセ」を身に着けてほしいというものです。この本はいわば「ゼミの教科書」を目指しています。多くの場合，「教科書」は講義形式の授業で使われることを目的に作られています。私自身，このような教科書から多くを学びましたし，微力ながらいくつか教科書の一部を作る作業も担当させてもらいました。しかしこれらの教科書は残念ながらゼミではあまり使えませんでした。おそらく，これらの教科書ではすでに情報がまとめられており，自分で情報をまとめるということを念頭には作られていないからだと思われます（私の使い方が悪いという点は考えないこととして）。しかし，ゼミでしてもらいたいのは「自分で情報をまとめること」であり，必要なのはそのための参考書でした。

　ただし「情報をまとめる」といった場合，以下の２点に注意してください（第１章も参照）。第一に，難しい文章をただコピペするだけではなく，それらをどのように言い換え，どのように配置すれば，「人にわかってもらえるのか」を意識してもらうことです。第二に，「書かれている（目に見える）情報」だけでなく，それをもとにして自分の頭のなかで「書かれていない（目に見えない）情報」を作り出すこと，です。何か情報が与えられた場合に，以上の２点を踏まえた「自分なりにまとめるクセ」をつけてもらいたい，これが本書の狙いであり願いです。それは情報化社会と呼ばれる世の中にあって，人生を楽しく，充実させていくことに必要なものだと思っています。

　第二の願いは，「学術論文を読める力」を身に着けてほしいというものです。これは，第１章で述べた，「言語の三層構造」に基づいた願いです。日本語はそれだけでも高度な知識にアクセスできる素晴らしいツールです。しかしそれゆえに，私たちは日本語が話せれば，あらゆる日本語で書かれた書物を読める（そしてもし読めないならそれは書き手が悪

い）と思いがちです。しかし，言語はそれを扱う対象がどの層に位置しているかで使い方が変わってきます。高等教育（いわゆる大学レベル）で身に着けてほしいのは，一番深い第三層の「学術言語の層」へアクセスすること（できること）です。それが達成できたかどうかをわかりやすく示してくれるのが，この本でずっと解説している「論文を読めるか」という点だといえます。学術論文を読んでほしいというのは，単に難しい，複雑な，あるいは最新の知識にアクセスしてほしいということではありません。**最も重要なのは，この「言語の層の移動能力」を手に入れる**ことです。いつもの視点をちょっと外れて，今まで考えたことのないような（使ったことのないような）言葉で現象を眺めてみる，それを理解するためにひとまず教科書の言語を学んでみる，それに疲れたらまた親しい人と日常言語で会話する。人生のなかでこのような様々な言葉のアプローチをとれることが，論文を読むということで得られる最も重要な力の一つだと考えています。

　これまでずっと，論文を読むとはどういうことか，その方法を述べてきました。しかし，この本のはじめの部分でも述べたように，論文の読み方は実は多様です。この読み方をすれば絶対うまくいく，というものはありません。この本で述べているやり方も，あくまで論文を読む際の「補助線」を引くぐらいのものです。それは逆に言えば，**みなさん自身が「どうすればもっとわかりやすく論文を読めるのか」という工夫をしていくことが求められる**，ということです。学び方を工夫していくというのは，卒業論文の執筆に限らず，今後あらゆる場面で必要となります。論文の読み方を1つの切り口に，自分なりのやり方をぜひ見つけていってください。

＊

　最後になりましたが，この本を完成させるにあたって，本当に多くの人にご協力をいただきました。特に，この本に論文を紹介することをご快諾いただきました著者の方々に感謝いたします。そのおかげで，「まずは自ら見本をみせる」という本書の姿勢を前面に打ち出せた内容となりました。富山大学人間発達科学部教育心理コースの日吉晟さんには，本書のカバーや部扉のイラスト案を考えてもらいました。本書のコンセプトをとてもうまく伝えてくれるイラストを作ってもらい，ありがとうございました。また，ミネルヴァ書房の丸山碧様には，本のアイディアから実際の出版に至るまで，きめ細やかな対応をしていただきました。編者の不慣れな作業にもかかわらず，スムーズな出版にたどり着けましたのは，丸山様のお力添えのおかげです。心から感謝いたします。

2021年10月

編者　近藤龍彰・浅川淳司

索　引

(＊は人名)

《執筆者紹介》（執筆順，＊は編著者）

＊近藤龍彰（こんどう　たつあき）　はじめに，第1〜6章，おわりに
　　編著者紹介参照

　柳岡開地（やなおか　かいち）　第3章1，第7章
　　現　在：東京大学大学院教育学研究科（日本学術振興会特別研究員 PD）
　　主　著：『子どもが行為を紡ぐとき——ルーティンの獲得と実行機能の発達心理学研究』（単著，ナ
　　　　　　カニシヤ出版，2021年）
　　　　　　"Contribution of executive functions to learning sequential actions in young children"
　　　　　　（*Child Development*, 2021年）

　神野　雄（かんの　ゆう）　第3章2，第8章
　　現　在：東京経営短期大学こども教育学科専任講師
　　主　著：「多次元恋愛関係嫉妬尺度の作成と信頼性・妥当性の検討」（パーソナリティ研究，第25巻
　　　　　　第1号，2016年）
　　　　　　「青年の恋愛関係における嫉妬傾向は自尊感情に規定されうるか——自己愛的観点からの検
　　　　　　討」（パーソナリティ研究，第27巻第2号，2018年）

　及川智博（おいかわ　ともひろ）　第3章3，第9章
　　現　在：名寄市立大学保健福祉学部講師
　　主　著：『発達心理学・再入門——ブレークスルーを生んだ14の研究』（共訳，新曜社，2017年）
　　　　　　「ルール遊びの発展と設定保育の経験との関連——5歳児のリレーごっこに着目して」（心
　　　　　　理科学，第39巻第1号，2018年）

　榊原久直（さかきはら　ひさなお）　第3章4，第10章
　　現　在：神戸松蔭女子学院大学人間科学部准教授
　　主　著：『読んでわかる児童心理学』（共著，サイエンス社，2019年）
　　　　　　『暮らしの中のカウンセリング入門——心の問題を理解するための最初歩』（共著，北大路
　　　　　　書房，2016年）

＊浅川淳司（あさかわ　あつし）　第5章，おわりに
　　編著者紹介参照

《編著者紹介》

近藤龍彰 (こんどう　たつあき)

1987年生まれ
神戸大学大学院人間発達環境学研究科博士課程後期課程修了（博士（学術））
現　　在：富山大学学術研究部教育学系（人間発達科学部）講師
主　　著：『はじめての心理学概論——公認心理師への第一歩』（共著，ナカニシヤ出版，2019年）
　　　　　『発達心理学（公認心理師スタンダードテキストシリーズ12）』（共著，ミネルヴァ書房，2019年）
　　　　　『教育心理学（教師のための教育学シリーズ5）』（共著，学文社，2020年）

浅川淳司 (あさかわ　あつし)

1984年生まれ
広島大学大学院教育学研究科博士課程後期課程修了（博士（心理学））
現　　在：金沢大学人間社会研究域学校教育系准教授
主　　著：『新・育ちあう乳幼児心理学』（共編著，有斐閣，2019年）
　　　　　『発達心理学（公認心理師スタンダードテキストシリーズ12）』（共著，ミネルヴァ書房，2019年）

　　　　　　　　　　　　心理学論文 解体新書
　　　　　　　　　　　——論文の読み方・まとめ方活用ガイド——

2022年3月31日　初版第1刷発行　　　　　　　〈検印省略〉

定価はカバーに
表示しています

編　著　者　　近　藤　龍　彰
　　　　　　　浅　川　淳　司
発　行　者　　杉　田　啓　三
印　刷　者　　坂　本　喜　杏

発行所　　株式会社　ミネルヴァ書房
607-8494　京都市山科区日ノ岡堤谷町1
電話代表　（075）581-5191
振替口座　01020-0-8076

ⓒ 近藤・浅川ほか，2022　　富山房インターナショナル・藤沢製本

ISBN 978-4-623-09255-0
Printed in Japan

大学生のためのリサーチリテラシー入門
──研究のための8つの力

4-6判・272頁
本体2,400円＋税

山田剛史・林　創　著

●よい研究は君にもできる！　的確な指針が示された大学生必読書

よくわかる卒論の書き方［第2版］

B5判・224頁
本体2,500円＋税

白井利明・高橋一郎　著

●卒論を書き進めていく上で必要な研究・執筆に関する知識や方法を，体系的かつ具体的に解説する。巻末に文例も収録した充実の一冊

よくわかる学びの技法［第3版］

B5判・180頁
本体2,200円＋税

田中共子　編

●新入生向けに「読む・聞く・書く・レポートする」の学ぶ技法を，パソコンを使った実践をふくめわかりやすく解説した好評書，最新版

大学1年生の君が、はじめてレポートを書くまで。

A5判・168頁
本体1,400円＋税

川崎昌平　著

●ノートの取り方，図書館の使い方，ネットの読み方，意見の立て方，引用の仕方…大学生になったけど「どう勉強すればいいの」に答える

社会科学系論文の書き方

4-6判・210頁
本体2,200円

明石芳彦　著

●論文って，いったいどう書けばいいの？　押さえておくべきポイントを徹底解説！　社会科学系領域の学生向けの論文執筆入門として最適

──── ミネルヴァ書房 ────

https://www.minervashobo.co.jp/